KB022222

# 독자의 1초를 아껴주는 정성!

세상이 아무리 바쁘게 돌아가더라도
책까지 아무렇게나 빨리 만들 수는 없습니다.
인스턴트 식품 같은 책보다는
오래 익힌 술이나 장맛이 밴 책을 만들고 싶습니다.

땀 흘리며 일하는 당신을 위해
한 권 한 권 마음을 다해 만들겠습니다.
마지막 페이지에서 만날 새로운 당신을 위해
더 나은 길을 준비하겠습니다.

독자의 1초를 아껴주는
정성을 만나보십시오.

미리 책을 읽고 따라해 본 베타테스터 여러분과
무따기 체험단, 길벗스쿨 엄마 기획단,
시나공 평가단, 토익 배틀, 대학생 기자단까지!

믿을 수 있는 책을 함께 만들어주신 독자 여러분께 감사드립니다.

(주)도서출판 길벗 www.gilbut.co.kr
길벗이지톡 www.eztok.co.kr
길벗스쿨 www.gilbutschool.co.kr

# 한 권으로 끝내는
# 개인사업자 절세 공부

# 한 권으로 끝내는 개인사업자 절세 공부

**초판 발행** · 2020년 11월 25일
**초판 5쇄 발행** · 2022년 2월 28일

**지은이** · 한지온
**발행인** · 이종원
**발행처** · (주)도서출판 길벗
**출판사 등록일** · 1990년 12월 24일
**주소** · 서울시 마포구 월드컵로 10길 56(서교동)
**대표전화** · 02)332-0931 | **팩스** · 02)323-0586
**홈페이지** · www.gilbut.co.kr | **이메일** · gilbut@gilbut.co.kr

**책임편집** · 이재인(jlee@gilbut.co.kr) | **영업마케팅** · 정경원, 김도현 | **디자인** · 박상희 | **웹마케팅** · 김진영, 장세진
**제작** · 이준호, 손일순, 이진혁 | **영업관리** · 김명자, 심선숙, 정경화 | **독자지원** · 윤정아, 홍혜진

**편집 및 교정교열** · 김동화 | **일러스트** · 홍유연 | **전산편집** · 예다움
**CTP 출력 및 인쇄** · 북토리 | **제본** · 신정제본


▸ 2021년 8월 세법을 기준으로 출간된 책이며, 이후 개정 세법에 따라 수정이 있을 예정입니다.
▸ 이 책에서 소개하는 세금&회계 서식 파일은 길벗출판사 홈페이지 자료실에서 다운로드할 수 있습니다. 길벗출판사 홈페이지(www.gilbut.co.kr)에서 도서명을 검색해보세요.



ISBN 979-11-6521-354-1 13320
(길벗도서번호 070411)

**정가 16,000원**

---

한 권으로 끝내는

# 개인사업자 절세 공부

한지온 지음

## 저자의 말

# 우리는 왜 세금에 대해 알아야 할까?

저는 세무서 민원실에서 근무하면서 이제 막 사업을 시작하시는 초보 사장님들을 뵐 기회가 많았습니다. 처음부터 세무사와의 컨설팅을 통해 업종부터 과세 유형까지 명확하게 판단하고 시작하시는 분들이 있는가 하면, 아무 준비 없이 임대차계약서만 들고 와 세무서 직원에게 의지하며 사업자등록을 하시는 분들도 있었습니다.

세법에 대한 지식은 없지만 전문가의 도움을 받아 사업을 시작하시는 분과 아무 준비 없이 시작하시는 분, 과연 결말은 어떨까요? 물론 일반인이 세법 전문가만큼 지식을 쌓기는 어렵습니다. 하지만 지금 내고 있는 세금이 어떤 방식으로 부과된 것인지, 실수 없이 세금 문제를 처리하고 있는지에 대한 판단은 스스로 하는 것이 중요합니다. 전문가에게 믿고 맡겼지만 추후에 문제가 생겨 울며 겨자 먹기 식으로 가산세를 내는 사장님들도 많이 있었습니다. 세금의 최후 결정자는 바로 여러분 자신이 되어야 합니다.

저는 이런 분들에게 이 책을 추천합니다.

- 사업자등록을 할 때 무엇부터 해야 하는지 몰라 어려움을 겪으신 분
- 간이과세자가 무조건 좋은 줄 알고 간이과세자로 사업자등록을 했다가 매입세금계산서에 대해 부가가치세 환급을 받지 못하신 분
- 본인이 면세사업자인 줄 알고 사업자등록을 했지만 과세사업자로 밝혀져 가산세와 부가가치세를 내야 했던 분
- 해마다 신고 안내문을 받지만 세법에 대한 지식이 없어 세무서에 마련된 전자신고 창구에서 두세 시간씩 기다리신 분
- 부가가치세와 소득세가 부담스러워 가공세금계산서로 경비를 처리했다가 검찰에 고발되신 분
- 지인에게 명의를 빌려줬다가 신용불량자가 되고, 재산 압류를 당하신 분
- 고지서가 나오면 납기 내에 꼭 납부를 해야 한다고 알고 계신 분

제가 세무서에 근무하면서 가장 안타까운 것은 절세와 탈세의 경계를 알지 못해 차명계좌를 사용하거나 현금영수증을 발행하지 않는 경우입니다. 적법한 방법으로 세금을 내지 않는 것과 소득을 숨겨 탈세하는 것은 분명 큰 차이가 있습니다. 이런 문제를 신경 쓰고 싶지 않아 전문가의 도움을 받

자니 비용이 상당히 부담스러울 것입니다. 그렇다고 세무서에 찾아가 세무 공무원에게 A부터 Z까지 일일이 물어볼 수도 없는 노릇이죠.

그래서 이 책을 쓰게 되었습니다. 사장님이 꼭 알아두어야 할 세법이 정한 의무, 각종 세금 신고 방법, 문제가 생겼을 때 대처하는 방법 등을 성실히 담았습니다. 이 책을 끝까지 읽고 난 후에는 세금에 대한 불안감이 조금은 줄어들 것이라 생각합니다.

이 책을 준비하면서 주변 분들의 도움을 참 많이 받았습니다. 우선 저를 무조건 지지해준 김유라 작가님이 없었다면 이 책을 쓸 생각조차 하지 못했을 것입니다. 바쁜 시간을 쪼개 원고를 봐주신 오주영 팀장님과 김대우 조사관님, 하수용 세무사님, 정말 감사드립니다. 독자 입장에서 따뜻한 충고를 해주신 이지안 대표님, 송민정 대표님, 박현미님, 최유민님께도 고개 숙여 감사의 마음을 전합니다. 곁에서 늘 응원해주는 남편 이왕희 회계사, 제 인생의 가장 큰 보물 윤우와 준우, 저를 자랑스럽게 생각해주는 가족들에게도 사랑을 전하고 싶습니다. 마지막으로 제 부족한 원고로 고생하신 최한솔 편집자님을 비롯해 길벗출판사 편집부 여러분, 이 책이 세상에 나오기까지 도움을 주신 모든 관계자분들께 감사의 마음을 전합니다.

한지온

## 목차

## 개인사업자를 위한 세금 완전 정복 1
# 부가가치세

## 개인사업자를 위한 세금 완전 정복 2
# 종합소득세

## 개인사업자를 위한 세금 완전 정복 3
## 원천세

## 1인 사장님을 위한 심화 세무 지식

# 준비마당

어서와, 세금은 처음이지?

# 아는 만큼 돈이 되는 세금 이야기

# 부업이 자연스러운 시대, 누구나 세금 공부가 필요하다!

부업러

저는 평범한 30대 직장인이에요. 월급은 그대로인데 왜 이렇게 돈 들어갈 곳이 많은지 모르겠어요. 요즘 직장을 다니면서도 부수입을 올리는 사람이 많다고 들었어요. 저도 도전해보고 싶은데 사업자등록부터 세금까지 아는 게 하나도 없어요. 어떻게 해야 할까요?

세무서 언니

요즘 본업을 하면서 부업으로 수익을 올리는 분들이 참 많죠. 그런데 난생처음 접하는 세금 문제로 머리가 아프다고 하소연하시는 분들이 많아요. 지금부터 저와 함께 차근차근 알아보도록 해요.

## N잡러를 아시나요?

'N잡러', '투잡러'라는 말을 한 번쯤 들어본 적이 있을 것입니다. N잡러란 여러 직업을 가진 사람, 두 개 이상의 직장에 고용되어 있는 사람, 직장에 다니면서 별도의 일을 병행하는 사람 등을 일컫는 말이죠.

요즘 직장인들이 부업으로 소득을 올리는 경우가 많습니다. 가장 대표적인 예가 유튜버죠. 유튜버는 시간과 장소에 구애받지 않아 크게 각광받고 있는 부업 중 하나입니다.

재능 판매 플랫폼도 그중 하나입니다. 남들보다 조금 더 나은 재능(PPT, 엑셀, 외국어, 악기 연주 등)을 바탕으로 수익을 창출하는 사람이 많아지고 있습니다. 저 또한 광고기획사에 다니시는 분의 PPT 강의를 들은 적이 있는데, 그동안 다루지 못한 기술을 배울 수 있어 매우 좋았습니다. 퇴근 후 자신의 재능을 살려 수익을 창출하는 모습을 보고 이 세상에는 돈 버는 방법이 정말 무궁무진하다는 사실을 깨달았죠.

이외에 배달 대행, SNS나 스마트스토어를 통한 1인 쇼핑몰 운영, 직접 찍은 사진 판매 등 부수입을 만드는 경로가 다양화되고 있습니다.

## 내 소득, 국세청이 모두 알고 있다고?

'유튜버 ㅇㅇ는 한 달에 얼마를 번다더라'와 같은 이야기가 심심찮게 들려오면서 너도나도 유튜브에 뛰어들고 있습니다. 자신의 재능을 살려 많은 사람과 소통하며 돈을 번다는 건 긍정적인 일입니다. 하지만 문제는 소득 신고를 제대로 하지 않는 유튜버가 많다는 것입니다. 이에 국세청은 2018년에 고소득 유튜버들의 정확한 소득을 파악하기 위해 구글을 상대로 세무 조사를 진행하기도 했습니다.

'세금 신고를 하지 않는 사람이 상당할 텐데 설마 내가 걸리겠어?'라고 생각해서는 절대 안 됩니다. 국세청은 수많은 방법을 통해 개인의 소득이 발생하는 곳을 파악합니다. 고객이 현금으로 거래한 뒤 현금영수증을 요청했는데 발행을 거부당했다며 신고를 해 미등록 사업자라는 사실이 밝혀지기도 하고, 구글에서 광고비를 받은 유튜버가 추후 구글 본사의 세무 조사에서 미등록 사업

자라는 사실이 밝혀지기도 하죠. 또 거래처가 경비를 인정받기 위해 신고를 하면서 사장님이 매출액을 신고하지 않은 것이 밝혀지기도 합니다.

국세청 직원들은 생활 속 세금 탈루 사례를 제출해야 하는데, 제일 찾기 쉬운 유형이 바로 미등록 사업자입니다. 한 예로 국세청 직원들은 온라인 쇼핑몰이나 인스타그램에 접속해 화면에 사업자등록번호가 기재되어 있는지를 확인합니다. 만약 사업자등록번호가 기재되어 있지 않다면 사업장 주소를 파악하죠. 그러면 그 주소에 사업자등록이 되어 있는지 여부를 확인할 수 있습니다.

따라서 계속해서 부업을 통한 수익을 창출하고 싶다면 세금을 내지 않기 위해 꼼수를 부리기보다는 성실하게 세금 신고를 하는 것이 바람직합니다.

### 소득이 발생했다면 무조건 세금 신고를 해야 할까?

부업으로 인한 소득이 계속적·반복적으로 발생하고 있다면 사업자등록을 해야 합니다. 이때 계속적·반복적이라는 것은 정해진 기준이 없습니다. 판단할 사항이 매우 많기 때문이죠. 누군가에게 일주일에 1회, 2주일 동안 PPT를 가르쳐주고 그에 대한 수업료를 받았다면 계속적·반복적으로 발생한 사업으로 판단하고 사업자등록을 해야 할까요? 만약 한 사람에게 수업하던 것이 입소문이 나 수강생이 점점 늘어난다면요? 횟수, 금액 등을 종합적으로 고려해 사업성을 판단해볼 필요가 있습니다.

사업자등록 여부보다 중요한 것은 '소득이 있는 곳에 세금이 있다'라는 사실입니다. 모든 소득에는 세금이 붙습니다. 사업자등록을 하지 않은 상태에서 발생한 소득이라면 기타소득으로라도 반드시 신고를 해야 합니다.

단발성이 아닌 지속적인 수익이 예상된다면 반드시 사업자등록을 하길 권합니다. '소득이 있는 곳에 세금이 있다'라는 당연한 진리를 지키지 않으면 추후 각종 가산세 때문에 골머리를 앓는 불상사가 생길 수도 있습니다.

# 세무사에게 맡기더라도 세금 공부는 필수!

부업러

알아보니 아예 세무사에게 세금 문제를 맡기는 경우도 있더라고요. 제가 직접 하는 것보다 전문가에게 믿고 맡기는 게 좋지 않을까요?

세무서 언니

물론 전문가에게 맡긴다면 세금 문제를 수월하게 처리할 수 있어요. 하지만 아무것도 모르는 상태에서 일을 맡겼다가는 큰 낭패를 볼 수도 있어요. 부동산을 매매할 때 중개소만 믿고 등기부등본도 확인하지 않고 계약하는 것과 마찬가지죠. 믿고 맡기는 것도 좋지만, 내 세금이 어떤 방식으로 나가는지는 꼭 알고 있어야 해요.

## 세무사에게 맡겼다고 끝? NO!

2017년 한 세무사가 구속되는 사건이 있었습니다. 4,000여 명의 프리랜서가 이 세무사에게 기장을 맡겼는데, 증빙도 없는 경비를 비용으로 넣어 소득세를 신고했기 때문이죠. 프리랜서들은 세무서로부터 제척기간 5년간의 소득세 신고 내용을 소명하라는 안내를 받았습니다. 소명을 하지 못한다면 세금뿐 아니라 잘못 신고한 것에 대한 가산세까지 내야 했습니다.

**제척기간**
어떤 종류의 권리에 대해 법률상으로 정해진 존속 기간. 일정한 기간 안에 행사하지 않으면 해당 권리가 소멸된다는 점에서 소멸시효와 비슷한 개념이다. 만약 2019년에 소득을 적게 신고한 것에 대해 세무서에서 2024년(기준 연도부터 5년)까지 아무런 조치가 없었다면 그 이후에는 이 소득에 대한 세금을 부과할 수 없다.

프리랜서들은 "나라에서 인정한 세무사에게 일을 맡긴 잘못밖에 없다"라며 하소연했지만 이들을 구제할 방법은 없었죠. 세법상 최종 책임은 납세자 본인에게 있기 때문에 세무사에게 일을 맡기더라도 그 내용이 맞는지 확인할 필요가 있습니다.
이 세무사는 프리랜서에게 세법에서 정한 경비율을 적용해 신고한 것이 아니라 업무적으로 사용한 신용카드나 현금영수증 증빙 없이 장부(가계부와 비슷한 개념)로 신고를 해 문제가 되었습니다.
장부로 신고할 때는 실제 사업과 관련된 경비만 비용 처리되고, 신용카드 전표나 현금영수증, 세금계산서 등의 적격증빙 서류가 있어야 합니다. 그런데 이 세무사는 서류를 확인하지도 않고 복리후생비, 접대비 등으로 가공해 비용 처리를 한 것이죠.

## 최종 책임은 세무사가 아닌 납세자에게 있다!

많은 사람이 세무사에게 세금 신고를 맡기면 아무 문제없이 잘 끝날 거라고 생각합니다. 대부분의 세무사는 증빙에 근거해 성실하게 소득세 신고를 합니다. 세무사도 잘못 신고하는 것에 대한 리스크(세무사 자격 박탈 등)가 있거든요. 하지만 이 사례를 통해 세금에 대한 기본 지식 없이 세무사만 믿고 일을 맡기는 것이 얼마나 위험하고 큰 부담으로 돌아오는지 깊이 생각해볼 필요가 있습니다.
소득이 발생하는 사업을 하고 있다면, 최소한 사업을 하며 사용한 신용카드 전표나 세금계산서 내역 등은 보관해두고, 이를 세무사에게 전달하는 것을 당연하게 생각해야 합니다. 그리고 본인의 매출에서 비용을 뺀 금액이 어느 정도인지는 알고 있어야 합니다.

세무사에게 일을 맡기더라도 이 책을 통해 세금에 대한 기초 지식을 쌓고 활용하길 바랍니다. 그렇다면 앞서 소개한 사례처럼 마음 놓고 있다가 추후에 5년 동안의 증빙 자료를 준비해야 하는 수고로움이나 기억도 나지 않는 건에 대해 일일이 소명해야 하는 귀찮은 일은 발생하지 않을 테니까요.

## 하나하나 따라가다 보면 세금이 보인다!

부업을 하는 사람이든, 프리랜서이든, 자영업자이든 누구나 세금 공부를 해야 합니다. 하지만 어려운 용어, 복잡한 계산 방법 등으로 인해 선뜻 도전하기가 힘들죠. 이 책은 복잡한 설명은 거둬내고, 직장이 아닌 곳에서 소득이 발생하는 사람이라면 꼭 알아야 하는 필수 세금 지식만 담았습니다.

소득이 발생하기 전부터 해야 하는 사업자등록을 시작으로 사장님이라면 꼭 알아야 할 부가가치세, 종합소득세, 원천세에 대해 자세히 알아보도록 하겠습니다. 순서대로 차근차근 따라가다 보면 세금 공부가 그리 어렵지 않다는 사실을 알게 될 것입니다.

# 긴가민가한 세법 문제, 전문가를 통해 해결하자!

좋아요. 저도 용기 내 도전해볼게요. 그런데 여전히 너무 어려워요. 마치 외국어를 보는 것 같아요. 상황마다 어떤 세법을 적용해야 하는지도 헷갈리고요. 인터넷 검색도 한계가 있는데, 어떻게 해야 할까요?

워낙 상황과 사례가 다양하다 보니 저도 종종 헷갈리는 경우가 있어요. 그럴 땐 언제든지 전문가에게 도움을 요청하세요.

## 국세청 국세상담센터 126

저야 세무서에서 일하니 세금과 관련해 궁금한 점이 있으면 사내 인트라넷을 이용하거나 직원들에게 물어보면 되지만 많은 분들이 세무서 담당자에게 직접 무언가를 물어보는 것을 매우 어려워하는 것 같아요.

납세자라면 누구나 세무서에 세금과 관련한 사항을 문의할 수 있습니다. 세무서 신고 창구(부가가치세과, 소득세과, 재산세과)가 잘 운영되고 있기 때문에 일반적인 내용은 그곳에서 도움을 받을 수 있습니다. 어렵게 생각하지 말고 적극적으로 물어보세요.

그런데 간혹 세무공무원도 본인이 소득세 신고 대상인지, 신고 납부 기한은 언제인지, 환급은 언제쯤 이루어지는지 등과 같은 간단한 내용이 아니라면 바로 답변을 해드리기가 어려운 경우가 있습니다. 그럴 때 저희는 국세청 국세상담센터를 안내합니다. 다양한 사례로 세법을 적용하는 문제도 세무 공무원과의 구두 상담보다는 국세청 국세상담센터 상담을 추천합니다. 전문가와의 상담을 통해 원하는 답변을 얻을 수 있어 매우 유용하죠.

이때 본인이 상담하고 싶은 분야를 미리 알아두면 좀 더 정확한 답변을 얻을 수 있습니다. 국세청 홈페이지(www.nts.go.kr)에서 질문 분류를 확인한 후에 상담을 받으면 더욱 빠르게 문제를 해결할 수 있습니다.

▲ 국세청→ 국세청 소개→ 대표상담전화

## 국세청 답변대로 했는데 가산세가 나왔다고?

세무서에 방문해 세무공무원에게 물어보거나 국세청 국세상담센터에 전화해 상담을 한 뒤 세금 신고를 했는데 혹시라도 잘못 신고한 경우, 그 책임은 누구에게 있을까요? 억울하겠지만 납세자에게 책임이 있습니다.

실제로 부가가치세 신고나 종합소득세 신고와 관련해 국세청에 문의한 후

신고한 납세자가 잘못된 신고로 가산세를 낸 사례가 있습니다. 납세자는 "신고 창구에서 직원이 그렇게 신고하면 된다고 해 그에 맞춰 신고한 것이다. 직원도 잘못을 인정한다고 했는데, 그럼 가산세는 내지 않아도 되는 것 아니냐"라며 항의했지만 안타깝게도 세무공무원에 대한 구속력은 없습니다. 판례에도 국세청은 잘못이 없는 것으로 나옵니다.

서울고등법원 2014누47565(2014.10.28.)
**세무공무원이 민원인에게 한 일반적인 상담은 공적인 견해 표명이라고 볼 수 없음**
원고가 제출한 증거를 모두 종합해보아도 세무공무원이 위 요건에 해당하는 견해 표명을 한 사실이 있음을 인정하기에 부족하고 달리 이를 인정할 증거가 없음

## 구속력 있는 국세청의 의견을 듣고 싶다면?

앞서 세무공무원이 상담해준 내용은 공적인 견해 표명이 아니라고 이야기했습니다. 그렇다면 구속력 없는 세무공무원에게 상담하지 말고 무조건 비싼 상담료를 지불하며 세무사나 회계사에게 도움을 구해야 할까요?

다행히도 국세청에서 사실 판단에 대해 법적 구속력이 있는 답변을 내놓는 경우가 있습니다. '세법해석 사전답변'을 이용하면 되는데요. 납세자가 기재한 사실 관계에 대해 국세청이 답변한 내용에 따라 세무 처리를 하면 답변에 반하는 처분은 하지 못하기 때문에 납세자와 국세청 간의 분쟁을 예방할 수 있습니다.

세법해석 사전답변과 달리 구속력은 없지만 세금에 대한 궁금증을 해소할 수 있는 또 다른 방법으로 '서면질의'가 있습니다. 국세청 국세상담센터 연결이 잘 되지 않거나 사실관계가 복잡하다면 홈택스(www.hometax.

go.kr)에 접속한 뒤 [신청/제출]→ [신청업무]→ [세법해석(서면질의/사전답변)]을 통해 신청할 수 있습니다.

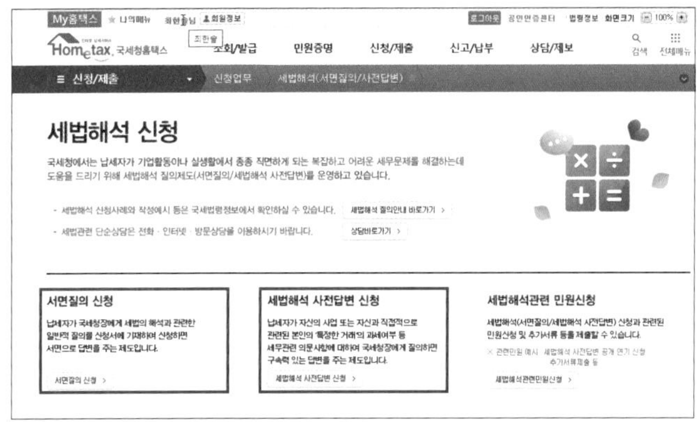


단, 세법해석 사전답변 신청은 법정 신고 기한 도래 전에 해야 합니다. 예를 들어 2020년에 발생한 소득에 대해 적어도 2021년 4월 30일까지(종합소득세 법정 신고 기간은 다음 해 5월 1일부터 5월 31일까지) 신청해야 이 답변에 대해 구속력을 갖게 됩니다.

다음은 신청 제외 대상과 신청서 반려 대상이니 참고하기 바랍니다.

▼ 서면질의와 세법해석 사전답변 신청 제외 대상 및 신청서 반려 대상

| 구분 | 서면질의 | 세법해석 사전답변 |
|---|---|---|
| 신청 제외 대상 | 신청인(본인)에 대한 세법 적용과 관련 없는 질의 | 신청인(본인)에 대한 세법 적용과 관련 없는 질의 |
| | 세법 해석과 무관한 사실 판단 사항에 관한 질의 | 세법 해석과 무관한 사실 판단 사항에 해당하는 질의 |
| | 조세의 탈루 또는 회피 목적 질의 | 조세의 탈루 또는 회피 목적 질의 |
| | 사실 관계를 왜곡하거나 중요한 사항을 고의로 누락한 질의 | 가정의 사실 관계에 기초한 질의 |

| 신청 제외 대상 | 신청에 관련된 거래 등이 법령 등에 저촉되는 질의 | 신청에 관련된 거래 등이 법령 등에 저촉되는 질의 |
|---|---|---|
| 신청서 반려 대상 | 신청 제외 대상 | 신청 제외 대상 |
| | 보완 요구에 보완하지 않은 경우 | 보완 요구에 보완하지 않은 경우 |
| | 불복이 진행 중이거나 과세 전 적부 심사가 진행 중인 사항의 질의 | 신청 기한이 경과한 경우 |
| | 세법해석 사전답변 신청을 한 사항의 질의 | 신청 내용이 포괄적이거나 쟁점이 불분명하여 세법 해석이 곤란한 경우 |
| | 과세 예고 통지, 세무 조사 결과 통지 및 납세 고지서와 관련된 사항의 질의 | 신청서 접수 후 세무 조사 사전 통지를 받거나 결정 또는 경정이 있는 경우 |

세법해석 사전답변 중 재건축한 주택을 양도했을 경우 양도소득세액을 계산해달라는 요청이 있었습니다. 하지만 양도소득세액 계산은 세법 해석에 대한 내용이 아니기 때문에 반려됩니다. 이런 내용은 홈택스에 접속한 뒤 [상담/제보]→ [상담사례검색]→ [자주 묻는 상담 사례]에서 찾아보시면 됩니다.

정리하면 세법에 대한 궁금증을 해결할 수 있는 방법은 크게 세 가지입니다.

**1. 국세청 국세상담센터 126에 전화한다.**
**2. 홈택스에서 상담 사례를 찾아본다.**
**3. 서면질의나 세법해석 사전답변을 이용한다.**

여러분도 이 세 가지 방법을 기억해두었다가 적절한 시기에, 적절한 방법을 선택해 활용해보기 바랍니다.

# 신고를 잘하면 받을 수 있는 근로장려금과 자녀장려금

부업러

'세무서' 하면 내 돈을 빼앗아 갈 것만 같은 무시무시한 곳으로 느껴져요. 신고를 제대로 하지 않으면 큰 일이 날 것만 같고요. 돈을 빼앗기지 않으려면 정신 똑바로 차려야 하겠죠?

세무서 언니

물론 세금 신고는 제대로 해야 하죠. 하지만 세무서를 무시무시한 곳으로만 여기지 말아주세요. 세금 신고를 하지 않으면 가산세를 부과하지만 제대로 신고하면 장려금을 받을 수도 있답니다. 크게 근로장려금과 자녀장려금이 있는데, 자세히 알아볼까요?

## 근로장려금과 자녀장려금이란?

근로장려금과 자녀장려금은 산업시장과 노동시장의 양극화로 일은 하고 있으나 가난에서 벗어나지 못하는 저소득층이 증가함에 따라 일을 통한 빈곤 탈출과 경제적 자립을 지원하기 위해 생긴 제도입니다.

세무서는 개인의 소득을 파악하는 국가 기관입니다. 소득이 적어 생활이 어려운 가구를 재빨리 파악해 적절한 세제 혜택을 주죠. 원칙적으로는 조세제도의 한 부분으로 '세제'라는 이름이 붙지만 편의상 '장려금'이라고 부릅니다.

### ① 근로장려세제(EITC: Earned Income Tax Credit)

근로장려세제는 열심히 일하지만 소득이 적어 생활이 어려운 가구 또는 자영업자 가구, 종교인소득 가구에 대해 근로소득 또는 사업소득에 따라 산정된 근로장려금을 지급함으로써 저소득 계층의 근로를 장려하고 실질 소득을 지원하는 제도입니다.

② **자녀장려세제**(CTC: Child Tax Credit)

자녀장려세제는 만 18세 미만의 부양자녀가 있는 저소득층에게 소득과 재산에 따라 부양자녀 1인당 최대 70만 원의 자녀장려금을 지급함으로써 출산을 장려하고 저소득 가구의 양육비를 지원하는 제도입니다.

## 장려금 신청 요건

근로소득 · 사업소득 · 종교인소득이 있는 거주자로서 세 가지 요건(가구 요건, 소득 요건, 재산 요건)을 모두 갖춰야 장려금을 받을 수 있습니다. 이때 소득이란 근로자 급여, 일용 급여, 3.3% 세금을 떼고 받는 사업소득, 개인사업자 사업소득, 종교인소득을 말합니다. 다만, 근로 · 사업소득 중 다음의 소득만 있는 경우에는 장려금을 지급받을 수 없습니다.

- **비과세소득**
- **직계존비속으로부터 받은 근로소득**
- **전문직에 해당하는 사업을 영위하는 배우자로부터 받은 근로소득**
- **사업자등록이 없는 자에게 받은 근로소득**
- **인정상여**
- **사업자등록을 하지 않은 자의 사업소득(3.3% 원천징수가 되는 인적용역 사업소득은 사업자등록이 필요하지 않음)**

그럼 지금부터 장려금을 신청하기 위한 세 가지 조건을 좀 더 자세히 알아보겠습니다.

### ① 가구 요건

| 단독 가구 | 배우자, 부양자녀, 70세 이상 부양부모가 없는 가구 |
|---|---|
| 외벌이 가구 | 총급여액이 300만 원 미만인 배우자, 18세 미만 부양자녀, 70세 이상 부양부모가 있는 가구 |
| 맞벌이 가구 | 배우자의 총급여액 등이 300만 원 이상인 가구 |

*부양자녀(18세 미만, 중증 장애인은 연령 제한 없음)와 부양부모는 연 소득금액이 100만 원 이하일 것

가구 기준일은 매년 12월 31일입니다. 맞벌이인지, 외벌이인지에 따라 받을 수 있는 장려금의 금액이 바뀌기 때문에 잘 판단할 필요가 있습니다.

### ② 소득 요건

부부 합산 연간 총소득이 다음 표에 명시한 금액 미만이어야 합니다.

| 가구원 구성 | 연간 총소득 기준금액 | |
|---|---|---|
| | 근로장려금 | 자녀장려금 |
| 단독 가구 | 2,000만 원 → 2,200만 원* | 4,000만 원 |
| 외벌이 가구 | 3,000만 원 → 3,200만 원* | |
| 맞벌이 가구 | 3,600만 원 → 3,800만 원* | |

*22. 1. 1 이후 신청분부터 적용

연간 총소득을 계산하는 방법은 다음과 같습니다. 이때, 양도소득과 퇴직소득은 고려하지 않습니다.

- **근로소득=총급여액**
- **사업소득=총수입금액×업종별 조정률***
- **이자·배당·연금소득=총수입금액**
- **기타소득=총수입금액-필요경비**
- **종교인소득=총수입금액(기타소득으로 신고하더라도 필요경비 공제하지 않음)**

▼ 업종별 조정률

| | 업종 구분 | 조정률 |
|---|---|---|
| 가 | 도매업 | 20% |
| 나 | 소매업, 자동차부품판매업, 부동산매매업, 농업·어업·광업 | 30% |
| 다 | 음식점업, 제조업, 건설업, 전기·가스 중기 수도사업 | 45% |
| 라 | 숙박업, 운수업, 금융·보험업, 상품중개업, 출판·영상·방송통신·정보서비스업, 하수 폐기물 처리 원료재생·환경복원업 | 60% |
| 마 | 서비스업(부동산, 전문과학기술, 사업시설관리, 사업지원, 교육, 보건, 사회복지, 예술, 스포츠, 여가, 수리 수선, 기타) | 75% |
| 바 | 부동산임대업, 기타 임대업, 인적용역, 개인 가사 서비스 | 90% |

출처: 홈택스

### ③ 재산 요건

가구원이 소유한 모든 재산을 합했을 때 2억 원 미만이어야 합니다. 이때 가구원은 배우자, 부양자녀, 거주자 또는 배우자와 동일한 주소에서 생계를 같이하는 직계존비속(배우자 포함)입니다.

재산의 보유 일자 기준은 종합부동산세 기준일과 동일하게 6월 1일입니다. 재산은 주택, 토지, 건축물, 자동차, 전세금(임차보증금), 회원권, 부동산을 취득할 수 있는 권리(입주권, 분양권), 개인별 500만 원 이상의 금융 재산과 유가증권을 말합니다. 재산금액을 평가하는 방법은 다음과 같습니다.

▼ 재산 요건 판단 매뉴얼

<table>
<tr><th colspan="2">재산 종류</th><th>평가 방법</th><th>비고</th></tr>
<tr><td colspan="2">토지</td><td>개별공시지가</td><td rowspan="3">부동산공시가격 알리미<br>(www.realtyprice.kr:447)</td></tr>
<tr><td colspan="2">단독주택</td><td>개별주택가격</td></tr>
<tr><td colspan="2">아파트, 연립, 다세대주택</td><td>공동주택가격</td></tr>
<tr><td colspan="2">오피스텔</td><td>지방세법상 시가표준액</td><td></td></tr>
<tr><td colspan="2">자동차</td><td>지방세법상 시가표준액</td><td>비영업용 승용차만 해당<br>(영업용 승용차, 승합차, 화물차, 이륜차 등 제외)</td></tr>
<tr><td rowspan="2">전세금</td><td>주택,<br>오피스텔</td><td>간주 전세금<br>(임차주택의 기준시가×55%)<br>*실제 전세금이 낮은 경우 실제 전세금으로 평가 가능</td><td>실제 전세금 입증 시 임대차 계약서 사본 제출</td></tr>
<tr><td>상가</td><td>실제 전세금</td><td></td></tr>
<tr><td colspan="2">분양권, 조합원 입주권 등</td><td>소유 기준일(매년 6월 1일)까지 불입한 금액</td><td></td></tr>
<tr><td colspan="2">금융 재산</td><td>예금 · 적금 · 파생결합상품 등</td><td>매년 6월 1일 인별 합계액<br>500만 원 이상인 경우 합산</td></tr>
<tr><td colspan="2">회원권</td><td>지방세법상 시가표준액</td><td></td></tr>
<tr><td colspan="2">유가증권</td><td>상장주식은 소유 기준일 최종 시세가액, 비상장 주식 등은 액면가액</td><td>매년 6월 1일 인별 합계액<br>500만 원 이상인 경우 합산</td></tr>
</table>

출처: 국세청

## 신청 요건을 충족해도 장려금 신청을 못하는 경우가 있다고?

대한민국 국적을 가지고 있지 않다면 장려금을 받을 수 없습니다. 다만, 외국인 중에 대한민국 국적을 가진 자와 혼인한 자나 대한민국 국적의 부양자녀가 있는 자는 장려금 신청 대상자입니다. 또한 거주자(배우자 포함)가 전문직 사업을 하고 있다면 장려금을 신청할 수 없습니다.

## 장려금 신청 기간은 언제일까?

모든 세금은 신고 기간이 있습니다. 이 기간을 지키지 않으면 페널티가 있죠. 사업자등록, 부가가치세 신고, 소득세 신고를 제때 하지 않으면 가산세를 내야 합니다. 장려금 신청도 마찬가지입니다. 장려금은 하루 차이로 내가 받을 돈에서 10%나 떼니 요건을 잘 검토해 반드시 기간 안에 신청해야 합니다.

▼ 장려금 신청 기간

| | | |
|---|---|---|
| **정기 신청 기간** | 5.1~5.31 | 해당 장려금의 100% 수령 |
| **기한 후 신청 기간** | 6.1~11.30 | 해당 장려금의 90% 수령 |

12월이 지나 신청하면 장려금이 아예 지급되지 않는다는 사실도 기억하기 바랍니다. 그리고 소득세 확정 신고 의무가 있는 신청자 및 배우자는 반드시 소득세 신고를 해야 한다는 사실도 잊어서는 안 됩니다.

## 장려금 신청, 세무서로 직접 가야 할까?

소득세를 신고할 때는 신고 유형도 많고, 소득세 계산의 전반적인 흐름을 알아야 신고가 가능한 경우가 많기 때문에 세무서에 직접 방문해 신고하는 것을 선호하시는 분들이 많습니다. 물론 세무서 방문이나 우편접수를 통한 서면 신고도 가능하지만 이외에도 여러 가지 방법이 있으니 자신에게 적합한 방법을 선택하시면 됩니다.

**① ARS를 통한 신청(신청 안내문을 받은 경우)**

국세청 ARS(1544-9944)에 전화를 걸어 안내 멘트에 따라 신청하시면 됩니다.

**☎1544-9944→ ①번(장려금)→ 주민등록번호(13자리)와 #→ ①번(신청)→ 개별 인증번호(8자리)와 #→ ①번(동의 · 신청)→ 연락처 및 계좌번호 확인→ 신청 종료**
***개별 인증번호는 안내문에서 확인 가능**

**② 모바일 애플리케이션 손택스를 통한 신청**

구글 플레이 또는 애플 앱스토어에서 '손택스'를 검색하여 설치한 뒤 신청하시면 됩니다.

**③ 홈택스를 통한 신청**

홈택스에 접속한 뒤 [신청/제출]→ [근로 · 자녀장려금 신청하기]를 클릭해 신청하시면 됩니다.

**④ 장려금 전용 전화 상담을 통한 신청**

70대 이상 고령자가 전화로 상담을 요청할 경우 장려금 전용 전화 상담실에서 신청을 대행해줍니다. 각 국세청 담당 전화번호는 다음과 같습니다.

▼ 장려금 전용 전화 상담 번호

| 서구청 | 02-2114-2199 | 대전청 | 042-615-2199 |
|---|---|---|---|
| 중구청 | 031-888-4199 | 광주청 | 062-236-7199 |
| 부산청 | 051-750-7199 | 대구청 | 053-661-7199 |
| 인천청 | 032-718-6199 | | |

## 장려금, 언제 받을 수 있을까?

장려금 지급 여부는 3개월 동안 심사 과정을 거쳐 결정되며, 결정일로부터 30일 이내에 장려금이 지급됩니다. 매해 5월에 장려금을 정기 신고한 경우, 그 해 9월 중에 지급받을 수 있습니다.

## 장려금 신청 시 유의 사항

직장인들은 소득이 바로 노출되지만 사업을 하시는 분들은 사업자등록을 해야만 소득이 파악됩니다. 장려금은 눈에 보이는 소득에 의해 정해집니다. 이때 장려금을 더 받기 위해 사업자등록을 한다면 건강보험료와 국민연금 납부액이 늘어날 수도 있습니다. 사업자등록으로 인해 직장가입자와 피부양자에서 지역가입자로 전환되면 건강보험료를 별도로 납부해야 한다는 점 참고로 알아두세요.

# 1부

시작이 반!

# 사업자등록 신청하기

# 사업자등록,
# 꼭 해야 할까?

**부업러**

이제 세금에 대해 조금 이해했어요. 저만의 작은 사업을 시작하고 싶은데 사업자등록부터 해야겠죠? 그런데 블로그나 인스타그램 등에서 옷을 판매하는 사람들은 모두 사업자등록을 한 걸까요? 만약 사업자등록을 하지 않고 물건을 판매하면 어떻게 되나요?

**세무서 언니**

사업자등록을 하지 않고 장사를 하고 있다고 가정해봅시다. 만약 어떤 고객이 현금영수증을 요청한다면 어떻게 될까요? 사업자등록이 되어 있지 않으니 현금영수증을 발행해주지 못하겠죠. 이때 고객이 현금영수증 미발행으로 신고하면 세무서에 연락이 갈 것이고, 그동안의 수입에 대해 소명하라는 요구를 받을 수 있어요.

## 소득이 계속해서 발생한다면 사업자등록은 필수!

소득이 계속적·반복적으로 발생하고 있다면 반드시 사업자등록을 해야 합니다. 소득이 있는 곳에는 세금이 따라다니기 마련이거든요. 사업자등록을 하지 않고 소득을 올리다가 추후에 국세청에 적발될 경우, 사업자등록을 하지 않은 기간 동안 발생한 매출액에 대해 가산세를 내야 합니다. 이때 무신고가산세, 납부지연가산세, 미등록가산세가 부과됩니다.

**무신고가산세**

수입을 제대로 신고하지 않은 것에 대한 제재 조치로 덧붙여 부과하는 세금(납부할 세금의 20%)

**납부지연가산세**

자진 납부해야 할 세액을 납부하지 않거나 덜 납부했을 때 납부하지 않은 세액에 가산해 징수하는 세금(납부할 세금의 하루 이자 0.025%)

**미등록가산세**

사업자가 사업 개시일로부터 20일 이내에 사업자등록을 하지 않은 경우 납부해야 하는 행정벌적 성격의 과태료(사업자등록을 하지 않은 기간의 공급가액의 1%)

## 사업자등록 시 알아야 할 용어

세무서 직원들이 사용하는 매출세액, 매입세액, 필요경비, 소득금액 등의 용어가 생소하게 느껴지는 분들이 많을 거라 생각합니다. 기본적인 개념을 알고 있으면 세무서 직원이나 세무대리인과 대화를 나눌 때 유용하니 익혀 두기 바랍니다.

하나의 거래에 대해 부가가치세를 계산하는 경우와 종합소득세를 계산하는 경우 다른 용어를 사용합니다. 예를 들어 온라인 쇼핑몰을 운영 중인 일반과세자가 1년 동안 옷을 판매한 금액이 4,000만 원이고, 옷을 구매한 비용이 2,500만 원이라면 부가가치세를 계산할 때는 '매출세액-매입세액=납부세액'이고, 소득세를 계산할 때는 '총수입금액-필요경비=소득금액'입니다.

▼ 부가가치세와 소득세 계산 방법

| 부가가치세(10% 계산 시) | | | | |
|---|---|---|---|---|
| | 매출 4,000만 원 | | 매출세액 | 400만 원 |
| (-) | 매입 2,500만 원 | | 매입세액 | 250만 원 |
| | | = | 납부세액 | 150만 원 |

| 소득세 | | |
|---|---|---|
| | 총수입금액 | 4,000만 원 |
| (-) | 필요경비 | 2,500만 원 |
| = | 소득금액 | 1,500만 원 |

계산 구조를 통해 알 수 있듯, 부가가치세에서는 매입세액이 커야 부가가치세 부담이 줄어들고, 소득세에서는 필요경비가 커야 소득세의 기준이 되는 소득금액이 줄어들어 소득세 부담도 줄어듭니다. 다음은 각 세금의 신고서 예시와 자주 나오는 용어 정리입니다.

■ 부가가치세법 시행규칙 [별지 제44호서식] <개정 2019. 3. 20.> 홈택스(www.hometax.go.kr)에서도 신청할 수 있습니다.

**간이과세자 부가가치세 [ ]예정신고서 [√]신고서 [ ]기한후과세표준신고서**

(앞쪽)

| 관리번호 | | | | 처리기간 | 즉시 |
|---|---|---|---|---|---|
| 신고기간 | 년 ( 월 일 ~ 월 일) | | | | |
| 사업자 | 상 호 | | 성명(대표자명) | 사업자등록번호 | - - |
| | 생년월일 | | 전화번호 | 사업장 / 주소지 / 휴대전화 | |
| | 사업장 소재지 | | | 전자우편주소 | |

❶ 신고내용

| 구 분 | | | | 매출 | 부가가치율 | 세율 | 세 액 | |
|---|---|---|---|---|---|---|---|---|
| 과세표준 및 매출세액 | 과세분 | 전기 · 가스 · 증기 및 수도사업 | (1) | | 5/100 | 10/100 | | |
| | | 소매업, 재생용 재료수집 및 판매업, 음식점업 | (2) | 40,000,000 | 10/100 | 10/100 | 400,000 | 매출세액 |
| | | 제조업, 농 · 임 · 어업, 숙박업, 운수 및 통신업 | (3) | | 20/100 | 10/100 | | |
| | | 건설업, 부동산임대업, 그 밖의 서비스업 | (4) | | 30/100 | 10/100 | | |
| | 영세율 적용분 | | (5) | | | 0/100 | | |
| | 재고납부세액 | | (6) | | | | | |
| | 합계 | | (7) | 매입 | | ㉮ | 400,000 | |
| 공제세액 | 매입세금계산서 등 수취세액공제 | | (8) | 25,000,000 | | 뒤쪽 참조 | 250,000 | 매입세액 |
| | 의제매입세액공제 | | (9) | | | | | |
| | 매입자발행 세금계산서 세액공제 | | (10) | | | | | |
| | 전자신고 세액공제 | | (11) | | | | | |
| | 신용카드매출전표 등 발행세액공제 | | (12) | | | | | |
| | 기타 | | (13) | | | | | |
| | 합계 | | (14) | | | ㉯ | 250,000 | |
| 차감 납부할 세액(환급받을 세액) (㉮ - ㉯- ㉰- ㉱+ ㉲) | | | | | | (28) | 150,000 | 납부세액 |

▲ 부가가치세 신고서 예시(2020년 기준)

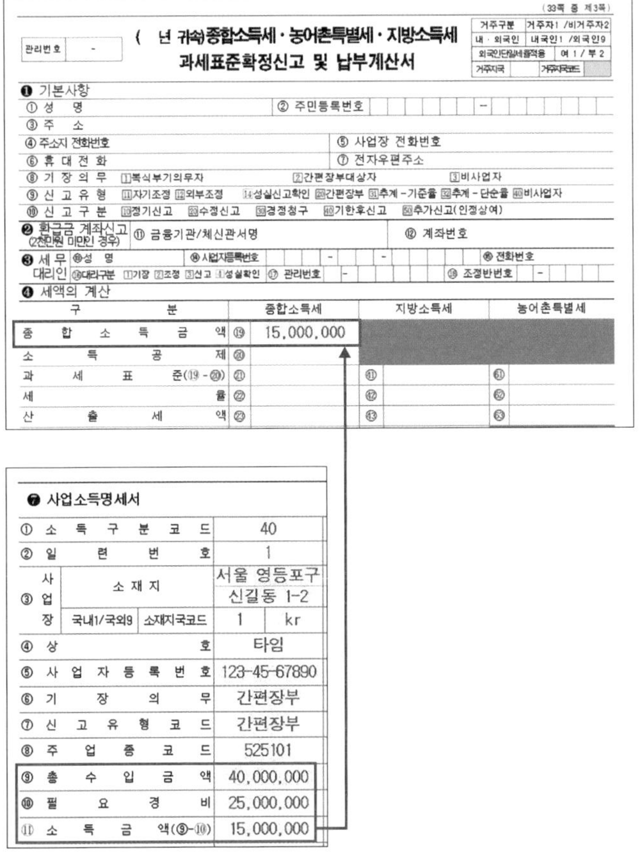

(33쪽 중 제3쪽)

| 관리번호 | - |
|---|---|

**(　　년 귀속)종합소득세 · 농어촌특별세 · 지방소득세 과세표준확정신고 및 납부계산서**

| 거주구분 | 거주자1 /비거주자2 |
|---|---|
| 내 · 외국인 | 내국인1 /외국인9 |
| 외국인단일세율적용 | 여 1 / 부 2 |
| 거주지국 | 거주지국코드 |

❶ 기본사항

① 성　명 ② 주민등록번호 -

③ 주　소

④ 주소지 전화번호 ⑤ 사업장 전화번호

⑥ 휴 대 전 화 ⑦ 전자우편주소

⑧ 기 장 의 무 1복식부기의무자 2간편장부대상자 3비사업자

⑨ 신 고 유 형 11자기조정 12외부조정 14성실신고확인 20간편장부 31추계 - 기준율 32추계 - 단순율 40비사업자

⑩ 신 고 구 분 10정기신고 20수정신고 30경정청구 40기한후신고 50추가신고(인정상여)

❷ 환급금 계좌신고 (2천만원 미만인 경우) ⑪ 금융기관/체신관서명 ⑫ 계좌번호

❸ 세무대리인 ⑬성　명 ⑭ 사업자등록번호 - - ⑮ 전화번호

⑯대리구분 1기장 2조정 3신고 4성실확인 ⑰ 관리번호 - ⑱ 조정반번호 -

❹ 세액의 계산

| 구분 | | 종합소득세 | | 지방소득세 | | 농어촌특별세 |
|---|---|---|---|---|---|---|
| 종합소득금액 | ⑲ | 15,000,000 | | | | |
| 소득공제 | ⑳ | | | | | |
| 과세표준(⑲ - ⑳) | ㉑ | | ㊶ | | ○61 | |
| 세율 | ㉒ | | ㊷ | | ○62 | |
| 산출세액 | ㉓ | | ㊸ | | ○63 | |

❼ 사업소득명세서

| | | | |
|---|---|---|---|
| ① 소득구분코드 | | 40 | |
| ② 일련번호 | | 1 | |
| ③ 사업장 | 소재지 | 서울 영등포구 신길동 1-2 | |
| | 국내1/국외9 · 소재지국코드 | 1 | kr |
| ④ 상호 | | 타임 | |
| ⑤ 사업자등록번호 | | 123-45-67890 | |
| ⑥ 기장의무 | | 간편장부 | |
| ⑦ 신고유형코드 | | 간편장부 | |
| ⑧ 주업종코드 | | 525101 | |
| ⑨ 총수입금액 | | 40,000,000 | |
| ⑩ 필요경비 | | 25,000,000 | |
| ⑪ 소득금액(⑨-⑩) | | 15,000,000 | |

▲ 종합소득세 신고서 예시

- **매출: 사장님이 벌어들인 총금액으로, 소득세법의 수입금액과 비슷**
- **매입: 부가가치세 공제세액에 들어가는 항목으로 세금계산서, 신용카드, 현금영수증 등으로 물건을 구매하거나 서비스를 이용한 대가로 나간 것**
- **수입금액(사업소득): 벌어들인 총금액(수입금액)**
- **비용: 세법에서는 비용이라는 용어 대신 필요경비라는 용어 사용**
- **필요경비: 소득세법에서는 일반적으로 사장님들이 쓰는 비용을 필요경비라고 부름**
- **소득금액(사업소득금액): 벌어들인 총금액(수입금액)에서 비용(필요경비)을 차감한 금액**

### 사업자등록하고 비용 인정받아 세금 줄이자!

사업자등록을 하지 않고 사업을 하다가 추후 사업자등록을 하고 그동안의 수입에 대해 세금을 내야 하는 일이 발생한다면 어떻게 될까요? 사업자등록을 하지 않은 기간 동안 물건을 매입했다면, 발생한 세금을 환급받지 못하고, 비용으로 인정받지도 못합니다. 특히 개인적으로 사용한 비용과 사업적으로 사용한 비용 구분이 쉽지 않습니다.

정리하면, 사업자등록을 하지 않은 기간 동안 발생한 매출에 대해서는 세금을 매기지만, 이때 발생한 비용은 경비로 인정되지 않습니다. 경비로 인정되어야만 사장님이 납부할 세금이 줄어들겠죠? 그래서 저는 본인이 사업을 하겠다고 마음먹은 시점에 사업자등록을 할 것을 권합니다. 사업자등록을 하지 않은 페널티는 있지만 사업자등록을 했다고 발생하는 불이익은 없거든요.

### 사업자등록을 하면 건강보험료를 많이 낸다고?

예를 들어 전업주부는 남편 밑에 부양가족으로 되어 있어 건강보험료를 내지 않지만 사업자등록을 하게 되면 지역가입자로 바뀌어 건강보험료를 내야 합니다. 이런 식으로 종종 건강보험료 피부양자 자격을 상실하고 건강보험료가 너무 많이 나온다며 사업자등록을 한 것을 후회한다고 말씀하시는 사장님들이 있습니다. 그런 분들에게 다음 사례를 소개해드리고 싶네요.

A씨는 사업자등록을 하지 않고 2020년 1월 1일부터 사업을 시작했고 2020년 6월 30일까지 2,000만 원의 매출을 올렸습니다. 그런데 A씨가 사업자등록을 하지 않고 소득을 올린 사실을 세무서에서 2021년 1월 1일에

알게 되어 고지가 나갈 경우, 납부해야 하는 가산세는 얼마일까요?

- **미등록가산세: 2,000만 원×1%=200,000원**
- **무신고가산세: 2,000만 원×10%×20%=400,000원**
- **납부지연가산세: 2,000만 원×10%×0.025%×184=92,000원**

***사업 개시일로부터 20일 이내에 사업자등록을 하지 않은 경우 미등록가산세 부과**
**개인사업자: 공급가액×1%(간이과세자는 매출액의 0.5%와 5만 원 중 큰 금액)**
**법인사업자: 공급가액×1%**

사업자등록을 하지 않으면 위와 같이 가산세를 한꺼번에 납부해야 합니다. 세법은 자신이 해야 할 일을 제대로 하지 않으면 여러 명목의 가산세를 부과합니다. 다시 한 번 강조하지만 '얼마 되지 않는 돈인데 과연 국세청이 알까?' 의심하며 사업자등록을 꺼리기보다는 계속적·반복적으로 소득이 발생한다면 반드시 사업자등록을 하기 바랍니다.

앞서 사업 소득을 신고하면 가구 요건, 소득 요건, 재산 요건이 충족될 경우, 근로장려금이나 자녀장려금을 받을 수 있다고 이야기했습니다. 따라서 사업자등록을 하는 것이 무조건 나에게 불리하다는 선입견을 가질 필요는 없습니다.

참고로 3.3% 원천세를 떼고 급여를 받는 프리랜서는 부가가치세 면세사업자에 속하기 때문에 사업자등록을 하지 않더라도 미등록가산세가 부과되지 않습니다. 5월에 종합소득세 신고만 잘하면 문제될 것이 없습니다.

# 사업자등록, 언제 하는 것이 좋을까?

부업러

음… 사업자등록은 꼭 해야 하는 것이군요. 그럼 사업자등록은 언제 하는 것이 좋을까요? 아무것도 갖춰진 게 없는데 지금 해도 괜찮을까요?

세무서 언니

저는 사업을 시작하기로 마음먹은 그 순간에 사업자등록을 할 것을 추천합니다. 일찍 등록을 하면 여러 이점이 있거든요. 지금부터 어떤 이점이 있는지 알아보도록 할까요?

## 사업자등록은 미리미리!

온라인 스마트스토어로 의류를 판매할 계획이 있다고 가정해봅시다. 준비 과정에서 의류비, 임차료, 사무용품비 등의 비용이 발생합니다. 필요한 물건을 구입하는 금액에는 늘 부가가치세가 포함되는데, 사업자등록을 하면 내가 낸 부가가치세를 돌려받을 수 있습니다. 이때 사업자등록을 한 날짜 기준으로 환급 여부가 결정됩니다.

부가가치세란, 거래 시 재화나 용역에 생성되는 부가가치, 즉 마진에 부과되는 세금입니다. 물건값에 세금이 포함되어 있는 간접세 일종으로, 보통 최종 가격에 10%의 부가가치세가 포함됩니다.

만약 동대문 의류도매상가에서 옷을 2,500만 원어치 구입해 4,000만 원에 팔았다면 매출 4,000만 원의 매출세액 400만 원, 매입 2,500만 원의 매입세액 250만 원의 차이인 150만 원이 최종 납부세액이 됩니다.

만약 사업자등록을 하지 않았다면 매입세액공제를 받지 못해 매출에 대한 부가가치세 400만 원을 고스란히 납부해야 합니다. 예전에는 일반과세자의 경우, 사업자등록 20일 전에 매입한 세금계산서에 대해서만 매입세액으로 빼줬지만 요즘에는 많이 완화되어 부가가치세 과세 기간 종료일 이후 20일 이내에 사업자등록을 하면 매입분에 대해 매입세액공제가 가능합니다.

**매입세액공제**
매출세액에서 매입세액을 차감하는 것을 말한다. 매입세액이 커야 내야 할 세금이 줄어든다.

▼ 일반과세자 사업자등록 신청일에 따른 매입세액공제 가능 여부

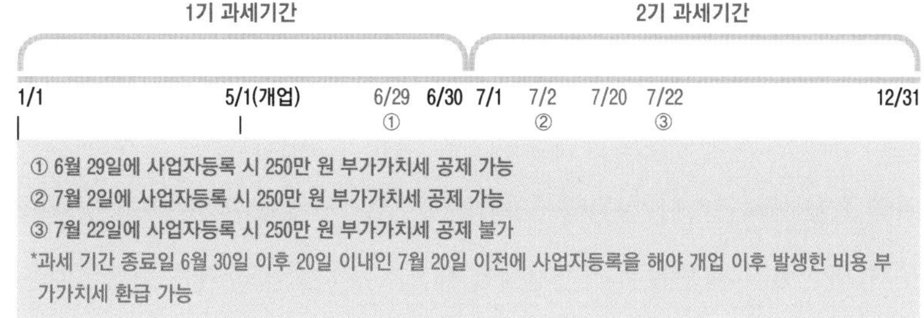

1기 과세기간
2기 과세기간
1/1
5/1(개업)
6/29 ①
6/30
7/1
7/2 ②
7/20
7/22 ③
12/31
① 6월 29일에 사업자등록 시 250만 원 부가가치세 공제 가능
② 7월 2일에 사업자등록 시 250만 원 부가가치세 공제 가능
③ 7월 22일에 사업자등록 시 250만 원 부가가치세 공제 불가
*과세 기간 종료일 6월 30일 이후 20일 이내인 7월 20일 이전에 사업자등록을 해야 개업 이후 발생한 비용 부가가치세 환급 가능

사업자등록을 하지 않은 상태에서 발생한 부가가치세는 환급받을 수 없으니 미리미리 사업자등록을 하는 것이 좋겠죠?

## 부가가치세, 내야 환급받는다

간혹 제게 "세금계산서나 현금영수증을 받지 않으면 부가가치세 10%를 내지 않아도 된다고 하던데, 그럼 저한테 좋은 거 아닌가요?"라고 물어보시는

분들이 계십니다. 제 대답은 단호하게 “아니오!”입니다.

사업을 준비할 때 경비를 조금이라도 아끼고자 세금계산서나 현금영수증을 받지 않고 부가가치세를 빼고 지출했다가 추후 소득세 신고 시에 문제가 되는 경우가 꽤 많이 있습니다.

▼ 일반과세자로 1,000만 원 비용 지출 시 세금계산서 여부에 따른 세금 비교

| | 세금계산서(혹은 현금영수증) 받았을 때 | 세금계산서 받지 않았을 때 |
|---|---|---|
| 부가가치세 | 내가 지불한 돈 1,100만 원<br>환급 - 100만 원<br>**최종 지불한 돈 1,000만 원** | 내가 지불한 돈 1,000만 원<br>환급 - 없음<br>**1,000만 원** |
| 소득세 | 비용 처리 1,000만 원<br>× 15%(가정)<br>**150만 원 절약** | 비용 인정 안 됨<br>(금융증빙 있을 경우 예외적으로 인정) |

위의 표를 살펴봅시다. 일반과세자의 경우, 부가가치세 환급이라는 강력한 무기(?)가 있기 때문에 부가가치세를 내도, 내지 않아도 최종 지불금액은 같다는 사실을 알 수 있습니다.

단, 소득세의 경우, 15% 누진세율 구간에 있다고 가정했을 때 지출금액을 경비로 처리하여 절약할 수 있는 세금은 150만 원입니다. 이때 세금계산서, 현금영수증 같은 적격증빙 서류를 받지 못하면 원칙적으로 비용 인정이 안 되니 150만 원 만큼 소득세를 더 내야 하는 경우가 발생하죠. 이 돈의 계좌이체 기록으로 비용을 인정받는다 하더라도 적격증빙 서류를 받지 않고 경비 처리한 것에 대해 가산세 2%를 납부해야 합니다. 처리한 경비가 1,000만 원일 경우, 가산세로 20만 원을 내야 하는 것이죠. 혹시 사업을 하

면서 부가가치세를 빼줄 테니 세금계산서를 요청하지 말라는 업체가 있다면 과감하게 "NO!"라고 외치세요.

## 세금계산서가 없어도 부가가치세 환급받는 방법!

거래를 하다 보면 세금계산서를 절대 발행해줄 수 없다며 목소리를 높이는 거래처 사장님을 만날 수도 있습니다. 하지만 적격증빙 서류를 받지 않은 경우에도 비용으로 인정받을 수 있는 방법이 있습니다. 바로 매입자발행세금계산서제도를 이용하는 것입니다. 다음 조건에 해당된다면 매입자발행세금계산서제도를 활용해볼 것을 권합니다.

- **거래처가 일반과세자일 경우(거래처가 간이과세자라면 매입자발행세금계산서제도를 이용할 수 없음. 간이과세자는 세금계산서를 발행할 수 없기 때문)**
- **거래금액이 부가가치세 포함 10만 원 이상일 경우**

신청 방법은 간단합니다. 거래사실확인신청서, 영수증, 무통장입금증 등 증빙 서류를 준비해 거래가 있었던 과세 기간 종료일로부터 6개월 이내에 세무서에서 신청하면 됩니다. 부가가치세 과세 기간은 1월 1일부터 6월 30일, 7월 1일부터 12월 31일이니 12월 31일과 6월 30일 이내에 신청하면 됩니다. 추후에 세무서에서 거래사실확인통지서를 받은 뒤 매입자발행세금계산서 합계액을 제출하면 해당 거래에 대해 부가가치세 환급을 받을 수 있습니다.

## 거래사실확인신청서

[별지 제76호서식] <개정 2010.4.20> (앞 쪽)

<table>
<tr><td colspan="8">거래사실 확인신청서(매입자발행세금계산서 발급용)</td></tr>
<tr><td colspan="8">1. 신청인 인적사항</td></tr>
<tr><td colspan="2">① 상호(법인명)</td><td colspan="2"></td><td colspan="2">② 사업자등록번호</td><td colspan="2"></td></tr>
<tr><td colspan="2">③ 성명(대표자명)</td><td colspan="2"></td><td colspan="2">④ 전화번호</td><td colspan="2"></td></tr>
<tr><td colspan="2">⑤ 사업장소재지</td><td colspan="6"></td></tr>
<tr><td colspan="2">사업의 종류</td><td>⑥ 업태</td><td colspan="2"></td><td>⑦ 종목</td><td colspan="2"></td></tr>
<tr><td colspan="8">2. 공급자 인적사항</td></tr>
<tr><td colspan="2">⑧ 상호(법인명)</td><td colspan="2"></td><td colspan="2">⑨ 사업자등록번호</td><td colspan="2"></td></tr>
<tr><td colspan="2">⑩ 성명(대표자명)</td><td colspan="2"></td><td colspan="2">⑪ 전 화 번 호</td><td colspan="2"></td></tr>
<tr><td colspan="2">⑫ 사업장소재지</td><td colspan="6"></td></tr>
<tr><td colspan="8">3. 신청 내용</td></tr>
<tr><td>⑬ 공급대가</td><td></td><td colspan="2">⑭ 공급가액</td><td colspan="2"></td><td>⑮ 부가가치세</td><td></td></tr>
<tr><td colspan="8">4. 거래내용 명세서</td></tr>
<tr><td>NO</td><td>⑯ 거래일</td><td>⑰ 거래품목</td><td>⑱ 규격</td><td>⑲ 수량</td><td colspan="2">⑳ 공급대가<br>(부가가치세포함)</td><td>㉑ 비고<br>(대금결제방법)</td></tr>
<tr><td></td><td>합계</td><td></td><td></td><td></td><td colspan="2"></td><td></td></tr>
<tr><td></td><td></td><td></td><td></td><td></td><td colspan="2"></td><td></td></tr>
<tr><td></td><td></td><td></td><td></td><td></td><td colspan="2"></td><td></td></tr>
<tr><td></td><td></td><td></td><td></td><td></td><td colspan="2"></td><td></td></tr>
<tr><td></td><td></td><td></td><td></td><td></td><td colspan="2"></td><td></td></tr>
<tr><td></td><td></td><td></td><td></td><td></td><td colspan="2"></td><td></td></tr>
<tr><td colspan="8">매입자발행세금계산서의 발행을 위하여 「조세특례제한법 시행령」 제121조의4제2항에 따라 거래사실의 확인을 신청합니다.<br>년 월 일<br>신청인 (서명 또는 인)<br>세무서장 귀하</td></tr>
<tr><td colspan="8">※구비서류<br>1. 공급자가 발행한 영수증 또는 무통장입금증 등 대금결제 증명자료(필수)<br>2. 그 밖의 거래사실 증명자료</td></tr>
</table>

210㎜×297㎜[일반용지 60g/㎡(재활용품)]

(뒤쪽)

**작 성 방 법**

1. 이 신청서는 세금계산서 발급의무가 있는 사업자로부터 세금계산서를 발급받지 못한 사업자가 「조세특례제한법」 제126조의4제1항에 따라 매입자발행세금계산서를 발행하기 위하여 재화 또는 용역의 거래시기부터 **3개월 이내에** 그 거래사실의 확인을 신청하는 경우에 사용합니다.

2. 공급자 인적사항(⑧~⑫)
   가. 신청대상 거래의 공급자 인적사항을 적습니다.
   나. ⑧, ⑪, ⑫란은 반드시 적어야 합니다.
   다. 기재를 누락하거나 잘못 기재하여 보정기간 내에 보정되지 아니한 경우 확인대상에서 제외되므로 정확하게 기재하여야 합니다.
   라. 거래 당시 미등록자, 휴업자·폐업자와의 거래가 명백한 경우 확인대상에서 제외됩니다.

3. 신청 내용(⑬~⑮)
   가. 공급대가(⑬)는 공급가액과 부가가치세액을 합한 금액으로 공급자에게 지급한 총금액을 적으며, 대상금액은 신청건당 공급대가가 **10만원 이상인 거래분입니다**
   * 거래내용 명세서상 공급대가의 합계액과 일치하여야 합니다.
   나. 공급가액(⑭)은 공급자에게 지급한 총금액 중 부가가치세액을 뺀 금액을 적습니다.
   다. 부가가치세액(⑮)은 공급가액의 10%에 해당하는 금액을 적습니다.
   * 부가가치세액(⑮) = **공급가액(⑭)** (공급대가 ÷ 1.1) × 10%

4. 거래내역명세서(⑯~㉑)
   가. 위 거래내용에 대한 세부명세를 적습니다.
   나. 공급대가(⑳)의 합계는 신청내용의 공급대가(⑬)와 일치하여야 합니다.
   다. 비고(㉑)란에는 대금결재방법을 적습니다.

4. 구비서류
   가. 공급자가 발행한 영수증(간이세금계산서, 거래명세서 등) 또는 무통장입금증 등 거래(대금결제)사실을 증명할 수 있는 자료를 반드시 제출하여야 합니다.
   나. 그 밖에 거래증명에 필요한 자료를 제출합니다.

출처: 국세청

# 개인사업자로 할까, 법인사업자로 할까?

부업러

사업자등록을 하려고 보니 개인사업자, 법인사업자로 나뉘네요. 저는 혼자서 부업을 하려고 하는 것이니 개인사업자가 맞겠죠?

세무서 언니

개인사업자와 법인사업자, 각각 장단점이 있어요. 부업러, 프리랜서들은 설립 비용이 거의 없는 개인사업자로 등록하는 경우가 많아요. 법인사업자의 경우, 절차가 복잡하고 비용이 발생하지만 자금 조달이 유리하다는 장점이 있죠.

## 개인사업자와 법인사업자의 차이

사실 어떤 업종이 개인 명의가 유리한지, 법인 명의가 유리한지 딱 꼬집어 말하기는 어렵습니다. 다만, 매출액의 크기가 개인사업자와 법인사업자 선택에 중요한 요소로 작용합니다.

▼ 개인사업자와 법인사업자 비교표

| | 개인사업자 | 법인사업자 |
|---|---|---|
| 사업자등록번호 | ○○○-○○-○○○○○ | ○○○-8○-○○○○○ |
| 설립 절차 | 간단 | 복잡 |
| 설립 비용 | 거의 없음 | 법인 설립 등기비, 등록면허세, 채권매입비 등의 비용 발생 |
| 자금 조달 | 한계 있음 | 자금 조달 용이(주식 발행) |

| 이익 분배 | 제약 없음 | 제약 있음(이사회 결정 등 절차 필요) |
|---|---|---|
| 사업의 책임 | 100% 본인 부담 | 출자한 지분 한도 |
| 과세 체계 | 소득세 | 법인세 |
| 세율 | 6~45% | 10~25% |
| 대표자 급여 | 비용 인정 × | 비용 인정 ○ |

매출에서 비용을 뺀 소득에 대한 과세표준 세율 구간은 다음과 같습니다.

▼ 개인사업자 과세표준 세율 구간 (2021년 기준)

| 과세표준 | 세율 | 누진공제액 |
|---|---|---|
| 1,200만 원 이하 | 6% | - |
| 1,200만 원 초과 ~ 4,600만 원 이하 | 15% | 108만 원 |
| 4,600만 원 초과 ~ 8,800만 원 이하 | 24% | 522만 원 |
| 8,800만 원 초과 ~ 1억 5,000만 원 이하 | 35% | 1,490만 원 |
| 1억 5,000만 원 초과 ~ 3억 원 이하 | 38% | 1,940만 원 |
| 3억 원 초과 ~ 5억 원 이하 | 40% | 2,540만 원 |
| 5억 원 초과 ~ 10억 원 이하 | 42% | 3,540만 원 |
| 10억 원 초과 | 45% | 5,040만 원 |

▼ 법인사업자 과세표준 세율 구간 (2021년 기준)

| 과세표준 | 세율 | 누진공제액 |
|---|---|---|
| 2억 원 이하 | 10% | - |
| 200억 원 이하 | 20% | 2,000만 원 |
| 3,000억 원 이하 | 22% | 4억 2,000만 원 |
| 3,000억 원 초과 | 25% | 94억 2,000만 원 |

단순히 세율만 봤을 때는 법인사업자가 좋은 것처럼 보이죠? 소득이 1억 원이라면 개인은 32%, 법인은 10% 세율을 적용받으니까요.

하지만 단순히 세율만으로 개인사업자로 낼지, 법인사업자로 낼지 판단하는 것은 위험합니다. 개인사업자는 개인 통장에 있는 돈을 대표자가 가져가더라도 아무런 제재가 없습니다.

반면 법인사업자는 법인 통장에 있는 돈을 대표자가 가져가면 '가지급금'이라는 엄청난 제재가 있습니다. 법인과 대표자는 별개의 인격으로 존재합니다. 그래서 법인 통장에 있는 돈을 대표자가 그냥 가져가면 법인의 돈을 대표자가 빌려간 것으로 봅니다. 세법에서는 이를 '가지급금'이라 부르죠. 대표자는 이 가지급금에 대해 법인에 이자를 지불해야 하고, 법인은 이 이자에 대해 법인세를 내야 합니다. 그리고 가지급금 이자는 상여금으로 보기 때문에 대표자는 근로소득세를 부담해야 합니다.

앞서 이야기했듯 개인사업자와 법인사업자는 각각 장단점이 있습니다. 매출이 적어도 대외신뢰도 때문에 법인사업자로 낼 수도 있고, 매출이 많아도 자금 융통의 용이성 때문에 개인사업자로 낼 수도 있죠. 사업의 유형과 규모, 자금 관리 등을 종합적으로 고려해 개인사업자로 낼지, 법인사업자로 낼지 판단해야 합니다.

### 사업자등록 시 필요한 서류

사업자등록 시 필요한 서류는 다음과 같습니다.

- **개인사업자: 사업자등록신청서, 임대차계약서, 인허가등록증(인허가 사업일 경우), 본인 신분증, 대리인 신분증, 동업계약서(동업일 경우), 인감증명서(동업일 경우)**
- **법인사업자: 사업자등록신청서, 임대차계약서, 인허가등록증(인허가 사업일 경우), 본인 신분증, 대리인 신분증, 법인등기부등본, 정관, 주주명부**

법인으로 사업자등록을 할 경우, 개인사업자 서류에서 추가로 법인등기부등본, 정관, 주주명부가 필요하다는 것을 확인할 수 있습니다.

일반적으로 법인사업자는 주식회사, 유한회사, 합명회사, 합자회사로 구분됩니다. 대부분이 주식회사 형태이고, 주식회사의 경우 주주들의 돈(출자금)으로 법인이 설립되기 때문에 주주명부를 반드시 제출해야 합니다.

# 임대차계약서 없이 사업자등록을 할 수 있을까?

부업러

저는 온라인 쇼핑몰을 준비하고 있으니 개인사업자로 등록하는 것이 좋겠네요. 그런데 사무실이 아닌 집에서 사업을 시작해야 해서 임대차계약서가 없어요. 그럼 저는 사업자등록을 할 수 없는 건가요?

세무서 언니

사업자등록 시 임대차계약서는 필수이지만 통신판매업 같은 경우는 집에서도 할 수 있기 때문에 임대차계약서가 필요하지 않아요. 이때 필요한 서류가 따로 있죠. 그것이 무엇인지 알아볼까요?

## 사업자등록, 사무실이 없어도 OK!

통신판매업처럼 사무실이 필요하지 않은 업종이라면 임대차계약서 대신 주민등록등본을 제출하면 됩니다. 통신판매업의 경우, 사업장 없이 집 주소로 사업자등록을 하시는 분들이 많죠.

간혹 임대차계약서가 꼭 필요한 줄 알고 소호 사무실(하나의 공간을 여러 명에게 나누어 임대하는 방식)을 계약하는 분들이 있는데, 집에서 충분히 할 수 있는 사업(전자상거래, 유튜버 등)은 임대차계약서가 없어도 사업자

등록을 할 수 있으니 참고하기 바랍니다.

## 사업장을 빌려 사업한다면 필수! 임대차 정보 제공 요청

사업장을 빌려 사업할 때 '혹시 임대인이 나 이외에 다른 임차인과 이중계약을 하지 않았을까?' 궁금하신 분들이 있을 거라 생각합니다. 이때 세무서 민원실에 방문해 임대차 정보 제공 요청을 하면 내가 빌린 건물에 누가 들어와 있는지, 임대 기간은 언제까지인지, 보증금과 월세는 얼마인지 확인할 수 있습니다.

단, 계약한 보증금과 월세가 환산보증금 이하여야 세무서에 임대차 정보 제공을 요청할 수 있습니다. 임대차 정보 제공 요청은 보증금과 월세가 적은 영세사업자를 보호하기 위해 만들어진 것이기 때문입니다.

**환산보증금**

상가임대차보호법에서 보증금과 월세 환산액을 합한 금액을 말한다.

환산보증금=보증금+(월세×100)

예를 들어, 보증금이 3,000만 원이고 월세가 150만 원이라면 환산보증금은 1억 8,000만 원이다.

3,000만 원+(150만 원×100)=1억 8,000만 원

## 확정일자 신청 대상과 발급 방법

사업자등록을 위해 상가를 임차한 경우, 임대차계약서 원본을 가지고 사업장 관할 세무서에 방문해 확정일자를 받아야 합니다. 집을 임차했을 때 주민센터에서 받는 확정일자와 같다고 생각하시면 됩니다.

확정일자란, 건물 소재지 관할 세무서장이 임대차 계약의 존재 사실을 인정해 임대차계약서에 기입한 날짜를 말합니다. 만약 임대인의 건물이 경매나 공매로 넘어간다면 확정일자를 기준으로 변제 순위가 정해집니다.

이때 상가임대차보호법에 의해 보호받을 수 있는 상가의 환산보증금이 정해져 있습니다. 2020년 7월 기준 서울시의 환산보증금은 9억 원 이하로, 9억 원을 초과하는 곳에 임차했다면 이후 법의 보호를 받을 수 없습니다.

또 소액 임차인을 보호하기 위해 환산보증금이 특정 금액 이하라면 다른 채권자들보다 먼저 보증금을 변제받을 수 있는 권리도 있습니다. 이를 '최우선변제'라고 합니다. 기준이 되는 환산보증금과 최우선변제금은 다음과 같습니다.

▼ 상가임대차보호법에 따른 환산보증금과 최우선변제료 (2020년 7월 기준)

| 지역 | 보호를 받을 수 있는 환산보증금 범위 | 최우선변제를 받을 수 있는 환산보증금 범위 | 보증금 중 최우선변제를 받을 수 있는 금액 |
| --- | --- | --- | --- |
| 서울시 | 9억 원 이하 | 6,500만 원 이하 | 2,200만 원까지 |
| 수도권정비계획법에 의한 수도권 중 과밀억제권역(서울 제외) | 6억 9,000만 원 이하 | 5,500만 원 이하 | 1,900만 원까지 |
| 광역시(수도권 과밀억제권역과 군 지역 제외), 안산시, 용인시, 김포시, 광주시(경기) | 5억 4,000만 원 이하 | 3,800만 원 이하 | 1,300만 원까지 |
| 기타 지역 | 3억 7,000만 원 이하 | 3,000만 원 이하 | 1,000만 원까지 |

참고로 사업자등록은 전국 어느 세무서에서나 할 수 있지만 확정일자를 받는 것은 사업장 관할 세무서에서만 가능합니다.

# 확정일자신청서

■ 상가건물 임대차계약서상의 확정일자 부여 및 임대차 정보제공에 관한 규칙 [별지 제1호서식]

## 확정일자 신청서

※ 색상이 어두운 난은 신청인이 적지 않습니다.

(앞쪽)

| 접수번호 | | 처리기간 즉시 | |
|---|---|---|---|
| 임차인 (신청인) | 성명(법인명) | 주민(법인)등록번호 | |
| | 상호 | 사업자등록번호 | |
| | 주소(본점) | 전화번호 | 휴대전화번호 |
| 임대인 | 성명(법인명) | 주민(법인)등록번호 | |
| | 주소(본점) | 전화번호 | 휴대전화번호 |
| 임대차 계약내용 | 상가건물 소재지(임대차 목적물)<br>*상가건물명, 동, 호수 등 구체적으로 기재* | | |
| | 계약일 | 임대차기간 | |
| | 보증금 | 차임 | |
| | 면적(㎡) ㎡ | 확정일자번호 | |

*※ 아래 난은 대리인에게 확정일자 신청을 위임하는 경우 적습니다.*

신청인은 아래 위임받은 자에게 확정일자 신청에 관한 사항을 위임합니다.

| 위임 받은 자 | 성명 | 주민등록번호 |
|---|---|---|
| | 신청인과의 관계 | 전화번호 |

「상가건물 임대차보호법」 제5조제2항에 따른 확정일자를 신청합니다.

년 월 일

신청인 (서명 또는 인)

위임받은 자 (서명 또는 인)

세무서장 귀하

| 첨부서류 | 1. 상가건물 임대차계약서 원본<br>2. 주민등록증, 운전면허증, 여권 또는 외국인등록증 등 신청인(또는 대리인)의 신분을 확인할 수 있는 서류<br>3. 상가건물의 일부분을 임차한 경우 상가건물 도면(뒷면 상가건물 도면 양식 또는 별지로 제출) |
|---|---|

**유의사항**

1. 임차한 상가건물이 주로 사업에 이용되는 경우만 신청대상이며, 주로 주거에 이용되는 경우에는 「주택임대차보호법」에 따라 신청하여야 합니다.
2. 「상가건물 임대차보호법」의 적용을 받기 위해서는 임차부동산의 소재지를 사업자등록증상의 사업장소재지 등 공적 장부상 소재지와 일치되도록 적어야 합니다.
3. 「상가건물 임대차보호법」 제2조제1항 단서에 따른 보증금액을 초과하는 임대차의 경우 확정일자 부여를 신청할 수 없습니다.

210㎜× 297㎜[백상지 80g/㎡]

(뒤쪽)

## 상가건물 도면

※ 상가건물의 일부분을 임차한 경우에는 상가건물 도면을 제출해야 합니다.

<table>
<tr><td rowspan="3">임차인<br>(신청인)</td><td>성명(법인명)<br>(서명 또는 인)</td><td colspan="2">주민(법인)등록번호</td></tr>
<tr><td>상호</td><td colspan="2">사업자등록번호</td></tr>
<tr><td>주소(본점)</td><td>전화번호</td><td>휴대전화번호</td></tr>
<tr><td colspan="4">[ 도 면 ]</td></tr>
<tr><td colspan="4">작성요령 1. 상가건물의 전체면적(㎡)과 해당 임차부분의 면적(㎡) 등을 표시합니다.<br>2. 평면도 등으로 작성하며, 통로 · 주출입구 등을 표시합니다.<br>3. 해당 임차부분을 빗금으로 표시합니다.<br>4. 임대차목적물의 면적이 변동된 경우 최종 총면적과 위치를 표시합니다.<br>5. 상가건물의 형상, 길이, 위치 등을 적어 위 도면으로 제3자가 해당 임차건물의 위치를 정확히 인지할 수 있도록 작성해야 합니다.</td></tr>
</table>

출처: 국세청

# 나는 과세사업자일까, 면세사업자일까?

면세사업자라는 것이 있다고 하던데, 저도 신청할 수 있나요? 면세사업자는 무조건 세금을 면제받는 건가요?

앞서 말했듯 소득이 있는 곳에는 무조건 세금이 있습니다. 면세사업자도 예외는 아니죠. 여기에서의 면세는 소득세가 아닌 부가가치세 면세입니다. 면세사업자는 신청할 수 있는 업종이 정해져 있어요. 함께 알아보도록 할까요?

## 면세사업자, 무엇이 면세라는 뜻일까?

'면세사업자는 세금을 내지 않아도 되니 무조건 이 유형으로 신청해야겠다'라고 생각하시는 분들이 많습니다. 이때 면세는 부가가치세가 면세라는 뜻입니다. 개인 사업으로 벌어들인 소득세까지 면세라는 의미가 아닙니다.

그렇다면 부가가치세만이라도 면세를 적용받고 싶다고요? 안타깝지만 과세사업자와 면세사업자는 임의로 정할 수 없습니다. 부가가치세법 제26조와 조세특례제한법 제106조, 제106조의2, 제106조의3에 면세 업종이 명시되어 있습니다. 상세한 내역은 부가가치세법 시행령 제34~47조에 명시되어 있고요. 면세사업자 대표 업종은 다음과 같습니다.

▼ 면세사업자 대표 업종

| | |
|---|---|
| **기초 생활필수품 재화** | 미가공식료품, 연탄과 무연탄, 주택임대용역 |
| **국민후생용역** | 의료보건용역(병의원)과 혈액, 교육용역(학원), 여객운송용역(고속버스, 항공기, 고속전철 제외), 국민주택 공급과 당해 주택의 건설용역 |
| **문화 관련 재화용역** | 도서, 신문, 잡지, 방송 |
| **부가가치 구성 요소** | 토지 공급, 인적용역, 금융 및 보험용역 |
| **기타** | 공중전화, 복권 등 |

일반적으로 개인사업자들이 많이 신청하는 면세 업종은 농수산물 가게, 정육점, 주택 임대, 교습소, 학원, 병원, 출판업 등이 있습니다.

## 사업자등록이 면세사업자로 되어 있다면 무조건 면세사업자?

사업자등록이 면세사업자로 되어 있다면 무조건 면세사업자가 되어 부가가치세를 내지 않아도 될까요? 안타깝게도 그렇지 않다는 판례가 있습니다. 한자검정능력시험을 주관한 단체에서 시험료가 면세 업종인 줄 알고 학생들에게 부가가치세를 빼고 시험료를 받았는데, 국세청에서 시험료를 과세 업종으로 보고 부가가치세를 고지한 사례가 있습니다.

면세사업자로 사업자등록이 되어 있음에도 면세 업종에 열거되어 있지 않다는 이유로 부가가치세와 그에 따른 신고·납부지연가산세까지 낸 경우도 있으니 자신의 업종이 과세 업종인지, 면세 업종인지 명확하게 판단할 필요가 있습니다. 만약 판단이 어렵다면 준비마당에서 설명한 '세법해석 사전답변(21쪽 참고)'을 이용하기 바랍니다.

# 간이과세자와 일반과세자, 무엇을 선택해야 할까?

부업러

사업자등록을 하려고 보니 간이과세자와 일반과세자, 두 가지 종류가 있네요. 어떤 것으로 시작해야 이득일까요?

세무서 언니

저는 간이과세자로 시작하는 것을 추천해요. 처음에는 매출액이 크지 않을 테니 여러 가지 혜택이 있는 간이과세자로 시작하는 것이 좋죠. 매출액이 커지면 자연스럽게 일반과세자로 바뀌어요.

## 간이과세자란?

사업자등록을 할 때 민원인들이 가장 혼란을 겪는 부분이 있습니다. 바로 자신이 간이과세자와 일반과세자 중 어느 쪽에 해당하느냐 하는 것이죠.

개인사업자는 부가가치세법상 간이과세자와 일반과세자로 나뉩니다. 부가가치세가 면세되는 업종에 해당하지 않는다면 누구나 간이과세자 혹은 일반과세자로 사업자등록을 해야 합니다.

간이과세자는 부가가치세법상 의무 및 납부가 일반과세자에 비해 간단한 사업자를 말합니다. 매출액이 연 4,800만 원(2021년 이후 귀속분부터 8,000만 원) 미만인 사업자 중 작은 면적에서(지역별로 기준이 다름) 영업을 하는 소매점, 음식점, 이·미용업소 등이 이에 해당하죠. 간이과세자가 아닌 사업자는 모두 일반과세자가 됩니다. 따라서 모든 사업자는 다음 분류

중 하나에 속하게 됩니다.

▼ 사업자의 종류

| | |
|---|---|
| **개인사업자 (간이과세자)** | 세금계산서 발행이 불가능한 사업자, 매출액이 적은 사업자<br>예 소매업(온라인 쇼핑몰), 커피숍, 음식점, 미용업 등 |
| **개인사업자 (일반과세자)** | 거래 특성상 세금계산서 발행이 가능한 사업자<br>예 도매업(온라인 쇼핑몰), 제조업, 간이과세자가 가능한 업종 전부 일반과세자로 가능 |
| **개인사업자 (면세사업자)** | 부가가치세 면세 업종<br>예 출판사, 학원, 과외교습소, 병원 등 |
| **법인사업자** | 법원 등기소에서 별도로 법인의 인격을 부여받은 사업자<br>예 주식회사 ○○○, 유한회사 ○○○<br>모든 업종이 법인사업자로 등록 가능 |

전자상거래, 커피숍, 음식점, 미용실을 운영하려는 사람은 일반과세자보다는 간이과세자로 사업자등록을 하는 경우가 많습니다. 일반과세자는 부가가치세를 1년에 2회 또는 4회 신고해야 하지만 간이과세자는 1년에 1회만 신고하면 되고, 납부세액도 적게 나오기 때문이죠.

부가가치세 신고 내용에 대해서는 2부에서 자세히 다루도록 하겠습니다.

## 사업 초기 준비 비용이 많이 발생한다면 일반과세자가 유리!

사업을 할 때 간이과세자가 무조건 유리하다고 생각하는 사장님들이 많습니다. 부가가치세 부담이 상대적으로 적고 신고 방법이 간편하기 때문이죠. 하지만 무조건 간이과세자가 좋은 것만은 아닙니다. 일반과세자는 부가가치세 환급이라는 강력한 메리트가 있거든요.

초기 인테리어 비용 등이 많이 발생해 업체에 세금계산서를 발행해야 한다면 일반과세자가 더 유리할 수도 있습니다. 일반과세자는 부가가치세법상 환급을 받을 수 있지만 간이과세자는 환급을 받지 못하기 때문이죠. 사업 초기에 매출은 없고 인테리어 비용만 5,000만 원이 발생했다고 가정해봅시다. 일반과세자는 5,000만 원의 10%인 500만 원을 돌려받을 수 있지만 연 매출액이 4,800만 원 미만인 간이과세자는 그럴 수 없습니다.

▼ 간이과세자와 일반과세자의 차이

| | 간이과세자 | 일반과세자 |
|---|---|---|
| 세금계산서 발행 | 불가 | 가능 |
| 신고·납부 | 1월 신고·납부<br>7월 신고 없이 고지서를 받은 뒤 납부 | 1월/7월 신고·납부<br>4월/10월 신고 없이<br>고지서를 받은 뒤 납부 |
| 납부 의무 면제 | 연 매출액이 3,000만 원* 미만이면<br>납부할 부가가치세 없음 | 해당 없음 |
| 가능 업종 | 소비자 상대 업종(온라인 소매판매,<br>서비스업, 음식점)<br>*도매업 불가(세금계산서 발행) | 모든 업종 |

*2021년 귀속부터 4,800만 원

## 세금계산서를 발행할 일이 없다면 간이과세자로

자신의 부업이 사업자를 대상으로 세금계산서를 발행할 일이 없다면 간이과세자로 사업자등록을 하는 것이 유리합니다. 간이과세자의 부가가치세 신고·납부 부담이 일반과세자에 비해 크게 줄어들기 때문이죠.

세금계산서를 발행할 일이 없는 업종은 일반적으로 소비자를 상대로 현금영수증이나 신용카드 매출만 발생하는 음식점, 온라인 쇼핑몰, 미용실, 개인 상담 등이 있습니다.

## 간이과세자가 실수로 세금계산서를 발행한다면?

간혹 본인이 간이과세자(21. 7. 1 이후 연 매출액이 4,800만 원 이상이면 세금계산서 발행 가능)인지 모르고 세금계산서를 발행했다가 세금계산서를 발행받은 매입처에서 손해를 보는 일이 발생하곤 합니다. 매입처는 당연히 부가가치세를 환급받을 줄 알고 세금계산서를 받아 국세청에 신고했는데, 환급은커녕 잘못 신고한 부분에 대해 가산세를 물어야 하는 것이죠. 여러모로 상황이 참 곤란하겠죠?

따라서 매출을 일으키는 사장님께서 본인이 간이과세자인지, 일반과세자인지 분명히 알아두어야 거래처가 불이익을 보는 일이 발생하지 않습니다. 참고로 사장님 본인은 매출만 제대로 신고했다면, 불이익이 없습니다. 대신 거래처의 항의를 받아 곤란한 상황에 처할 수 있겠죠?

이런 경우, 급하게 세무서에 찾아와 과세 유형을 변경해달라고 요청하시는 분들이 많습니다. 하지만 과세 유형은 바로 변경할 수 없습니다. 간이과세자에서 일반과세자로 변경하려면 간이과세포기신고서를 작성해 제출해야 하고, 다음 부가가치세 과세 기간(1월 1일 또는 7월 1일)에 적용받을 수 있습니다.

사업자등록을 할 때는 첫 단추를 제대로 끼워야 합니다. 제가 민원실에서 근무할 때 가장 안타까웠던 것이 사장님들이 세법에 대한 아무 지식 없이 지인들이 간이과세자로 신청하라고 했다며 무조건 간이과세자로 신청해달라고 말씀하시는 경우였습니다. 간이과세자로 신청했다가 세금계산서를 발행했을 경우 거래처와 관계적으로 곤란한 일이 발생할 수 있으니 이 내용을 꼭 알고 계셨으면 좋겠습니다.

## 간이과세포기신고서

■ 부가가치세법 시행규칙 [별지 제43호서식] <개정 2014.3.14>

홈택스(www.hometax.go.kr)에서도 신청할 수 있습니다.

# 간이과세 [ ] 포기 [ ] 적용 신고서

※ [ ]에는 해당하는 곳에 √ 표시를 합니다.

| 접수번호 | 접수일 | 처리기간 즉시 |
|---|---|---|

| | | |
|---|---|---|
| 신고인 인적사항 | 상호(법인명) | 등록번호 |
| | 성명(대표자명) | 전화번호 |
| | 사업장(주된 사업장) 소재지 | |
| | 업태 | 종목 |

신고내용

| | | | | |
|---|---|---|---|---|
| [ ]간이과세 적용신고 | 「부가가치세법」 제61조제3항 및 같은 법 시행령 제109조제4항 또는 제116조제2항에 따라 간이과세의 적용을 받기 위하여 신고합니다. | | | |
| | 신규 사업자 | 사업시설착수 연월일 또는 사업 개시 연월일 | 간이과세를 적용받으려는 과세기간 | 연간공급대가 예상액 |
| | | | | |
| | 기존 사업자 | 간이과세를 포기한 과세기간 개시연월일 | 간이과세를 적용받으려는 과세기간 | 간이과세를 포기한 날부터 적용받으려는 과세기간 개시일까지의 경과연수 |
| | | | | |
| [ ]간이과세 포기신고 | 「부가가치세법」 제70조제1항·제2항 및 같은 법 시행령 제116조제1항에 따라 아래 과세기간부터 일반과세를 적용받기 위하여 간이과세의 포기를 신고합니다. | | | |
| | 간이과세를 포기하려는 과세기간 | 년 제 기( . . .부터) | | |

년 월 일

신고인 (서명 또는 인)

**세무서장** 귀하

| 첨부서류 | 없음 | 수수료 없음 |
|---|---|---|

**작 성 방 법**

※ 해당되는 신고사항에 [√]표시하고 해당 사항을 적은 후 작성일과 신고인란에 서명 또는 날인하여 제출합니다.

210mm×297mm[백상지 80g/㎡(재활용품)]

출처: 국세청

### 예상 매출액이 월 400만 원 이하라면 간이과세자를 추천!

세금계산서 발행 여부 외에 간이과세자와 일반과세자를 나누는 또 한 가지 기준은 매출액입니다. 예상 매출액이 연 4,800만 원 미만(2021년 이후 귀속분부터 8,000만 원 미만)이라면 간이과세자로 신청할 수 있습니다. 월 매출액으로 환산하면 약 400만 원이죠.

하지만 예상 매출액이 연 4,800만 원 미만이라 하더라도 부가가치세법상 간이과세자로 신청할 수 없는 업종들이 있습니다. 다음 사업을 영위하는 사업자는 간이과세자가 아닌 일반과세자로 신청해야 합니다.

- 일반과세가 적용되는 다른 사업장을 보유하고 있는 사업자(개인택시, 용달차운송업, 이·미용업 등은 제외)
- 일반과세자로부터 사업포괄양수를 받은 사업자
- 간이과세 배제 업종*을 영위하는 사업자
- 사업의 종류와 규모, 사업장 소재지 등을 감안했을 때 국세청장이 정한 기준*에 해당되는 사업자

*2021년 1월 1일 이후부터 연간 공급대가(매출액+부가가치세)가 8,000만 원이 넘지 않는다면 간이과세자 적용을 받을 수 있다.

**간이과세 배제 업종**

① 광업
② 제조업(떡방앗간, 과자점, 양복점, 양장점, 양화점 등은 간이과세 적용 가능)
③ 도매업(소매업을 함께 영위하는 경우를 포함하되, 재생용 재료 수집 및 판매업은 제외)
④ 부동산매매업
⑤ 변호사업, 심판변론인업, 변리사업, 법무사업, 공인회계사업, 세무사업, 경영지도사업, 기술지도사업, 감정평가사업, 손해사정인업, 통관업, 기술사업, 건축사업, 도선사업, 측량사업, 공인노무사업, 의사업, 약사업, 한의사업, 한약사업, 수의사업, 그 밖에 이와 유사한 사업 서비스업으로서 기획재정부령이 정하는 것
⑥ 사업장 소재 지역, 사업의 종류, 규모 등을 감안하여 국세청장이 정하는 기준에 해당하는 사업
⑦ 특별시 · 광역시 및 시(읍 · 면 지역 제외) 지역에 소재하는 부동산 임대 사업으로 국세청장이 정하는 규모 이상의 사업
⑧ 특별시 · 광역시 및 시(광역시 및 노동 복합 형태의 시 지역의 읍 · 면 지역 제외) 지역 소재 과세 유흥 장소와 국세청장이 업황 · 사업 규모 등을 고려하여 정한 지역에 소재한 과세 유흥 장소
⑨ 복식부기 의무자가 영위하는 사업
⑩ 둘 이상의 사업장이 있는 사업자가 영위하는 사업으로서 그 둘 이상 사업장의 공급대가 합계액이 4,800만 원 이상인 경우

**국세청장이 정한 기준**

• 종목 기준

서울특별시와 광역시 및 수도권 지역(읍·면 지역 제외)에서 다음 종목의 사업을 영위하는 경우에는 간이과세를 적용받을 수 없다.

① 초기 투자 비용이 큰 업종: 골프연습장, 주유소, 예식장, 백화점, 볼링장 등
② 주로 사업자와 거래하는 업종: 건설업, 자료처리업, 산업폐기물수집처리업 등
③ 고가품, 전문품 취급 업종: 골프장비소매업, 의료용품소매업, 귀금속점 등
④ 1회 거래액이 큰 품목 취급 업종: 피아노, 컴퓨터, 정수기, 대리점 가구, 가전제품 등
⑤ 기타 신종 호황 업종: 피부·비만관리업, 음식출장조달업 등

*수도권 지역: 수원시, 성남시, 의정부시, 안양시, 부천시, 광명시, 안산시, 시흥시, 고양시, 과천시, 군포시, 의왕시, 하남시, 구리시, 남양주시, 용인시, 평택시

• 지역 기준

간이과세 배제 지역으로 지정된 건물이나 장소에서 사업을 영위하는 경우에는 간이과세를 적용받을 수 없다.

• 부동산임대업 기준

서울특별시, 광역시 및 시(읍·면 제외) 지역에 소재한 임대용 건물 중 건물 연면적이 일정 규모 이상인 경우에는 간이과세를 적용받을 수 없다.

• 과세 유흥 장소 기준

서울특별시, 광역시 및 시 지역에 소재한 모든 과세 유흥 장소와 기타 지역 중 국세청장이 간이과세 적용 배제 지역으로 지정한 지역에서 과세 유흥 장소를 영위하는 경우에는 간이과세 적용을 배제한다.

*과세 유흥 장소: 룸살롱, 스탠드바, 카바레, 나이트클럽, 디스코클럽, 고고클럽, 관광음식점, 요정 등

출처: 간이과세배제기준 국세청고시

### 한 번 간이과세자는 영원한 간이과세자일까?

그렇지 않습니다. 앞서 예상 매출액이 연 4,800만 원(2021년 이후 귀속분부터 8,000만 원) 미만인 경우, 간이과세자로 신청할 수 있다고 이야기했죠. 하지만 일반과세자 또는 간이과세자로 등록했다 해서 그 유형이 변하지 않고 계속 적용되는 것은 아닙니다. 국세청은 사업자등록을 한 해의 부가가치세 신고 실적을 1년으로 환산한 금액을 기준으로 과세 유형을 다시 판단해 전환 여부를 결정합니다.

**연간환산금액=(매출액/사업을 한 월수)×12**

예를 들어 10월 15일에 사업을 시작해 12월 31일까지 3개월 동안의 매출액이 2,100만 원이라면 연간환산금액은 '2,100만 원×1/3×12=8,400만 원'으로 8,000만 원이 넘습니다. 이때는 사업을 개시한 그다음 해 6월 30일까지만 간이과세자로 남을 수 있고, 7월 1일부터는 일반과세자로 전환됩니다. 연 매출액이 8,000만 원 이상이면 일반과세자로 전환되는 것이죠.

반대로 일반과세자에서 간이과세자로 전환됐다 해서 좋아할 것 없습니다. 일반과세자로 사업 관련 경비가 많아 부가가치세를 환급받았다면 환급받은 세액만큼 재계산해 다시 내야 하기 때문입니다. 이럴 때는 앞서 설명한 간이과세포기신고서(62쪽 참고)를 작성해 제출하면 계속해서 일반과세자로 남아 있을 수 있습니다.

## 유형전환안내문

【부가가치세 사무처리규정 별지 제8호 서식】

기 관 명

수신자

제　목　**간이과세 전환 통지**

귀하(귀사)는 20　.　.　.부터 아래와 같은 사유로 간이과세자로 과세유형이 전환됨을 알려드립니다.

(전환 근거 : 「부가가치세법」 제61조, 같은 법 시행령 제109조 및 제110조)

| 납 세 자 | 상 호 | | 사업자등록번호 | |
|---|---|---|---|---|
| | 사업장 | | | |
| 과세유형 전환 사유 | | | | |

※ 간이과세 전환에 따른 안내

○ 간이과세자로 전환되지 않고 계속 일반과세자로 적용받고자 할 때에는 20　.　.　.까지 간이과세 포기 신고서를 제출하시기 바랍니다.

* 간이과세 포기 신고서를 제출하면 20　.　.　.부터 3년간은 계속 일반과세자로 적용받게 됩니다.

○ 현재 사용 중인 사업자등록증은 세무서에 반납하시고 간이과세자용 사업자등록증을 20　.　.　. ~ 20　.　.　. 받으시기 바랍니다.

(단, 간이과세자로 전환되어도 사업자등록번호는 변경되지 않습니다)

○ 일반과세자에서 간이과세자로 전환되면 전환당시에 가지고 있는 재고품 및 감가상각자산에 대하여는 재고매입세액을 납부하여야 하므로 20　.　.　. 현재의 재고품 및 감가상각자산(일반과세자일 때 매입세액을 공제받은 자산으로서 건물·구축물은 취득 후 10년 이내, 기타자산은 2년 이내의 것)을 20　년 제　기 부가가치세 확정신고를 할 때 "간이과세 전환시 재고품 및 감가상각자산 신고서"에 따라 신고하시기 바랍니다.

붙임 : 1. 간이과세 포기 신고서 1부.
　　　2. 간이과세 전환시 재고품 및 감가상각자산 신고서 1부.　끝.

**기　관　장** [직인]

기안자 직위(직급) 서명　　검토자 직위(직급)서명　　결재권자 직위 (직급)서명

협조자

시행　　처리과-일련번호(시행일자)　　접수　　처리과명-일련번호(접수일자)

우　　주소　　/ 홈페이지 주소

전화( )　　전송( )　　/ 기안자의 공식전자우편주소　　/ 공개구분

# 10분 내로 끝내는 사업자등록

부업러

그럼 어디에서, 어떻게 사업자등록을 하면 될까요?

세무서 언니

드디어 시작이군요. 사업자등록은 세무서에 직접 방문해서 신청해도 되고, 홈택스에서 신청해도 됩니다. 자, 그럼 지금부터 사업자등록 방법을 알아볼까요?

## 세무서에 방문해 사업자등록하기

사업자등록을 하려면 사업자등록신청서와 첨부 서류를 챙겨 세무서에 방문하면 됩니다. 세무서에 방문하기 전에 민원실에 전화해 자신의 업종을 말하고, 필요한 서류가 무엇인지 미리 확인해볼 것을 추천합니다. 그럼 서류 준비가 미흡해 부족한 서류를 다시 준비하여 재방문하는 번거로움을 줄일 수 있겠죠? 참고로 사업자등록은 전국 어디서나 접수가 가능하지만 관할 세무서가 아닌 곳에서 접수하면 처리 기간이 길어질 수 있습니다.

## 홈택스에서 사업자등록하기

시간을 내 세무서에 방문하는 것이 어렵다면 홈택스를 이용하는 것도 하나의 방법입니다. 홈택스에서 사업자등록을 하는 방법은 다음과 같습니다. 홈택스에 접속한 뒤 메인 화면에 있는 [신청/제출]을 클릭합니다. 그리고 [사업자등록신청/정정]에서 [사업자등록신청(개인)]을 클릭합니다.

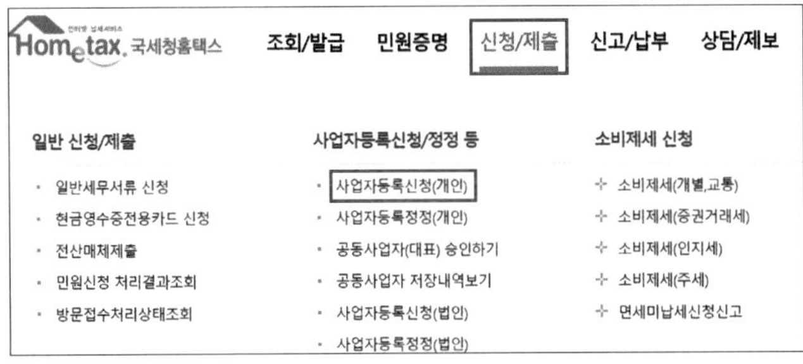


상호, 이름, 주민등록번호, 연락처 등 인적 사항을 입력합니다. 빨간 점이 표시된 부분을 모두 입력하지 않으면 다음 화면으로 넘어가지 않습니다.

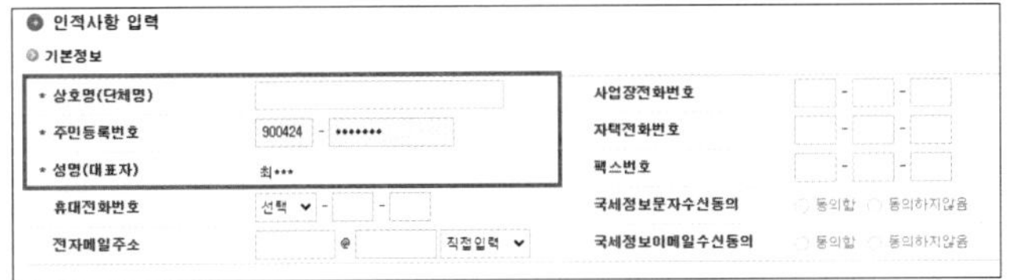


임대차 계약을 맺은 상가 주소를 입력합니다. 만약 집에서 통신판매업을 한다면 집 주소를 입력하면 됩니다.

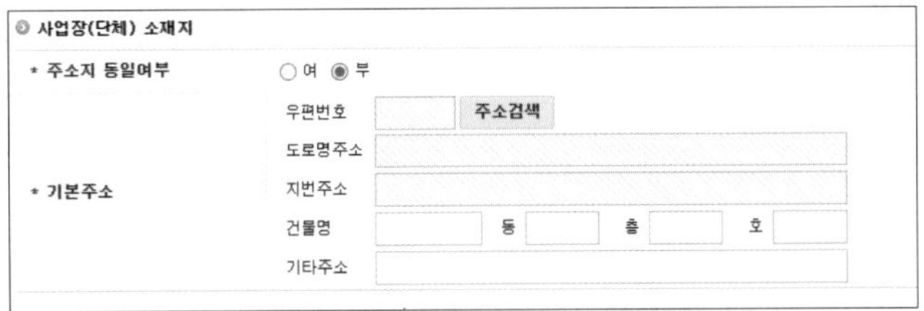

사장님들이 제일 어려워하는 부분이 바로 업종 선택입니다. 화면에서 [업종 입력/수정]을 클릭합니다.

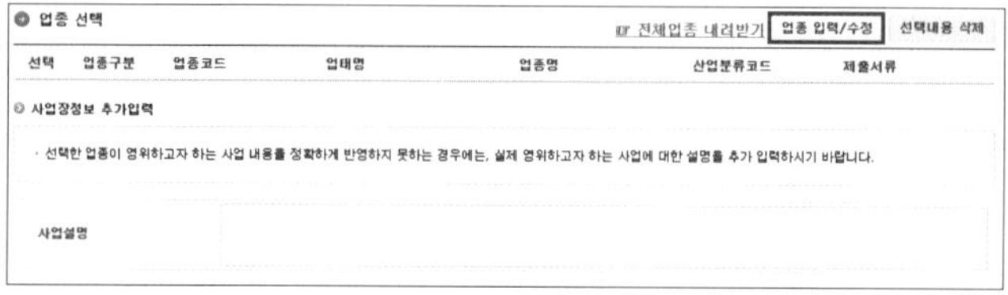


그럼 다음과 같은 팝업창이 뜹니다. 이 화면에서 업태명과 종목명을 바로 기재하지 말고, [업종코드]의 [검색]을 클릭합니다.

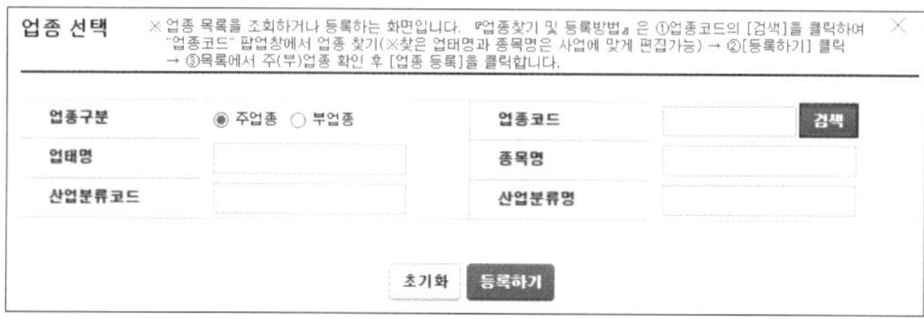


[검색]을 클릭하면 다음과 같이 [업종코드목록조회] 화면이 뜹니다. 업종란에 실제로 하고자 하는 일을 입력해 조회한 뒤 가장 유사한 업태와 세세분류를 선택합니다.

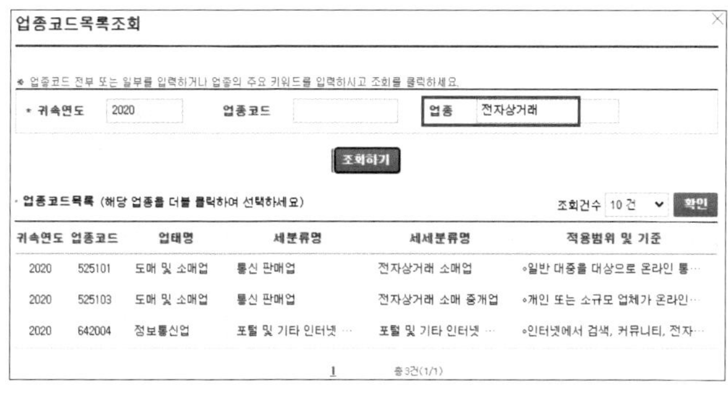
업종코드목록조회

※ 업종코드 전부 또는 일부를 입력하거나 업종의 주요 키워드를 입력하시고 조회를 클릭하세요.

* 귀속연도 2020 업종코드 업종 전자상거래

조회하기

· 업종코드목록 (해당 업종을 더블 클릭하여 선택하세요) 조회건수 10 건 확인

| 귀속연도 | 업종코드 | 업태명 | 세분류명 | 세세분류명 | 적용범위 및 기준 |
|---|---|---|---|---|---|
| 2020 | 525101 | 도매 및 소매업 | 통신 판매업 | 전자상거래 소매업 | ∘일반 대중을 대상으로 온라인 통··· |
| 2020 | 525103 | 도매 및 소매업 | 통신 판매업 | 전자상거래 소매 중개업 | ∘개인 또는 소규모 업체가 온라인··· |
| 2020 | 642004 | 정보통신업 | 포털 및 기타 인터넷 ··· | 포털 및 기타 인터넷 ··· | ∘인터넷에서 검색, 커뮤니티, 전자··· |

1 총3건(1/1)

실제로 사업을 시작한 날을 입력합니다. 사업을 준비하면서 발생한 지출을 비용(소득세 필요경비 및 부가가치세 매입세액공제)으로 인정받으려면 사업자등록을 준비하기 시작한 날을 개업일자로 입력해야 합니다.

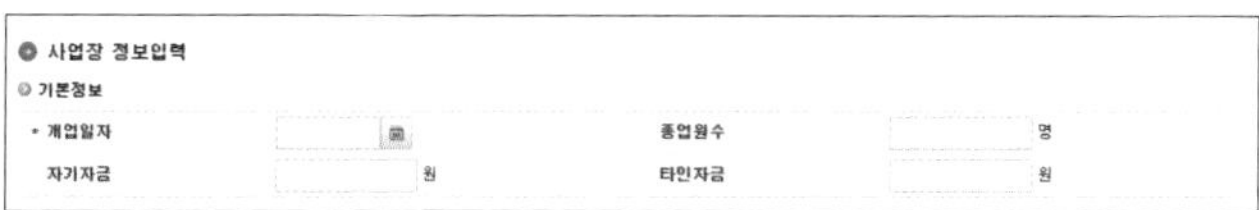
사업장 정보입력

기본정보

| * 개업일자 | | 종업원수 | 명 |
|---|---|---|---|
| 자기자금 | 원 | 타인자금 | 원 |

임대차 내역을 입력합니다. 자신의 집 혹은 소유한 건물에서 사업을 하는 것이라면 [본인소유]에, 아니라면 [타인소유]에 체크한 뒤 상세 내역을 입력합니다.

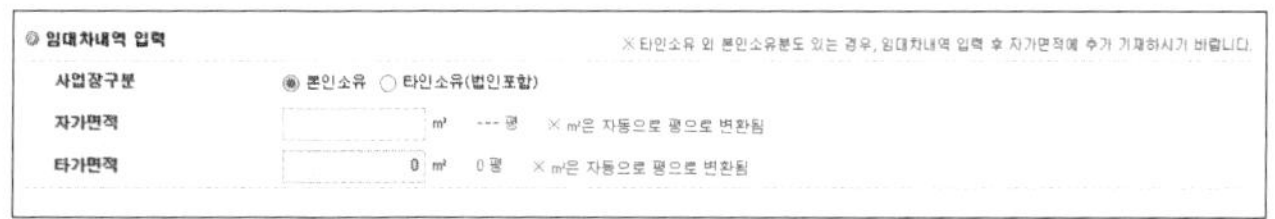
임대차내역 입력 ※타인소유 외 본인소유분도 있는 경우, 임대차내역 입력 후 자가면적에 추가 기재하시기 바랍니다.

| 사업장구분 | ◉ 본인소유 ○ 타인소유(법인포함) |
|---|---|
| 자가면적 | m² --- 평 ※ m²은 자동으로 평으로 변환됨 |
| 타가면적 | 0 m² 0 평 ※ m²은 자동으로 평으로 변환됨 |

월세를 입력할 때는 '부가가치세 별도'라는 약정이 있는지 잘 확인해보아야 합니다.

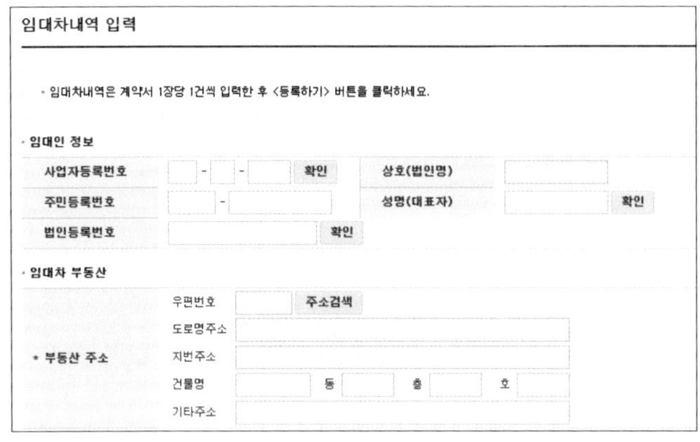

임대차내역 입력

· 임대차내역은 계약서 1장당 1건씩 입력한 후 <등록하기> 버튼을 클릭하세요.

· 임대인 정보

| | | | |
|---|---|---|---|
| 사업자등록번호 | - - 확인 | 상호(법인명) | |
| 주민등록번호 | - | 성명(대표자) | 확인 |
| 법인등록번호 | 확인 | | |

· 임대차 부동산

| | | |
|---|---|---|
| * 부동산 주소 | 우편번호 | 주소검색 |
| | 도로명주소 | |
| | 지번주소 | |
| | 건물명 | 동 층 호 |
| | 기타주소 | |

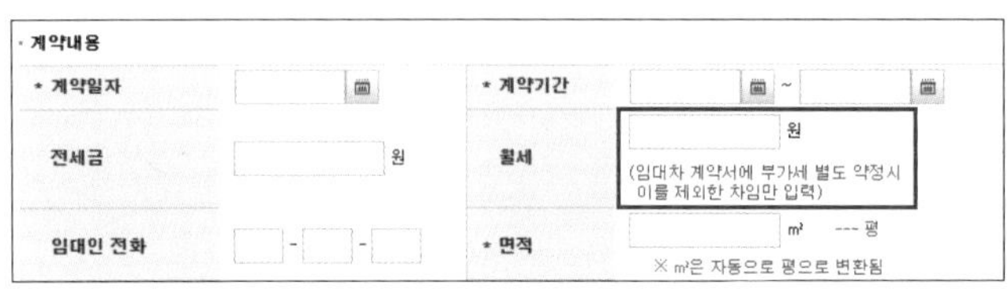

· 계약내용

| | | | |
|---|---|---|---|
| * 계약일자 | | * 계약기간 | ~ |
| 전세금 | 원 | 월세 | 원 (임대차 계약서에 부가세 별도 약정시 이를 제외한 차임만 입력) |
| 임대인 전화 | - - | * 면적 | ㎡ --- 평 ※ ㎡은 자동으로 평으로 변환됨 |

단독 명의로 사업을 하는 것이라면 [공동사업자선정]에서 '없음'에, 대표자가 두 명 이상인 동업이라면 '있음'에 체크한 뒤 상세 내역을 입력합니다. 동업의 경우, 동업계약서와 인감증명서를 별도로 첨부해야 합니다.

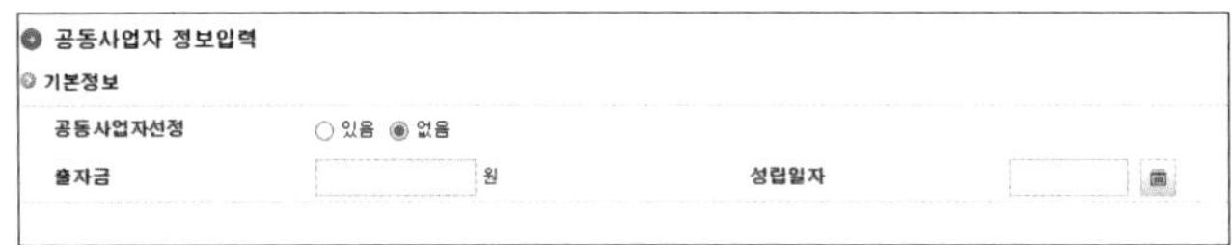

공동사업자 정보입력

기본정보

| | | | |
|---|---|---|---|
| 공동사업자선정 | ○ 있음 ◉ 없음 | | |
| 출자금 | 원 | 성립일자 | |

사업자등록을 할 때 가장 많이 고민되는 부분이 '사업자 유형'입니다. 앞서 설명드린 내용을 토대로 충분히 고민한 뒤 사업자 유형을 선택하시기 바랍니다. 면세 업종이 아님에도 사업자 유형을 면세로 잘못 선택했다면 그동안 발행했거나 발행받은 세금계산서를 다시 받아야 하는 번거로움이 생길 수 있습니다.

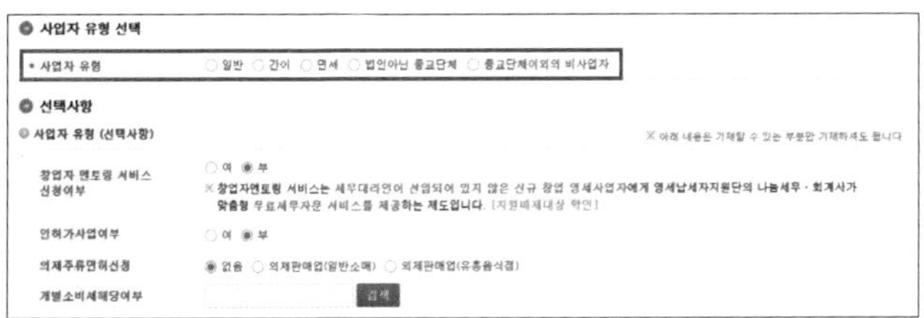


홈택스로 사업자등록을 하면서 막히는 부분이 있다면 국세청 국세상담센터 126으로 전화해 도움을 받으시기 바랍니다.

### 사업자등록 후에 상호명을 변경하고 싶다면?

사업자등록을 완료한 후에 상호명을 변경할 수 있느냐는 질문을 종종 받습니다. 개인사업자의 경우, 세무서를 방문하지 않아도 홈택스를 통해 간단히 상호 정정 신청을 할 수 있습니다. 다만, 인허가가 필요한 업종(미용실, 학원 등)으로 사업을 하고 있다면 해당 인허가를 담당하고 있는 지자체에서 먼저 상호명을 변경하고, 세무서에 상호 정정 신청을 하면 됩니다.

### 세금 신고를 할 때는 급여와 부업 소득 합하기

사업자등록을 한 후에는 신고 기간에 맞춰 부가가치세와 소득세를 신고한 뒤 세금을 납부해야 합니다. 주의할 점은 매년 5월에 직전년도 회사에서 받은 급여와 부업으로 얻은 소득을 합해 신고해야 한다는 것입니다. 소득세는 누진세 구조로 되어 있어서 두 소득을 합하면 세율이 바뀔 수 있습니다. 만약 추가 납부세액이 나오는데 두 소득을 합해 신고하지 않으면 추후에 세무서로부터 가산세가 포함된 고지서를 받게 됩니다.

### 회사에 나의 부업을 알리지 말라

부업으로 소득(사업소득, 기타소득)이 생겼는데, 회사에 겸업을 하고 있다는 사실이 알려질까 두렵다고 말씀하시는 분들이 꽤 있습니다. 근로소득이 아닌 사업소득이나 기타소득은 현실적으로 회사에서 알기 어렵습니다. 다만, 회사 규정에 '겸직 금지' 조항이 있다면 잘 알아보고 부업을 준비해야겠죠?

매년 5월 초에 소득세 신고 대상자들에게 안내문이 나갑니다. 2020년에는 문자 메시지로 안내문이 나갔고, 문자 메시지 전송이 안 된 분들에게는 우편으로 안내문이 발송되었죠. 그런데 문자 메시지도, 우편도 받지 못해 본인이 소득세 신고 대상자인지 알지 못했다고 말씀하시는 분들이 많습니다. 소득세 신고를 하지 못했다면 세무서에서 급여소득과 사업소득을 합한 금액으로 소득세를 계산해 고지를 하든, 신고 안내문이 나갈 것입니다. 어떤 이유에서든 세금 신고를 늦게 하면 페널티로 가산세를 납부해야 합니다.

**가산세**

세법이 규정하는 의무의 성실한 이행을 확보하기 위해 세법에 의해 산출한 세액에 가산해 징수하는 금액. 가산세의 종류로는 납부지연가산세, 무신고가산세, 과소신고가산세, 현금영수증미발행가산세, 사업용계좌미개설가산세 등이 있다.

세금 신고 일정을 파악하는 것이 절세의 최고 지름길이라는 사실을 반드시 기억하기 바랍니다. 세금 신고 방법과 납부 방법은 이후에 상세하게 소개하겠습니다.

# 사업자등록신청서

■ 부가가치세법 시행규칙 [별지 제4호서식] <개정 2019. 3. 20.>

홈택스(www.hometax.go.kr)에서도 신청할 수 있습니다.

## 사업자등록 신청서(개인사업자용)
## (법인이 아닌 단체의 고유번호 신청서)

※ 사업자등록의 신청 내용은 영구히 관리되며, 납세 성실도를 검증하는 기초자료로 활용됩니다.
아래 해당 사항을 사실대로 작성하시기 바라며, 신청서에 본인이 자필로 서명해 주시기 바랍니다.
※ [ ]에는 해당되는 곳에 √표를 합니다.

(앞쪽)

| 접수번호 | | 처리기간 | 3일(보정기간은 불산입) |
|---|---|---|---|

### 1. 인적사항

| | | |
|---|---|---|
| 상호(단체명) | 연락처 | (사업장 전화번호) |
| | | (주소지 전화번호) |
| 성명(대표자) | | (휴대전화번호) |
| 주민등록번호 | | (FAX 번호) |
| 사업장(단체) 소재지 | 층 호 | |

### 2. 사업장 현황

| 업 종 | 주업태 | | 주종목 | | 주생산 요소 | | 주업종 코드 | 개업일 | 종업원 수 |
|---|---|---|---|---|---|---|---|---|---|
| | 부업태 | | 부종목 | | 부생산 요소 | | 부업종 코드 | | |

| 사이버몰 명칭 | | 사이버몰 도메인 | |
|---|---|---|---|

| 사업장 구분 | 자가 면적 | 타가 면적 | 사업장을 빌려준 사람 (임 대 인) | | | 임대차 명세 | | |
|---|---|---|---|---|---|---|---|---|
| | | | 성 명 (법인명) | 사업자 등록번호 | 주민(법인) 등록번호 | 임대차 계약기간 | (전세) 보증금 | 월 세 (차 임) |
| | ㎡ | ㎡ | | | | . . . ~ . . . | 원 | 원 |

| 허 가 등 사업 여부 | [ ]신고 [ ]등록<br>[ ]허가 [ ]해당 없음 | 주류면허 | 면허번호 | 면허신청 |
|---|---|---|---|---|
| | | | | [ ]여 [ ]부 |
| 개별소비세 해당 여부 | [ ]제조 [ ]판매 [ ]입장 [ ]유흥 | | | |

| 사업자금 명세 (전세보증금 포함) | 자기자금 | 원 | 타인자금 | 원 |
|---|---|---|---|---|
| 사업자 단위 과세 적용 신고 여부 | [ ]여 [ ]부 | | 간이과세 적용 신고 여부 | [ ]여 [ ]부 |
| 전자우편주소 | | | 국세청이 제공하는 국세정보 수신동의 | [ ]문자(SMS) 수신에 동의함(선택)<br>[ ]전자우편 수신에 동의함(선택) |

| 그 밖의 신청사항 | 확정일자 신청 여부 | 공동사업자 신청 여부 | 사업장소 외 송달장소 신청 여부 | 양도자의 사업자등록번호 (사업양수의 경우에만 해당함) |
|---|---|---|---|---|
| | [ ]여 [ ]부 | [ ]여 [ ]부 | [ ]여 [ ]부 | |

210㎜×297㎜[백상지 80g/㎡ 또는 중질지 80g/㎡]

(뒤쪽)

**3. 사업자등록 신청 및 사업 시 유의사항 (아래 사항을 반드시 읽고 확인하시기 바랍니다)**

가. 다른 사람에게 사업자명의를 빌려주는 경우 사업과 관련된 각종 세금이 명의를 빌려준 사람에게 나오게 되어 다음과 같은 불이익이 있을 수 있습니다.

1) 조세의 회피 및 강제집행의 면탈을 목적으로 자신의 성명을 사용하여 타인에게 사업자등록을 할 것을 허락하거나 자신 명의의 사업자등록을 타인이 이용하여 사업을 영위하도록 한 자는 「조세범 처벌법」 제11조제2항에 따라 1년 이하의 징역 또는 1천만원 이하의 벌금에 처해집니다.

2) 소득이 늘어나 국민연금과 건강보험료를 더 낼 수 있습니다.

3) 명의를 빌려간 사람이 세금을 못 내게 되면 체납자가 되어 소유재산의 압류·공매처분, 체납명세의 금융회사 등 통보, 출국규제 등의 불이익을 받을 수 있습니다.

나. 다른 사람의 명의로 사업자등록을 하고 실제 사업을 하는 것으로 확인되는 경우 다음과 같은 불이익이 있을 수 있습니다.

1) 조세의 회피 또는 강제집행의 면탈을 목적으로 타인의 성명을 사용하여 사업자등록을 하거나 타인 명의의 사업자등록을 이용하여 사업을 영위한 자는 「조세범 처벌법」 제11조제1항에 따라 2년 이하의 징역 또는 2천만원 이하의 벌금에 처해집니다.

2) 「부가가치세법」 제60조제1항제2호에 따라 사업 개시일부터 실제 사업을 하는 것으로 확인되는 날의 직전일까지의 공급가액 합계액의 1%에 해당하는 금액을 납부세액에 더하여 납부해야 합니다.

3) 「주민등록법」 제37조제10호에 따라 다른 사람의 주민등록번호를 부정하게 사용한 자는 3년 이하의 징역 또는 3천만원 이하의 벌금에 처해집니다.

다. 귀하가 재화 또는 용역을 공급하지 않거나 공급받지 않고 세금계산서 또는 계산서를 발급하거나 발급받은 경우 또는 이와 같은 행위를 알선·중개한 경우에는 「조세범 처벌법」 제10조제3항 또는 제4항에 따라 3년 이하의 징역 또는 공급가액에 부가가치세의 세율을 적용하여 계산한 세액의 3배 이하에 상당하는 벌금에 처해집니다.

라. 신용카드 가맹 및 이용은 반드시 사업자 본인 명의로 해야 하며 사업상 결제목적 외의 용도로 신용카드를 이용할 경우 「여신전문금융업법」 제70조제3항제2호부터 제6호까지의 규정에 따라 3년 이하의 징역 또는 2천만원 이하의 벌금에 처해집니다.

| 창업자 멘토링 서비스 | 신청 여부 | [ ]여 [ ]부 |
|---|---|---|

**※ 세무대리인을 선임하지 못한 경우 신청 가능하며, 서비스 제공 요건을 충족하지 못한 경우 서비스가 제공되지 않을 수 있음**

대리인이 사업자등록신청을 하는 경우에는 아래의 **위임장을 작성하시기 바랍니다.**

| 위 임 장 | 본인은 사업자등록 신청과 관련한 모든 사항을 아래의 대리인에게 위임합니다.<br>본 인: (서명 또는 인) | | |
|---|---|---|---|
| 대리인 인적사항 | 성명 | 주민등록번호 | 전화번호 | 신청인과의 관계 |
| | | | | |

위에서 작성한 내용과 실제 사업자 및 사업내용 등이 일치함을 확인하며, 「부가가치세법」 제8조제1항·제3항, 제61조제3항, 같은 법 시행령 제11조제1항·제2항, 제109조제4항, 같은 법 시행규칙 제9조제1항·제2항 및 「상가건물 임대차보호법」 제5조제2항에 따라 사업자등록 ([ ]일반과세자[ ]간이과세자[ ]면세사업자[ ]그 밖의 단체) 및 확정일자를 신청합니다.

년 월 일

신청인: (서명 또는 인)

위 대리인: (서명 또는 인)

**세무서장** 귀하

| 신고인 제출서류 | 1. 사업허가증 사본, 사업등록증 사본 또는 신고확인증 사본 중 1부(법령에 따라 허가를 받거나 등록 또는 신고를 해야 하는 사업의 경우에만 제출합니다)<br>2. 임대차계약서 사본 1부(사업장을 임차한 경우에만 제출합니다)<br>3. 「상가건물 임대차보호법」이 적용되는 상가건물의 일부분을 임차한 경우에는 해당 부분의 도면 1부<br>4. 자금출처명세서 1부(금지금 도매·소매업, 과세유흥장소에서의 영업, 액체연료 및 관련제품 도매업, 기체연료 및 관련제품 도매업, 차량용 주유소 운영업, 차량용 가스 충전업, 가정용 액체연료 소매업, 가정용 가스연료 소매업, 재생용 재료 수집 및 판매업을 하려는 경우에만 제출합니다) | 수수료 없음 |
|---|---|---|

유의사항

사업자등록을 신청할 때 다음 각 호의 사유에 해당하는 경우에는 붙임의 서식 부표에 추가로 적습니다.

1. 공동사업자가 있는 경우
2. 사업장 외의 장소에서 서류를 송달받으려는 경우
3. 사업자 단위 과세 적용을 신청하려는 경우(2010년 이후부터 적용)

210mm× 297mm[백상지 80g/m² 또는 중질지 80g/m²]

출처: 국세청

# 업종 선택, 왜 중요한 걸까?

부업러

사업자등록을 하려고 보니 업종 선택란이 있네요? 저는 그저 온라인 쇼핑몰을 운영하려는 것인데 업종 선택란에 왜 이렇게 적을 게 많은 건가요? 너무 어려워요.

세무서 언니

사업자등록을 할 때 업태, 종목, 업종코드를 작성해야 해요. 아무래도 익숙하지 않은 용어라 어렵게 느껴질 수 있어요. 하나하나 차근히 알아볼까요?

## 업종 선택, 신중하고 또 신중하게!

앞서 사업자등록을 할 때 세무서에 직접 방문해 신청하는 방법과 홈택스에서 신청하는 방법이 있다고 이야기했습니다. 제가 직접 홈택스에서 신청을 해보니 시간이 가장 많이 소요된 것이 업종을 선택하는 것이었어요.

홈택스를 보면 업태와 종목, 업종코드를 작성하게 되어 있습니다. 업태는 일반적으로 도매, 소매, 서비스, 제조, 음식으로 분류되고, 종목에는 자신이 일할 내용을 세세하게 작성하면 됩니다. 예를 들어 개인 소비자들을 대상으로 의류 통신판매업을 할 예정이라면 '소매/의류/(업종코드)'라고 작성하면 됩니다.

▼ 사업자등록신청서의 업종 기재란

| 업종 | 주업태 |  | 주종목 |  | 주업종 코드 |
|---|---|---|---|---|---|
|  |  |  |  |  |  |
|  | 부업태 |  | 부종목 |  | 부업종 코드 |
|  |  |  |  |  |  |

업종코드는 세무서 민원실에서 담당 공무원이 작성해주기 때문에 따로 작성하지 않아도 됩니다. 만약 세무서가 아닌 홈택스에서 사업자등록을 한다면 하고자 하는 사업과 가장 유사한 것을 찾아 입력하면 됩니다. 업종코드는 딱히 정답이 없거든요.

다만, 조심해야 할 것이 있습니다. 간혹 자신이 소매업자인지, 도매업자인지 제대로 판단하지 못해 일반과세자로 신청하지 않고 간이과세자로 신청했다가 정정하는 경우를 많이 봐왔습니다. 일반과세자의 경우, 세금계산서를 발행하려면 개인이 아닌 사업자들과 대규모 거래를 하는 것이 일반적이기 때문에 업태를 도매로 신청해야 합니다.

앞서 언급했듯 세금계산서를 발행해야 하는데 일반과세자가 아닌 간이과세자로 잘못 신청해 부랴부랴 세무서에 방문해 당장 바꿔달라고 요청하시는 분들이 있습니다. 간이과세자에서 일반과세자로 유형을 바꾸기 위해서는 간이과세포기신고서(62쪽 참고)를 작성해 제출해야 합니다. 번거로운 일을 겪지 않으려면 업종 신고를 확실하게 하는 것이 중요하겠죠?

## 업종은 하나만 신청해야 하는 걸까?

그렇지 않습니다. 사업자등록을 할 때 개수 제한 없이 부업종을 신청할 수 있습니다. 소매/통신판매업을 하면서 오프라인에서도 물건을 팔고 싶다면 소매/의류, 이렇게 두 가지 업종으로 사업자등록을 하면 됩니다.

## 내가 업종코드를 선택할 수 있다고?

만약 어떠한 일을 하고자 하는데 국세청에서 만들어놓은 업종코드가 없다면 어떻게 해야 할까요? 이럴 때는 가장 비슷한 업종코드를 찾아 선택하면 됩니다.

업종코드를 찾는 방법은 어렵지 않습니다. 국세청 홈페이지에 접속해 [국세정보]→ [국세청발간책자]→ [기타참고책자]를 클릭한 뒤 가장 최근 연도의 기준경비율·단순경비율 파일을 참고하면 됩니다.

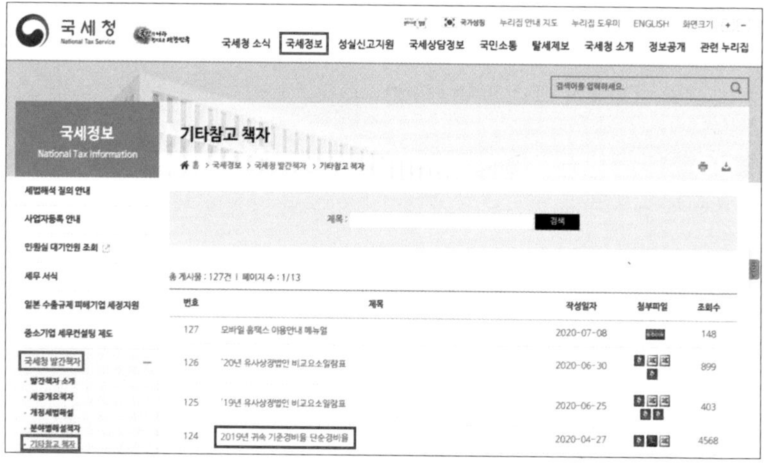


출처: 국세청

해당 파일을 열어 유사한 업종코드를 여러 개 찾았다면, 이왕이면 경비율이 높은 코드를 선택하는 것이 좋습니다. 그래야 종합소득세 신고를 할 때 유리하기 때문이죠. 종합소득세 신고를 할 때 기준 수입금액 이하는 추계신고를 할 수 있습니다.

| 코드번호 | 세분류 | 세세분류 | 단순경비율 | 기준경비율 |
|---|---|---|---|---|
| 525102 | 통신 판매업 | 기타 통신 판매업 | 87.6 | 18.6 |
| | ㅇ온라인 통신망 이외의 기타 통신수단에 의하여 각종 상품을 소매하는 산업활동을 말한다.<br>〈예 시〉<br>· 인쇄물 광고형 소매 · 카탈로그(상품안내서, catalog)형 소매<br>· 전화 소매 · 우편 소매<br>· TV 홈쇼핑 · 통신 판매 중개 | | | |
| 525103 | 통신 판매업 | 전자상거래 소매 중개업 | 86.0 | 11.8 |
| | ㅇ개인 또는 소규모업체가 온라인상에서 재화나 용역을 판매할 수 있도록 중개업무를 담당하는 산업활동을 말한다.<br>〈예 시〉<br>· 소셜커머스(할인쿠폰 공동 구매형 전자상거래중개)<br>· 전자상거래 소매중개(오픈마켓 사업자)<br>〈제 외〉<br>· 오픈마켓 판매자(525101) · SNS마켓(525104) | | | |
| 525104 | 통신판매업 | SNS마켓 | 86.0 | 11.8 |
| | ㅇ블로그·카페 등 각종 사회관계망서비스(SNS) 채널을 이용하여 물품판매, 구매 알선중개 등을 통해 수익을 얻는 산업활동을 말한다.<br>※ (사회관계망서비스) 특정한 관심이나 활동을 공유하는 사람들 사이의 관계를 구축해주는 온라인서비스(페이스북, 트위터 등) | | | |

▲ 2019년 귀속 기준경비율 예시

추계신고란, 납세자가 세무서에 제출해야 하는 증빙 자료를 준비하지 못해 소득금액을 계산할 수 없을 때 납세자 스스로 소득이 어느 정도인가를 가늠하여 신고하는 것을 말합니다. 이때 기준이 되는 경비율은 업종코드에 따라 달라집니다. 초창기에 장부를 기장해 실제로 쓴 경비만큼 인정받는 것이 가장 좋겠지만 혹시 내가 쓴 경비보다 국세청에서 인정해주는 경비가 더 크다면 추계신고를 하는 것이 좋겠죠? 이에 대한 내용은 '23장 나는 복식부기 의무자일까, 간편장부 대상자일까?'에서 자세히 알아보도록 하겠습니다.

# 사업용 계좌 신고로 미신고 페널티 피하기

부업러

사업용으로 사용할 은행 계좌를 새로 만들었는데, 신고를 해야 한다고 들었어요. 제 계좌를 어디에, 어떻게 신고해야 하는 거죠?

세무서 언니

국세청은 세무원 관리의 투명성을 높이기 위해 사업용 계좌를 따로 신고하도록 조치하고 있어요. 하지만 모든 사람이 신고해야 하는 건 아니에요. 개인사업자 중 복식부기 의무자만 신고 대상에 해당하죠. 이에 대해 더 자세히 알아보도록 할까요?

## 사업용 계좌, 꼭 신고해야 할까?

사업용 계좌는 개인사업자의 은행 계좌를 사업적인 용도와 개인적인 용도로 구분하게 하고, 사업과 관련된 통장 입출금 내역은 사업용 계좌로 사용하게 하여 세무원 관리의 투명성을 높이고자 하는 취지로 만들어졌습니다. 법인사업자의 경우, 법인 통장 거래 내역과 기장 내역이 일치해야 하고, 입출금 시 제약이 있습니다. 법인 자금을 사업과 관련해 입출금한 것이 아니라면 가수금과 가지급금으로 회계 처리를 하고, 이에 대해서는 인정이자 계산을 해 법인세를 부과합니다.

개인사업자의 경우, 개인 통장을 사용해 사업적인 입출금 내역과 개인적인 입출금 내역이 섞이는 경우가 많은데, 어느 정도 매출 규모가 있는 사업자들(복식부기 의무자만 해당)은 사업용 계좌를 신고해 사업과 관련된 내용만 따로 사용하도록 하고 있습니다.

혼동하여 사용할 경우 불이익은 없으나 사업용 계좌를 통한 거래는 사업상 거래로 인정해 향후 국세청의 확인 요청이 있을 때 개인적 사용분에 대해서는 사업자 본인이 직접 확인을 해주어야 합니다. 번거로운 일을 피하고 싶다면 사업용 계좌를 구분해 사용하는 것이 좋습니다.

## 사업용 계좌, 모든 사람이 신고해야 할까?

모든 사업자가 의무 신고 대상은 아닙니다. 개인사업자 중 복식부기 의무자만 해당하죠. 법인사업자의 경우, 법인 명의로 계좌를 개설하기 때문에 따로 세무서에 방문해 신고할 필요가 없습니다.

▼ 복식부기 의무자 업종과 기준 수입금액

| 업종 구분 | 직전 과세 기간 수입금액 기준 |
|---|---|
| ① 농업·임업 및 어업, 광업, 도매 및 소매업(상품중개업 제외), 부동산매매업, 그 밖에 아래 ②, ③에 해당하지 않는 사업 | 3억 원 미만 |
| ② 제조업, 숙박 및 음식점업, 전기·가스·증기 및 수도사업, 하수·폐기물처리·원료재생 및 환경복원업, 건설업(비주거용 건물 제외), 운수업, 출판·영상·방송통신 및 정보서비스업, 금융 및 보험업, 상품중개업, 욕탕업 | 1억 5,000만 원 미만 |
| ③ 부동산임대업, 부동산 관련 서비스업, 전문·과학·기술서비스업, 임대업(부동산임대업 제외), 사업시설관리·사업지원서비스업, 교육서비스업, 보건 및 사회복지서비스업, 예술·스포츠 및 여가 관련 서비스업, 협회 및 단체, 수리 및 기타 개인 서비스업(욕탕업 제외), 가구 내 고용활동 | 7,500만 원 미만 |

*전문직 사업자는 2007년 1월 1일 이후 발생하는 소득분부터 수입금액에 상관없이 복식부기 의무가 부여됨.

간혹 개인사업자가 은행에서 상호로 사업용 계좌를 만들었으니 신고할 필요가 없다고 여기는 경우가 있는데, 개인사업자는 무조건 홈택스나 세무서를 통해 별도로 신고를 해야 합니다. 이때, 굳이 사업용 계좌를 새로 만들 필요는 없습니다. 개인 명의로 된 은행 계좌도 사업용 계좌로 등록 가능하니 잊지 말고 꼭 신청하시기 바랍니다.

사업용 계좌는 사업장별로 신고해야 합니다. 사업자등록번호를 두 개 이상 가지고 있다면 각각 신고해야 하죠. 반드시 사업자등록번호로 신고해야 한다는 사실을 기억해두시기 바랍니다. 사업자등록번호가 있는데도 개인 주민등록번호로 신고하면 미신고에 해당되어 가산세가 부과될 수도 있고, 세액 감면 대상에서 배제될 수도 있으니 주의해야 합니다.

3.3%의 세금을 떼고 용역 대가를 받는 프리랜서는 사업자등록번호가 없으니 개인 주민등록번호로 신청서를 작성해 신고하면 됩니다.

### 홈택스에서 사업용 계좌 신고하기

사업용 계좌를 신고하는 방법은 두 가지로, 세무서에 방문하여 서면으로 신고하는 방법과 홈택스에서 신고하는 방법이 있습니다. 간혹 전화로 신고하고 싶다고 말씀하시는 분들이 있는데, 모든 신고 업무는 서면이나 홈택스를 통해서만 가능하다는 사실을 기억해두시기 바랍니다.

홈택스에서 사업용 계좌를 신고하는 방법은 매우 간단합니다. 홈택스에 접속한 뒤 [신고/납부]→ [사업용(공익법인전용)계좌 개설]을 클릭해 신고하면 됩니다. 참 쉽죠?

앞서 이야기했듯 복식부기 의무자는 A, B, C 사업장이 있다면 사업용 계좌도 A, B, C 사업장 사업자등록번호로 각각 신고해야 합니다. 사업자등록번호가 있음에도 개인 주민등록번호로 신고한 경우 미신고에 해당된다고 설명드린 것도 기억하시죠?

## 사업용 계좌, 언제까지 신고해야 할까?

사업용 계좌는 복식부기 의무자가 된 해의 6월 말까지 신고해야 합니다. 주의해야 할 점은 소득세 신고 안내문에 나간 '기장 의무 구분'은 '전전년도' 매출액을 기준으로 판단해야 하고, 사업용 계좌의 신고 의무는 '전년도' 기준으로 판단해야 한다는 것입니다.

조금 헷갈리시죠? 그냥 편하게 사업을 개시할 때부터 '내 사업은 복식부기 의무자가 될 만큼 잘될 거야'라고 생각하시고, 개업한 해에 사업용 계좌를 신고하시기 바랍니다. 사업용 계좌를 추가하거나 변경하는 것은 종합소득세 확정 신고 기한까지 하면 됩니다.

'사업용 계좌를 신고하는 것이 불리하지 않을까?'라고 생각하시는 분들도 많습니다. 세무서에서 사후 검증, 부가가치세 환급 검토, 과세 자료 소명 시 금융 거래 내역을 요구할 수 있지만 그 계좌에 대한 금융 거래 내역은 조회할 수 없습니다. 세무 조사 시에도 금융 조회는 엄격하게 제한하고 있죠. 사업용 계좌를 신고하는 번거로움보다 사업용 계좌를 신고하지 않은 페널티가 훨씬 더 크니 잊지 말고 꼭 신고하시기 바랍니다.

예전에 사업용 계좌를 신고하지 않은 사업자들에게 사업용계좌미개설가산세로 2,000만 원을 부과할 것이라고 과세 예고를 한 적이 있습니다. 고지를 하는 저의 입장도 참 난감했죠. 사업용 계좌는 2007년에 도입 · 시행되었는데, 그 후 안내문을 발송하는 등 홍보를 많이 했습니다. 많은 사업자들이 무심코 그냥 지나친 것이 그토록 큰 금액으로 부메랑이 되어 돌아올 줄 몰랐을 것입니다.

세법이 정한 의무를 모르고 이행하지 않아 부과되는 세금이 의외로 많습니다. 나중에 생각지도 못한 세금을 내고 후회하지 않으려면 세무서에서 발송하는 안내문과 신문 기사를 꼭 살펴보시기 바랍니다.

### 사업용 계좌 미신고 시 불이익은 없을까?

사업용 계좌를 사용하지 않거나 신고하지 않으면 세무 조사 대상자로 선정될 수 있습니다. 또한 중소기업특별세액감면 등 각종 세액감면 혜택을 받을 수 없게 되고, 다음과 같이 가산세가 부과될 수도 있습니다.

**사업용 계좌를 미개설 · 미신고한 경우**

- 사업용 계좌 미신고 기간 매출액×0.2%
- 거래대금, 인건비, 임차료 등 사용 대상 금액×0.2%

# 명의 대여, 왜 위험한 걸까?

부업러

제 지인은 사정이 있어 다른 사람의 이름으로 사업자등록을 했다고 하더라고요. 저는 명의를 빌리거나 빌려주는 건 왠지 께름칙한데, 이런 경우 아무 문제가 없을까요?

세무서 언니

짐작하고 계실 테지만 명의를 빌리거나 빌려주면 매우 큰 문제가 발생할 수도 있어요. 명의를 빌린 사람은 탈세 등의 혐의로 처벌을 받을 수 있고, 명의를 빌려준 사람은 예금 압류, 카드 사용 중지 등의 피해를 입을 수 있죠.

## 건강보험료 때문에 명의 대여를?

자신의 명의로 사업자등록을 하면 피부양자에서 지역가입자로 바뀌어 건강보험료를 많이 납부해야 하기 때문에 다른 사람의 명의로 사업자등록을 하면 안 되냐고 물어보시는 분들이 많습니다.

건강보험료가 걱정된다면 명의 대여 대신 다른 방법을 생각해볼 수 있습니다. 다음 장의 표를 살펴보시죠.

▼ 건강보험 피부양자 인정 요건(2021년 기준)

| 구분 | 요건 | 변경 |
|---|---|---|
| 소득 요건 | 소득금액 | 이자, 배당, 근로, 사업, 연금, 기타소득의 합계 3,400만 원 이하 |
| | 사업소득 | 사업자미등록: 사업소득 500만 원 이하 |
| | | 사업자등록: 사업소득이 없을 것 |
| 재산 요건 | 재산세 과세표준 5억 4,000만 원 이하 | |
| | 재산세 과세표준 5억 4,000만 원~9억 원 이하 | |

*단 장애인 등록자, 국가유공상자, 보훈보상상이자는 사업소득의 연간 합계액이 500만 원 이하면 가능

출처: 국민건강보험공단

건강보험료 피부양자 자격을 얻으면 지역가입자로 가입하지 않아도 됩니다. 사업자등록을 했을 때 소득금액(총수입금액-필요경비)이 0원이라면, 사업 시작 단계에서 총수입금액보다 필요경비가 크기 때문에 계속 피부양자로 남아 있을 수 있습니다.

## 명의 대여로 가산세와 과태료 폭탄을 맞을 수도 있다고?

위와 같은 방법이 있음에도 끝까지 다른 사람의 명의로 사업자등록을 하고 싶다고 이야기하는 분들이 있습니다. 그럴 때면 세법의 실질과세 원칙에 대해 설명해드리죠. 실질과세란, 실질과 형식이 다를 때 실질 내용에 따라 세금을 부과하는 것을 말합니다. 다른 사람의 명의로 사업자등록을 했는데 국세청에서 탈세 제보 등의 방법으로 명의 위장 사실을 알게 된다면 가산세는 물론이고, 벌금과 징역형에 처하는 일이 발생할 수 있습니다.

「부가가치세법」 제60조제1항제2호

명의위장가산세=사업 개시일부터 실제 사업을 하는 것으로 확인되는 날의 직전일까지의 공급가액의 합계액×1%

조세범처벌법 제11조(명의대여행위 등)

① 조세의 회피 또는 강제 집행의 면탈을 목적으로 타인의 성명을 사용하여 사업자등록을 하거나 타인 명의의 사업자등록을 이용하여 사업을 영위한 자는 2년 이하의 징역 또는 2,000만 원 이하의 벌금에 처한다.

② 조세의 회피 또는 강제 집행의 면탈을 목적으로 자신의 성명을 사용하여 타인에게 사업자등록을 할 것을 허락하거나 자신 명의의 사업자등록을 타인이 이용하여 사업을 영위하도록 허락한 자는 1년 이하의 징역 또는 1,000만 원 이하의 벌금에 처한다.

건강보험료나 국민연금, 그동안의 체납 이력 때문에 다른 사람의 명의로 사업자등록을 하려 했다면 지금 당장 그 생각을 버리기 바랍니다. 추후에 실제 사업자가 밝혀지면 명의를 빌린 사람뿐 아니라 빌려준 사람까지 조세범처벌법에 의해 처벌을 받을 수 있습니다. 명의 대여로 인한 몇 가지 피해 사례를 살펴볼까요?

**사례 1**

- 가정주부인 김○○는 절친한 이웃 박△△가 김○○의 명의로 사업자등록만 한 후 곧 폐업하겠다고 해 50만 원을 받고 박△△에게 명의를 빌려줌.
- 박△△는 김○○의 명의로 사업자등록을 하면서 세금을 신고·납부하지 않음.
- 김○○는 이후 2년여 동안 명의 대여 사실을 잊고 생활함.
- 박△△가 신고·납부하지 않은 세금 4,000만 원이 사업자등록 명의자인 김○○에게 부과됨.
- 세금 체납으로 김○○의 소유 주택 및 예금이 압류됨(예금 1,200만 원은 세무서에서 체납 세금에 충당).
- 금융회사 등에 체납 사실이 통보되어 김○○의 신용카드 사용이 정지됨.

**사례 2**

- 생활 정보지에 실린 구직 광고를 보고 취직을 한 한○○는 사장인 최△△가 주민등록증과 인감증명서를 달라고 해 무심코 넘겨줌.
- 최△△는 한○○의 명의로 사업자등록을 한 후 은행 예금 계좌 개설, 신용카드 가맹을 하고 6개월간 유흥주점 사업을 함.
- 최△△가 신고·납부하지 않은 세금 2,500만 원이 사업자등록 명의자인 한○○에게 부과됨.
- 최△△는 행방불명 상태이며, 세금 체납으로 한○○의 예금이 압류되고 신용카드 사용이 정지됨(예금 800만 원은 세무서에서 체납 세금에 충당).
- 한○○는 은행으로부터 대출금 변제 독촉을 받고 있음.

출처: 국세청, 《2018 생활세금 시리즈》

명의 대여로 인한 피해는 처벌을 넘어 걷잡을 수 없는 경제적인 손실을 가져옵니다. 사업과 관련된 각종 세금은 명의를 빌려준 사람에게 부과됩니다. 건강보험료와 국민연금 납부액이 올라가는 것은 물론이고, 명의를 빌린 사람이 체납이라도 하면 재산이 압류될 수 있습니다.

그뿐만이 아닙니다. 체납 사실이 금융회사 등에 통보되어 은행으로부터 대출금 변제 요구를 받을 수도 있고, 신용카드 사용이 정지되는 등 금융거래상의 불이익을 받을 수도 있습니다. 명의를 빌려준 사실은 국세청 전산망에 기록·관리되기 때문에 본인이 실제로 사업을 하고자 할 때 사업자등록증을 받지 못하는 불이익을 받을 수도 있죠. 본인이 실제 대표가 아니라는 사실을 밝히는 일은 매우 어려우므로 누군가에게 함부로 명의를 빌려주어서는 절대 안 됩니다.

# 2부

개인사업자를 위한
세금 완전 정복 ❶

# 부가가치세

# 알아두면 유용한 세금의 종류

부업러

사업자등록을 마쳤어요. 이제 세금 문제만 남았네요. 매번 회사에서 알아서 처리해주던 세금 문제를 스스로 해결해야 한다고 생각하니 너무 무서워요.

세무서 언니

전혀 무서워할 필요 없어요. 사업을 하지 않더라도 우리는 일상생활에서 알게 모르게 많은 세금을 내고 있어요. 궁금한 점이 있다면 언제든 물어보세요. 이때 세금을 관할하는 곳이 어디인지만 알아두어도 물어보는 것이 훨씬 수월하겠죠?

## 우리는 매일매일 세금을 내고 있다

굳이 사업을 하지 않더라도 우리는 일상생활에서 알게 모르게 많은 세금을 내고 있습니다. 집이나 자동차를 사면 취득세와 등록면허세를 내고, 소유하고 있으면 재산세, 종합부동산세, 자동차세 등을 내죠. 집을 팔면 양도소득세를 내고, 살아있을 때 가족에게 공짜로 재산을 주면 증여세를 내고, 사망 후에 주면 상속세를 냅니다.

사업을 하시는 사장님들은 신고 기간마다 부가가치세와 소득세를 신고하기 때문에 자신이 세금을 내고 있다는 것을 인지하고 있지만 회사에서 근무하는 근로자들은 월급에서 미리 떼어지는 근로소득세만 세금인 줄 알고 있는 경우가 많습니다. 하지만 대한민국에 살고 있는 사람이라면 마트에서 장을 볼 때도, 식당에서 식사를 할 때도, 서점에서 책을 살 때도, 미용실에서 머리를 할 때도 세금을 냅니다.

### 세금, 어디에서 관할하는 걸까?

국세청(중앙정부)에서 부과 · 징수하는 세금은 내국세와 관세로 구분됩니다. 도 · 시(지자체)에서 부과하는 세금은 도세와 시세로 구분되죠.

많은 분들이 세금을 관할하는 곳이 어디인지 몰라 혼란스러워 하시더군요. 일반적으로 소득세, 법인세, 부가가치세, 원천세, 종합부동산세는 세무서에서, 지방소득세, 재산세는 지자체에서 관할합니다. 국세는 홈택스를 통해 신고 · 납부하면 되고, 지방소득세는 위택스(www.wetax.go.kr)를 통해 조회 · 납부하면 됩니다.

다음 장의 표를 참고하면 각 세금을 어디에서 관할하는지 알 수 있습니다.

▼ 국세와 지방세의 종류

출처: 국세청

# 상품이나 서비스 과정에서 발생하는 이윤에 붙는 부가가치세

부업러

다른 곳에서 물건을 구입해 와서 판매하고 있어요. 제가 물건을 살 때나 팔 때 모두 부가가치세라는 것이 붙더라고요. 이를 세무서에 신고하고 납부하려니 생돈이 나가는 기분이 들어요.

세무서 언니

많은 사장님이 부가가치세를 내는 것이 가장 아깝다고 말씀하세요. 다르게 생각해보면 어떨까요? 부가가치세는 소비자가 낸 세금을 가지고 있다가 그대로 세무서에 납부하는 것이에요. 애초에 내 돈이 아니니 아까워할 필요가 전혀 없어요.

### 부가가치세란?

부가가치세란, 상품(재화)의 거래나 서비스(용역)의 제공 과정에서 얻어지는 부가가치(이윤)에 대해 과세하는 세금입니다. 앞서 말했듯이 부가가치세 납부세액은 매출세액에서 매입세액을 뺀 금액입니다.

여러분이 일반과세자로 커피숍을 운영하고 있다고 가정해보죠. 커피를 4,000원에 판매하는데, 커피 원재료 매입에 1,000원이 들어갔다면, 3,000원이 내가 커피를 만들면서 발생한 부가가치이고, 여기에 10%의 세금이 부과되는 것입니다.

간혹 부가가치세를 계산할 때 매출에서 아르바이트생에게 지급한 비용과 직원에게 지급한 급여를 공제받을 수 있는지 물어보시는 분들이 있습니다. 아르바이트생에게 지급한 인건비는 부가가치세를 신고할 때 공제를 받을 수 없습니다. 다만, 장부로 소득세를 신고할 때는 인건비로 비용 처리를 할 수 있죠.

## 부가가치세는 사장님이 아닌 소비자가 내는 세금

부가가치세는 물건값에 포함되어 있기 때문에 실질적으로 최종 소비자가 부가가치세를 내게 되는 구조입니다. 이렇게 최종 소비자가 부담한 부가가치세를 사업자가 세무서에 납부하는 것이죠.

일반과세자인 의류 판매업자 B가 의류 제조업자인 A로부터 11,000원(부가가치세 포함)에 옷을 구입해 소비자 C에게 33,000원(부가가치세 포함)에 팔았다고 가정해봅시다.

| | A가 신고·납부한 VAT | | B가 신고·납부한 VAT | | |
|---|---|---|---|---|---|
| 매출세액 | 1,000원 (B가 부담) | | 3,000원 (C가 부담) | | |
| 매입세액 | 없음 | | 1,000원 (B가 부담) | | |
| VAT | 1,000원 | + | 2,000원 | = | 3,000원 |

B가 A에게 옷을 구입하면서 11,000원을 주면, A는 B에게 받은 부가가치세 1,000원을 신고·납부해야 합니다. B는 C에게 받은 33,000원 중 3,000원을 매출세액으로 신고하고, A에게 매입한 것에 대해 매입세액공제를 받게 되는 것이죠. B는 최종적으로 2,000원의 부가가치세를 신고·납부하게 되는 것입니다.

앞의 그림을 통해 알 수 있듯, A가 납부한 1,000원은 B에게 받은 돈을 대신 납부하는 것이고, B가 납부한 3,000원은 C에게 받은 돈입니다. B는 A에게 준 1,000원을 매입세액공제를 받았기 때문에 B의 주머니에서 나간 부가가치세는 없습니다.

왜 부가가치세는 사장님들이 내는 세금이 아니라 소비자에게 받아서 대신 내는 세금이라고 하는지 아시겠죠? 부가가치세를 내는 것이 가장 아깝다고 말씀하시는 분들이 많은데, 이는 사장님 주머니에서 나가는 돈이 아니라 잠시 보관하고 있던 돈이라고 생각하시면 마음이 조금 나아질 것 같네요.

### 부가가치세의 계산 구조

사장님들이 납부할 부가가치세는 매출세액에서 매입세액을 차감해 계산합니다.

**부가가치세 납부세액=매출세액-매입세액**

매출세액은 매출금액에 세율을 곱한 금액이고, 매입세액은 매입금액에 세율을 곱한 금액입니다.

큰 틀은 위와 같지만, 계산 방법은 아래 표와 같이 일반과세자와 간이과세자가 다릅니다. 신고서 양식도 다르니 자신의 과세 유형을 잘 파악한 후에 신고하세요.

▼ 일반과세자와 간이과세자의 세액 계산 방법

| 구분 | 기준금액 | 세액 계산 방법 |
|---|---|---|
| 일반과세자 | 연 매출액 4,800만 원* 이상 | 매출세액(매출액의 10%)-매입세액=납부세액 |
| 간이과세자 | 연 매출액 4,800만 원* 미만 | (매출액×업종별 부가가치율×10%)-공제세액<br>=납부세액<br>*공제세액=세금계산서 등 수취한 매입세액×해당 업종의 부가가치율 |

*2021년부터 연 매출액이 8,000만 원 미만으로 상향

▼ 간이과세자의 업종별 부가가치율 (2021.7.1 공급부터)

| 구분 | 부가가치율 |
|---|---|
| 소매, 음식점업, 재생용 재료수집 및 판매업 | 15% |
| 제조업, 농·임·어업 | 20% |
| 숙박업 | 25% |
| 건설업, 운수 및 창고업 | 30% |
| 금융 및 보험 관련 서비스업 | 40% |
| 그 밖의 서비스업 | 30% |

## 부가가치세뿐 아니라 소득세에도 영향을 미치는 매출 신고

부가가치세 신고 시 신고한 매출금액이 소득세 신고 시 사장님의 수입금액이 됩니다. 즉 부가가치세를 신고할 때 매출금액을 잘못 신고했다면, 소득세 신고서상 수입금액도 당연히 바뀝니다.

부가가치세 신고를 잘못해 수정신고를 해야 하는 경우, 부가가치세뿐 아니라 소득세도 수정신고를 해야 하고, 각각의 세금에 대해 가산세를 추가로 납부해야 하는 경우가 생길 수도 있습니다. 그러니 모든 신고의 기초가 되는 부가가치세 신고를 위한 매출금액을 대충 신고해서는 안 되겠죠?

부가가치세신고서에서 볼 수 있듯 매출금액은 세금계산서 매출, 신용카드 매출, 현금영수증 매출, 기타 매출로 구성되어 있습니다. 세금계산서 매출과 신용카드 매출, 현금영수증 매출은 국세청 전산에서 조회가 되기 때문에 매출금액을 누락해서 신고할 수 없습니다. 여기서 기타 매출은 영수증 등의 증빙 자료 없이 발생한 매출을 말합니다. 증빙 자료가 없다 보니 기타 매출액을 누락해서 적는 사장님들이 많으신데 조심하셔야 합니다.

| ❶ 신 고 내 용 | | | | | | |
|---|---|---|---|---|---|---|
| 구 분 | | | | 금 액 | 세율 | 세 액 |
| 과세표준 및 매출세액 | 과세 | 세금계산서 발급분 | (1) | | 10/100 | |
| | | 매입자발행 세금계산서 | (2) | | 10/100 | |
| | | 신용카드·현금영수증 발행분 | (3) | | 10/100 | |
| | | 기타(정규영수증 외 매출분) | (4) | | 10/100 | |
| | 영세율 | 세금계산서 발급분 | (5) | | 0/100 | |
| | | 기타 | (6) | | 0/100 | |
| | 예정 신고 누락분 | | (7) | | | |
| | 대손 세액 가감 | | (8) | | | |
| | 합계 | | (9) | | ㉮ | |

요즘은 배달대행사를 이용하시는 자영업자분들이 많습니다. 이때 혹시라도 신고에서 누락된 기타 현금 매출액은 없는지 체크해보아야 합니다. 국세청이 배달대행사에서 발행한 세금계산서 등을 통해 사장님의 예상 매출액을 추정할 수 있어 매출 누락액 여부를 확인할 수 있기 때문입니다.

신용카드 매출이 대부분이지만 여전히 현금 할인을 유도해 현금 매출액이 많은 업종이 있습니다. 기타 매출액은 사장님이 직접 기재해야 하는데, 세무서에 부가가치세를 신고하러 오시면서 기타 매출액을 얼마로 신고해야 문제가 없느냐고 물어보시는 분들이 많습니다. 이럴 때 세무공무원이 할 수 있는 말은 이것뿐입니다.

"사장님 매출은 사장님만 아시지, 저희가 어떻게 알 수 있겠어요? 사장님이 버신 만큼 신고하시면 됩니다."

## 매출 누락은 엄연한 범법 행위!

매출 누락을 할 경우, 어떤 상황이 발생할 수 있는지 사례를 하나 소개해드릴까 합니다.

**나배짱 씨는 20년 넘게 음식점을 운영하면서 5층짜리 상가 건물을 하나 마련하고, 자녀 명의로 아파트를 두 채나 취득하는 등 꽤 많은 재산을 모은 알부자다. 그런 그가 얼마 전 국세청으로부터 세무 조사를 받고, 부가가치세와 소득세로 2억 5,000만 원 상당의 세금을 추징당했다.**

**사실 그동안 나배짱 씨는 매출액의 절반도 신고하지 않았고, 최근에는 신용카드 매출액이 크게 증가했지만 현금 매출액의 일부만 신고하고 대부분은 누락했다. 나배짱 씨는 매출을 누락시킨 사실을 세무서에서 파악하지 못할 것이라고 믿고 있었다.**

**하지만 지금까지 습관적으로 신고해왔던 것들이 이번 조사에서 전부 밝혀졌다. 그래서 그동안 누락시켰던 세금을 일시에 추징당한 것이다.**

**출처: 국세청, 《세금 절약 가이드 Ⅰ》**

매출 누락 사실이 확인되면 세금을 추징당하는 것은 물론, 세무 조사 대상자로 선정되거나 조세범으로 처벌받을 수도 있습니다. 납세자가 매 과세 기간마다 제출한 신고서 및 수집된 과세 자료 등에 대한 신고성실도 전산 분석 결과, 불성실하게 신고한 혐의가 있는 사업자는 조사 대상자로 선정되어 세무 조사를 받아야 합니다.

이때 세무 조사에서 사기나 그 밖의 부정한 방법으로 탈세한 것이 밝혀지면 조세범처벌법에 의해 조세범으로 처벌받게 됩니다. 이럴 경우, 세금 부과와 별도로 3년 이하의 징역 또는 포탈세액의 3배 이하에 상당하는 벌금에 처해지게 되죠.

당장 세무 조사가 나오지 않는다고 해서 불성실하게 신고했다가 추후에 원래 내야 할 세금에 가산세까지 합산해서 부과되어 매출 누락액만큼 세금을 납부해야 하는 경우가 발생하지 않도록 사전에 정확하게 신고하시기 바랍니다.

# 일반과세자와 간이과세자의 부가가치세신고서

■ 부가가치세법 시행규칙 [별지 제21호서식] <개정 2019. 3. 20.>

홈택스(www.hometax.go.kr)에서도 신청할 수 있습니다.

**일반과세자 부가가치세 [ ]예정 [ ]확정 [ ]기한후과세표준 [ ]영세율 등 조기환급 신고서**

※ 뒤쪽의 작성방법을 읽고 작성하시기 바랍니다. (4쪽 중 제1쪽)

| 관리번호 | | | | 처리기간 | 즉시 |
|---|---|---|---|---|---|
| 신고기간 | 년 제 기 ( 월 일 ~ 월 일) | | | | |
| 사업자 | 상 호 (법인명) | | 성 명 (대표자명) | | 사업자등록번호 - - |
| | 생년월일 | | 전화번호 | 사업장 / 주소지 / 휴대전화 | |
| | 사업장 주소 | | | 전자우편 주소 | |

**❶ 신 고 내 용**

| 구 분 | | | | 금 액 | 세율 | 세 액 |
|---|---|---|---|---|---|---|
| 과세표준 및 매출세액 | 과세 | 세금계산서 발급분 | (1) | | 10/100 | |
| | | 매입자발행 세금계산서 | (2) | | 10/100 | |
| | | 신용카드·현금영수증 발행분 | (3) | | 10/100 | |
| | | 기타(정규영수증 외 매출분) | (4) | | 10/100 | |
| | 영세율 | 세금계산서 발급분 | (5) | | 0/100 | |
| | | 기 타 | (6) | | 0/100 | |
| | 예 정 신 고 누 락 분 | | (7) | | | |
| | 대 손 세 액 가 감 | | (8) | | | |
| | 합 계 | | (9) | | ㉮ | |
| 매입세액 | 세금계산서 수 취 분 | 일 반 매 입 | (10) | | | |
| | | 수출기업 수입분 납부유예 | (10-1) | | | |
| | | 고정자산 매입 | (11) | | | |
| | 예 정 신 고 누 락 분 | | (12) | | | |
| | 매입자발행 세금계산서 | | (13) | | | |
| | 그 밖의 공제매입세액 | | (14) | | | |
| | 합 계 (10)-(10-1)+(11)+(12)+(13)+(14) | | (15) | | | |
| | 공제받지 못할 매입세액 | | (16) | | | |
| | 차 감 계 (15)-(16) | | (17) | | ㉯ | |
| 납부(환급)세액 (매출세액 ㉮ - 매입세액 ㉯) | | | | | ㉰ | |
| 경감·공제세액 | 그 밖의 경감·공제세액 | | (18) | | | |
| | 신용카드매출전표등 발행공제 등 | | (19) | | | |
| | 합 계 | | (20) | | ㉱ | |
| 예정신고 미환급 세액 | | | (21) | | ㉲ | |
| 예정고지 세액 | | | (22) | | ㉳ | |
| 사업양수자의 대리납부 기납부세액 | | | (23) | | ㉴ | |
| 매입자 납부특례 기납부세액 | | | (24) | | ㉵ | |
| 신용카드업자의 대리납부 기납부세액 | | | (25) | | ㉶ | |
| 가 산 세 액 계 | | | (26) | | ㉷ | |
| 차감·가감하여 납부할 세액(환급받을 세액) (㉰-㉱-㉲-㉳-㉴-㉵-㉶+㉷) | | | | | (27) | |
| 총괄 납부 사업자가 납부할 세액(환급받을 세액) | | | | | | |

| ❷ 국세환급금 계좌신고 (환급세액이 2천만원 미만인 경우) | 거래은행 | 은행 | 지점 | 계좌번호 | |
|---|---|---|---|---|---|
| **❸ 폐 업 신 고** | 폐업일 | | 폐업 사유 | | |

**❹ 과 세 표 준 명 세**

| 업 태 | 종목 | 생산요소 | 업종 코드 | 금 액 |
|---|---|---|---|---|
| (28) | | | | |
| (29) | | | | |
| (30) | | | | |
| (31)수입금액 제외 | | | | |
| (32)합 계 | | | | |

「부가가치세법」 제48조·제49조 또는 제59조와 「국세기본법」 제45조의3에 따라 위의 내용을 신고하며, **위 내용을 충분히 검토하였고 신고인이 알고 있는 사실 그대로를 정확하게 적었음을 확인합니다.**

년 월 일

신고인: (서명 또는 인)

**세무대리인은 조세전문자격자로서 위 신고서를 성실하고 공정하게 작성하였음을 확인합니다.**

세무대리인: (서명 또는 인)

**세무서장** 귀하

| 첨부서류 | 뒤쪽 참조 |
|---|---|

| 세무대리인 | 성 명 | | 사업자등록번호 | | 전화번호 | |
|---|---|---|---|---|---|---|

210㎜×297㎜[백상지 (80g/㎡) 또는 중질지(80g/㎡)]

■ 부가가치세법 시행규칙 [별지 제44호서식] 〈개정 2019. 3. 20.〉 홈택스(www.hometax.go.kr)에서도 신청할 수 있습니다.

# 간이과세자 부가가치세 [ ]예정신고서 [ ]신고서 [ ]기한후과세표준신고서

(앞쪽)

| 관리번호 | | 처리기간 | 즉시 |
|---|---|---|---|

신고기간 년 ( 월 일 ~ 월 일)

| 사업자 | 상 호 | | 성명(대표자명) | | 사업자등록번호 | - - |
|---|---|---|---|---|---|---|
| | 생년월일 | | 전화번호 | | 사업장 / 주소지 / 휴대전화 | |
| | 사업장 소재지 | | | | 전자우편주소 | |

❶ 신고내용

| 구 분 | | | | 금 액 | 부가가치율 | 세율 | 세 액 |
|---|---|---|---|---|---|---|---|
| 과세표준 및 매출세액 | 과세분 | 전기 · 가스 · 증기 및 수도사업 | (1) | | 5/100 | 10/100 | |
| | | 소매업, 재생용 재료수집 및 판매업, 음식점업 | (2) | | 10/100 | 10/100 | |
| | | 제조업, 농 · 임 · 어업, 숙박업, 운수 및 통신업 | (3) | | 20/100 | 10/100 | |
| | | 건설업, 부동산임대업, 그 밖의 서비스업 | (4) | | 30/100 | 10/100 | |
| | 영세율 적용분 | | (5) | | | 0/100 | |
| | 재고납부세액 | | (6) | | | | |
| | 합계 | | (7) | | | ㉮ | |
| 공제세액 | 매입세금계산서 등 수취세액공제 | | (8) | | | 뒤쪽 참조 | |
| | 의제매입세액공제 | | (9) | | | | |
| | 매입자발행 세금계산서 세액공제 | | (10) | | | | |
| | 전자신고세액공제 | | (11) | | | | |
| | 신용카드매출전표 등 발행세액공제 | | (12) | | | | |
| | 기타 | | (13) | | | | |
| | 합계 | | (14) | | | ㉯ | |
| 매입자 납부특례 기납부세액 | | | (15) | | | ㉰ | |
| 예정고지(신고)세액 | | | (16) | | | ㉱ | |
| 가산세액 | 미등록 및 거짓등록 가산세 | | (17) | | | | |
| | 신고불성실 | 무신고(일반) | (18) | | | | |
| | | 무신고(부당) | (19) | | | | |
| | | 과소신고(일반) | (20) | | | | |
| | | 과소신고(부당) | (21) | | | | |
| | 납부불성실 가산세 | | (22) | | | | |
| | 결정 · 경정기관 확인 매입세액 공제 가산세 | | (23) | | | | |
| | 영세율 과세표준 신고 불성실 가산세 | | (24) | | | | |
| | 매입자 납부특례 | 거래계좌 미사용 | (25) | | | | |
| | | 거래계좌 지연입금 | (26) | | | | |
| | 합계 | | (27) | | | ㉲ | |
| 차감 납부할 세액(환급받을 세액) (㉮-㉯-㉰-㉱+㉲) | | | | | | (28) | |

❷ 과세표준 명세

| | 업 태 | 종 목 | 업종코드 | 금 액 |
|---|---|---|---|---|
| (29) | | | | |
| (30) | | | | |
| (31) | 기타(수입금액 제외분) | | | |
| (32) | 합 계 | | | |

❸ 면세수입금액

| | 업 태 | 종 목 | 업종코드 | 금 액 |
|---|---|---|---|---|
| (33) | | | | |
| (34) | | | | |
| (35) | 수입금액 제외분 | | | |
| (36) | 합 계 | | | |

| ❹ 국세환급금계좌신고 | 거래은행 | 은행 지점 | 계좌번호 | |
|---|---|---|---|---|
| ❺ 폐 업 신 고 | 폐업연월일 | . . | 폐업사유 | |

「부가가치세법 시행령」 제114조제3항 및 「국세기본법」 제45조의3에 따라 위의 내용을 신고하며, 위 내용을 충분히 검토하였고 신고인이 알고 있는 사실 그대로를 정확하게 작성하였음을 확인합니다.

년 월 일

신고인: (서명 또는 인)

세무대리인은 조세전문자격자로서 위 신고서를 성실하고 공정하게 작성하였음을 확인합니다.

세무대리인: (서명 또는 인)

**세무서장** 귀하

| 세무대리인 | 성 명 | | 사업자등록번호 | | 전화번호 | |
|---|---|---|---|---|---|---|

210mm × 297mm[백상지 80g/㎡(재활용품)]

출처: 국세청

# 부가가치세, 언제 어떻게 내야 할까?

부업러

이제 부가가치세가 무엇인지 조금 알 것 같아요. 제가 번 돈 중 일부가 어차피 내야 하는 돈이라는 뜻이죠? 그렇다면 부가가치세는 어떻게 내야 하는 건가요? 고지서가 발송되나요?

세무서 언니

매출액에 따라 고지서가 발송되는 경우도 있고, 아닌 경우도 있어요. 중요한 것은 부가가치세는 과세 기간이 정해져 있고, 이 기간 내에 무조건 신고·납부해야 가산세를 물지 않는다는 사실이죠. 내가 개인사업자인지, 법인사업자인지, 개인사업자 중에서도 일반과세자인지, 간이과세자인지에 따라 신고·납부 기간이 달라요.

## 부가가치세 신고 · 납부 기간

세무서에서 개인사업자를 담당하는 부서에 있을 때 가장 많이 받은 질문은 부가가치세를 1년에 몇 번이나 내야 하느냐 하는 것이었습니다. 그럴 때면 저는 신고는 1년에 2회, 납부는 4회라고 답변드립니다. 분기별로 납부해야 하는 부가가치세가 사장님들에게 큰 부담으로 다가올 때가 있습니다. 하지만 앞서 부가가치세는 사장님의 주머니에서 나가는 돈이 아니라 소비자에게 받아서 대신 내는 세금이라고 말씀드렸죠?

부가가치세는 기본적으로 6개월을 과세 기간으로 하여 신고·납부하게 되어 있습니다. 각 과세 기간을 3개월로 나누어 중간에 예정 신고 기간을 두고

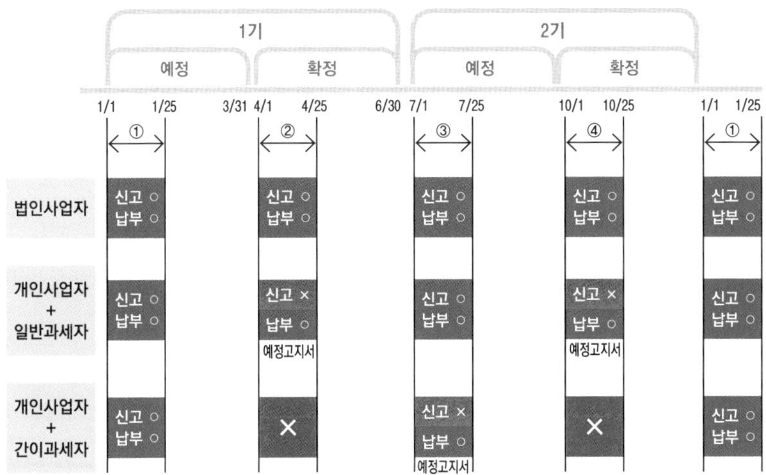


있고요.

개인사업자 중에서도 일반과세자인지, 간이과세자인지에 따라 신고 방법과 신고 기간이 다릅니다. 일반과세자는 1년에 2회(1월 1일~1월 25일, 7월 1일~7월 25일), 간이과세자는 1년에 1회(1월 1일~1월 25일) 신고해야 합니다. 부가가치세를 신고해야 하는 기간을 '부가가치세 확정 신고 기간'이라고 합니다.

부가가치세 납부는 일반과세자는 1년에 4회(1월 1일~1월 25일, 4월 1일~4월 25일, 7월 1일~7월 25일, 10월 1일~10월 25일), 간이과세자는 1년에 2회(1월 1일~1월 25일, 7월 1일~7월 25일) 해야 합니다.

▼ 일반과세자 신고 기간

| 구분 | 기간 | 신고 기간 | 납부 기간 |
| --- | --- | --- | --- |
| 1기 예정 | 1~3월 | × | 4.1~4.25<br>(예정고지서 받은 뒤 납부) |
| 1기 확정 | 4~6월 | 7.1~7.25<br>(1~6월분 신고) | 7.1~7.25<br>(4.1~4.25 예정고지로 낸 금액 빼고 납부) |
| 2기 예정 | 7~9월 | × | 10.1~10.25<br>(예정고지서 받은 뒤 납부) |
| 2기 확정 | 10~12월 | 다음 해 1.1~1.25<br>(7~12월분 신고) | 1.1~1.25<br>(10.1~10.25 예정고지로 낸 금액 빼고 납부) |

▼ 간이과세자 신고 기간

| 구분 | 기간 | 신고 기간 | 납부 기간 |
| --- | --- | --- | --- |
| 1기 | 1~6월 | × | 7.1~7.25<br>(예정고지서 받은 뒤 납부) |
| 2기 | 7~12월 | 다음 해 1.1~1.25<br>(1~12월분 신고) | 1.1~1.25<br>(7.1~7.25 예정고지로 낸 금액 빼고 납부) |

부가가치세는 원칙적으로 3개월마다 신고해야 하지만, 개인사업자에 대해서는 예정 신고 의무를 면제하고 정부가 예정고지하는 세액을 납부하는 특례를 두고 있습니다. 여기서 예정고지란, 부가가치세 예정 신고 대신 각 예정 신고 기간마다 직전 과세 기간 납부세액의 50%에 해당하는 금액을 국세청에서 결정하여 고지하는 것입니다.

일반과세자의 경우, 4월과 10월에 직전 과세 기간에 대한 납부세액에 50%를 곱한 금액으로 부가가치세 예정고지서가 사업장 주소로 발송됩니다. 이때 6개월 치를 신고·납부해야 하는데, 3개월 치를 직전 분기에 신고한 것의 50%라고 생각하고 예정고지서가 나갑니다. 예정고지서를 받았다면 고지된 금액을 납부하고, 이후 6개월 실적에 대해 부가가치세 확정 신고를 한 뒤 예정고지로 낸 금액을 빼고 부가가치세를 납부하면 됩니다.

예를 들어 2020년 1~6월분의 부가가치 납부세액이 60만 원 나왔다면, 10월 부가가치세 예정고지금액은 30만 원입니다. 고지된 금액을 납부한 뒤 2020년 7월 1일~12월 31일의 실적에 대해 2021년 1월 1일~25일까지 부가가치세를 신고해야 합니다. 이때 납부세액이 80만 원 나왔다면 미리 낸 세금 30만 원을 빼고 50만 원만 내면 됩니다.

그렇다면 왜 2회에 나누어 납부하는 것일까요? 번거롭지만 알고 보면 필요한 일입니다. 사장님 입장에서는 한 번에 납부하는 것보다 2회에 나눠 납부하는 것이 부담이 덜할 것이고, 징수하는 나라 입장에서도 2회에 나눠 받으니 관리를 수월하게 할 수 있습니다.

▼ 부가가치세 예정고지세액과 확정 신고 납부세액

| | 1기 예정 | 1기 확정 | 2기 예정 | 2기 확정 |
|---|---|---|---|---|
| 매출세액 | 신고 × | 100만 원 | 신고 ×<br>고지서 ○ | 150만 원 |
| (-) 매입세액 | | 40만 원 | | 70만 원 |
| 납부세액 | | 60만 원 | | 80만 원 |
| (-) 예정고지세액 | | 50% → | 30만 원 | 30만 원 |
| 차감납부세액 | | | 30만 원 | 50만 원 |

다만, 일반과세자와 간이과세자 상관없이 부가가치세 예정고지금액이 30만 원 미만(직전에 부가가치세를 60만 원 미만으로 납부)이라면 예정고지서가 발송되지 않습니다. 내용을 확인하고 싶다면 사업장 관할 세무서에 방문하시는 것이 가장 정확합니다.

## 부가가치세 예정고지서를 받았다면 무조건 납부해야 할까?

결론부터 말씀드리면 원칙은 'YES'입니다. 단, 예외적인 사유가 있다면 'NO'입니다.

한 사장님이 7월 25일에 100만 원의 부가가치세를 납부했습니다. 그런데 10월에 50만 원의 부가가치세 예정고지서를 받았습니다. 사장님은 세무서를 방문해 아직 2기 결산도 하지 않았고, 예정고지서이니 납부하지 않아도 되는 것 아니냐고 물어봅니다. 과연 그래도 되는 것일까요?

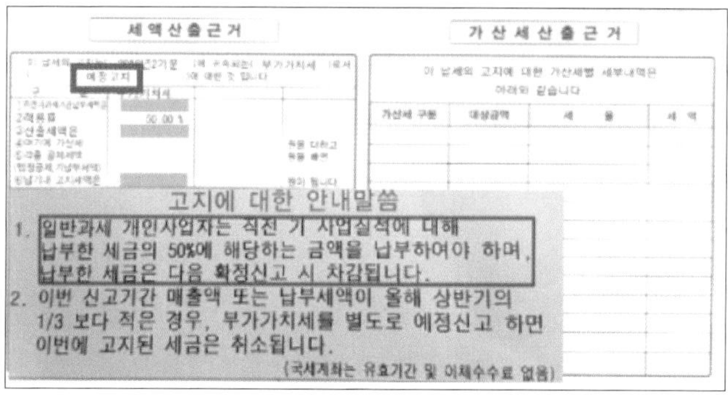
세액산출근거

가산세산출근거

고지에 대한 안내말씀

1. 일반과세 개인사업자는 직전 기 사업실적에 대해 납부한 세금의 50%에 해당하는 금액을 납부하여야 하며, 납부한 세금은 다음 확정신고 시 차감됩니다.
2. 이번 신고기간 매출액 또는 납부세액이 올해 상반기의 1/3 보다 적은 경우, 부가가치세를 별도로 예정신고 하면 이번에 고지된 세금은 취소됩니다.

(국세계좌는 유효기간 및 이체수수료 없음)

▲ 예정고지서 예시

세무서 직원은 이렇게 답할 것입니다.

"명칭이 '예정'이기는 하지만 부가가치세법에 부가가치세를 신고·납부해야 하는 과세 기간이 정해져 있고, 그 과세 기간에 대해서는 사장님께 신고·납부 의무가 있어요. 납부를 하지 않으시면 예정고지서에 나와 있듯 가산세가 붙어요. 만약 이번 분기 실적이 직전 과세 기간보다 좋지 않아 직전 과세 기간에 나왔던 부가가치세의 3분의 1 미만이거나 매출이 3분의 1 미만으로 급감했다면 예정 신고를 하세요. 그럼 예정고지서가 취소돼요. 만약 예정 신고 사유가 되지 않아 이번에 고지된 금액을 납부하시면 부가가치세 확정 신고 시 예정고지세액을 납부한 것을 차감하고 추가로 납부하시게 될 거예요. 아무래도 6개월에 한 번 납부하시는 것보다 3개월에 나눠 납부하시는 게 부담이 덜 하시겠죠?”

예정고지서를 받고 낸 금액은 아래와 같이 부가가치세 확정신고기간에 예정고지세액을 빼고 나머지 차액만 추가로 납부하면 됩니다.

◎ 과세표준 및 매출세액 (단위:원)

| 항목 | | 금액 | | 세율 | 세액 |
|---|---|---|---|---|---|
| 과세 세금계산서 발급분 | (1) | 0 | 작성하기 | 10 / 100 | 0 |
| 과세 매입자발행 세금계산서 | (2) | 0 | | 10 / 100 | 0 |
| 과세 신용카드 · 현금영수증 발행분 | (3) | 0 | 작성하기 | 10 / 100 | 0 |
| 과세 기타(정규영수증 외 매출분) | (4) | 15,000,000 | 작성하기 | 10 / 100 | 1,500,000 |
| 영세율 세금계산서 발급분 | (5) | 0 | 작성하기 | 0 / 100 | |
| 영세율 기타 | (6) | 0 | 작성하기 | 0 / 100 | |
| 예정신고 누락분 | (7) | 0 | 작성하기 | | 0 |
| 대손세액 가감 | (8) | | 작성하기 | | 0 |
| 합계 | (9) | 15,000,000 | | ㉮ | 1,500,000 |

◎ 과세표준명세 (단위:원)

| 금액 | 1,500,000 | 작성하기 | ※ 과세표준금액을 업종별로 구분하여 작성합니다. |
|---|---|---|---|

※ "과세표준 및 매출세액"을 작성하신 분은 "매입세액" 작성전 반드시 먼저 작성하시기 바랍니다.

◎ 매입세액 (단위:원)

| 항목 | | 금액 | | 세율 | 세액 |
|---|---|---|---|---|---|
| 세금계산서수취분 일반매입 | (10) | 7,000,000 | 작성하기 | | 700,000 |
| 세금계산서수취분 수출기업 수입 납부유예 | (10-1) | | 작성하기 | | 0 |
| 세금계산서수취분 고정자산 매입 | (11) | 0 | 작성하기 | | 0 |
| 예정신고 누락분 | (12) | 0 | 작성하기 | | 0 |
| 매입자발행 세금계산서 | (13) | 0 | 작성하기 | | 0 |
| 그 밖의 공제매입세액 (신용카드 매입, 의제매입세액공제 등) | (14) | 0 | 작성하기 | | 0 |
| 합계 (10)-(10-1)+(11)+(12)+(13)+(14) | (15) | 7,000,000 | | | 700,000 |
| 공제받지 못할 매입세액 | (16) | 0 | 작성하기 | | 0 |
| 차감계 (15) - (16) | (17) | 7,000,000 | | ㉯ | 700,000 |
| 납부(환급)세액 (매출세액 ㉮ - 매입세액 ㉯) | | | | ㉰ | 800,000 |

최종 납부(환급) 세액 (단위:원)

| 항목 | | 금액 | 세율 | 세액 |
|---|---|---|---|---|
| 예정신고 미환급 세액 | (21) | | [illegible] | 0 |
| 예정고지세액 | (22) | | [illegible] | 300,000 |
| 사업양수자의 대리납부 기납부세액 | (23) | 도움말 | [illegible] | 0 |
| 매입자 납부특례 기납부세액 | (24) | 도움말 | [illegible] | 0 |
| 신용카드업자의 대리납부 기납부세액 | (25) | 조회하기 | [illegible] | 0 |
| 가산세액계 | (26) | 뒷쪽으로 | [illegible] | 0 |
| 차가감하여 납부할 세액 (환급받을 세액) ([illegible]) | | | (27) | 500,000 |
| 총괄납부사업자가 납부할 세액 (환급받을 세액) | | | | 0 |

※ 신고대상기간 중에 예정고지를 받은 사실이 있는 경우 예정고지세액이 보여지고 예정신고시 일반환급이 발생하여 예정신고미환급세액이 있는 경우 그 금액을 보여줍니다.

※ 예정고지세액과 예정신고 미환급세액은 동시에 입력할 수 없습니다.

## 간이과세자는 매출액이 적으면 부가가치세를 내지 않는다고?

간이과세자는 직전년도의 재화나 용역에 대한 공급대가(매출액+부가가치세 포함)가 4,800만 원 미만(2021년 이후 귀속분부터 8,000만 원 미만)인 개인사업자를 말합니다. 월 평균 매출액이 약 400만 원 미만(2021년 이후 약 667만 원)이라면 간이과세자 적용을 받을 수 있죠. 게다가 연 환산 공급대가가 3,000만 원(2021년 이후 귀속분부터 4,800만 원) 미만인 간이과세자는 부가가치세 납부 의무가 면제됩니다.

예를 들어, 10월 1일에 개업해 그해 공급대가가 500만 원이라면 연으로 환산한 공급대가는 2,000만 원(500만 원×[12월/3월])이기 때문에 부가가치세를 납부하지 않아도 됩니다. 여기서 많은 분들이 착각하시는 게 있습니다. 납부만 안 하게 되는 것이지, 부가가치세 신고는 꼭 하셔야 합니다.

## 부가가치세, 매출이 없는데도 신고해야 할까?

휴업했거나 경기가 너무 좋지 않아 실적이 없는데 부가가치세를 신고해야 하는지 물어보시는 분들이 많습니다. 제 대답은 'YES'입니다. 무신고가산세는 20%이지만 과소신고가산세는 10%로, 2배 차이가 납니다. 그리고 신고를 하지 않을 경우, 세무서 담당 직원이 사업을 하지 않는 것으로 판단해 직권 폐업하는 경우도 있습니다. 그러니 실적이 없다 하더라도 계속해서 사업을 하고 있다는 액션으로 꼭 신고를 하시기 바랍니다.

# 세금계산서 발행 여부로 알아보는 과세와 면세의 차이

저는 쇼핑몰을 통해 옷을 판매하고 싶은데, 면세사업자는 아닌 거죠? 면세사업자가 아니라면 세금계산서를 발행해야 한다고 들었어요.

그렇습니다. 면세사업자가 아니라면 계산서가 아닌 세금계산서를 발행해야 해요. 세금계산서 발행에 실수가 있다면 발행하는 쪽도, 발행받는 쪽도 불이익이 있으니 신중하게 접근하세요.

## 세금계산서와 계산서의 차이

앞서 사업자등록에 대해 설명하며 과세 여부에 따라 과세사업자와 면세사업자로 나뉜다고 이야기했죠. 과세 사업을 하는 사장님이 발행할 수 있는 것은 세금계산서이고, 면세 사업을 하는 사장님이 발행할 수 있는 것은 계산서입니다.

세금계산서는 사업자가 재화와 용역을 공급할 때 부가가치세를 거래 상대방에게 징수하고, 그 사실을 증명하기 위해 발행하는 계산서로, 송장, 청구서, 증명 서류, 과세 자료 등의 역할을 합니다.

사장님들은 세금계산서와 계산서의 차이를 꼭 알아두셔야 합니다. 잘못 발행하면 가산세가 부과되거든요. 요즘에는 전자세금계산서제도가 도입되어 실수가 많이 줄어들었지만 종이로 세금계산서나 계산서를 발행할 때는 두 종류를 구분하지 못해 많은 사장님이 실수를 했습니다.

■ 부가가치세법 시행규칙 [별지 제14호서식] (적색)

**세금계산서(공급자보관용)**

책 번 호 | 권 | 호

일 련 번 호 □□-□□□□

| 공급자 | | | | 공급받는자 | | | |
|---|---|---|---|---|---|---|---|
| 등록번호 | - - | | | 등록번호 | | | |
| 상호(법인명) | | 성명(대표자) | | 상호(법인명) | | 성명(대표자) | |
| 사업장 주소 | | | | 사업장 주소 | | | |
| 업태 | | 종목 | | 업태 | | 종목 | |

| 작성 | | | 공급가액 | | | | | | | | | | | | | 세액 | | | | | | | | | | | | 비고 |
|---|---|---|---|---|---|---|---|---|---|---|---|---|---|---|---|---|---|---|---|---|---|---|---|---|---|---|---|---|
| 연 | 월 | 일 | 공란수 | 조 | 천 | 백 | 십 | 억 | 천 | 백 | 십 | 만 | 천 | 백 | 십 | 일 | 천 | 백 | 십 | 억 | 천 | 백 | 십 | 민 | 천 | 백 | 십 | 일 |
| | | | | | | | | | | | | | | | | | | | | | | | | | | | | |

| 월 | 일 | 품목 | 규격 | 수량 | 단가 | 공급가액 | 세액 | 비고 |
|---|---|---|---|---|---|---|---|---|
| | | | | | | | | |
| | | | | | | | | |
| | | | | | | | | |
| | | | | | | | | |

| 합계금액 | 현금 | 수표 | 어음 | 외상 미수금 | 이 금액을 영수/청구 함 |
|---|---|---|---|---|---|
| | | | | | |

210㎜×148.5㎜ (인쇄용지(특급) 34g/㎡)

▲ 공급가액과 세액이 있는 세금계산서

[별지 제28호서식(2)] (적색)

**계산서(공급자 보관용)**

책번호 | 권 | 호

일련번호 □□ - □□□□

| 공급자 | | | | 공급받는자 | | | |
|---|---|---|---|---|---|---|---|
| 등록번호 | - - | | | 등록번호 | - - | | |
| 상호(법인명) | | 성명 | | 상호(법인명) | | 성명 | |
| 사업장주소 | | | | 사업장주소 | | | |
| 업태 | | 종목 | | 업태 | | 종목 | |

| 작성 | | | 공급가액 | | | | | | | | | | | 비고 |
|---|---|---|---|---|---|---|---|---|---|---|---|---|---|---|
| 년 | 월 | 일 | 공란수 | 십 | 억 | 천 | 백 | 십 | 만 | 천 | 백 | 십 | 일 | |
| | | | | | | | | | | | | | | |

| 월 | 일 | 품목 | 규격 | 수량 | 단가 | 공급가액 | 비고 |
|---|---|---|---|---|---|---|---|
| | | | | | | | |
| | | | | | | | |
| | | | | | | | |
| | | | | | | | |

| 합계금액 | 현금 | 수표 | 어음 | 외상미수금 | 이 금액을 영수/청구 함 |
|---|---|---|---|---|---|
| | | | | | |

22226-61922일
95.3.14 승인

182㎜×128㎜
(인쇄용지(특급) 34g/㎡)

▲ 공급가액만 있는 계산서

일반과세자는 원칙적으로 세금계산서를 발행할 수 있습니다. 하지만 일반과세사업자라 하더라도 영수증 발행 대상 사업(부령 제73조 참고: 목욕, 음식, 숙박, 미용, 여객운송업 등)이나 세금계산서 발행 의무가 면제되는 경우(부령 제71조 참고: 택시, 소매, 미용, 목욕탕 등)에는 세금계산서를 발행하지 않아도 됩니다.

**영수증 발행 대상 및 세금계산서 발행 면제 대표 업종**

- **목욕, 이발, 미용업**
- **여객운송업(전세버스 제외)**
- **영화관, 놀이동산, 박물관 등 입장권을 발행해 경영하는 사업**
- **부가가치세가 과세되는 쌍꺼풀 수술, 코 성형 등 성형 수술**
- **부가가치세가 과세되는 수의사가 제공하는 동물진료용역**
- **부가가치세가 과세되는 자동차 운전학원 혹은 무도학원 등**

세금계산서의 필요적 기재 사항 중 전부 또는 일부가 기재되지 않거나 사실과 다를 때에는 공급자에게는 세금계산서불성실가산세가 적용되고, 공급받는 자는 매입세액 불공제 불이익이 생길 수도 있습니다. 따라서 세금계산서를 발행하거나 수취할 때 꼼꼼하게 확인을 할 필요가 있습니다.

홈택스나 서면으로 부가가치세를 신고할 때 세금계산서 합계표를 기재하는 칸에 전자세금계산서로 발행·수취한 것인지, 종이세금계산서로 발행·수취한 것인지 구분해서 기재하시는 것도 잊지 마세요.

◎ 과세기간 종료일 다음달 11일까지 전송된 전자세금계산서 발급분

전자세금계산서 자료 조회

| 구분 | 매입처수 | 매수 | 과세구분 | 공급가액(원) | 세액(원) |
|---|---|---|---|---|---|
| 사업자등록번호 발급분 | 1 | 1 | 과세분 | 7,000,000 | 700,000 |
| | | | 영세율분 | 0 | |
| 주민등록번호 발급분 | 0 | 0 | 과세분 | 0 | 0 |
| | | | 영세율분 | 0 | |
| 소계 | 1 | 1 | 과세분 | 7,000,000 | 700,000 |
| | | | 영세율분 | 0 | |

◎ 종이세금계산서와 전송기간 마감일이 지난 전자세금계산서 발급분 등

| 구분 | 매입처수 | 매수 | 과세구분 | 공급가액 | 세액 |
|---|---|---|---|---|---|
| 사업자등록번호 발급분 | 1 | 1 | 과세분 | 3,000,000 | 300,000 |
| | | | 영세율분 | 0 | |
| 주민등록번호 발급분 | 0 | 0 | 과세분 | 0 | 0 |
| | | | 영세율분 | 0 | |
| 소계 | 1 | 1 | 과세분 | 3,000,000 | 300,000 |
| | | | 영세율분 | 0 | |

▲ 홈택스에 구별되어 있는 전자세금계산서와 종이세금계산서 발행분

## 세금계산서 발행분을 신고하지 않으면 어떻게 될까?

세금계산서를 발행하는 쪽과 매입하는 쪽이 동시에 신고가 들어오기 때문에 국세청에서는 크로스 체크를 합니다. 이때 매출처나 매입처 중 한쪽만 신고가 되었다면 그에 대한 확인이 필요해 과세 자료를 해명하라는 내용의 안내문을 발송합니다. 그런 안내문을 받으면 가슴이 뛴다는 납세자분들이 참 많죠.

## 과세자료해명안내문

【부가가치세 사무처리규정 별지 제14호 서식】

국세청

# 기 관 명

수신자

제　목　**과세자료 해명안내**

| 문서번호 : 부가 - |
|---|

1. 국세행정에 협조하여 주셔서 감사드립니다.
2. 귀하(귀사)의 사업과 관련하여 아래와 같이 과세자료가 발생하여 알려드리니 이에 대한 해명자료를 20 . . .까지 제출하여 주시기 바라며, 해명자료를 제출 기한까지 제출한 경우 제출일로부터 30일(기한의 말일이 토요일 또는 공휴일인 경우 그 다음날, 기한 연장 통지를 한 경우 그 기한연장일) 내에 그 검토결과를 통지합니다.
3. 제출 기한까지 회신이 없거나 제출한 자료가 불충분할 때에는 과세자료의 내용대로 세금이 부과될 수 있음을 알려드립니다.

○ 과세자료 발생 경위

*(보기) 이 자료는 귀사의 거래처를 세무조사한 결과 실제로 거래하지 않고 세금계산서만 받은 것으로 의심되어 발생한 자료입니다.*

○ 과세자료 내용

(단위 : 원)

| 과세자료명 | 구분 (매입, 매출) | 과세기간 | 과세자료 발생처 | | 과세자료금액 (공급가액) | 비 고 |
|---|---|---|---|---|---|---|
| | | | 상 호 (성 명) | 사업자등록번호 | | |
| | | | | | | |
| | | | | | | |
| | | | | | | |

○ 제출할 해명자료

- 납세자 해명자료(부가가치세 사무처리규정 별지 제15호 서식)
- 관련 증빙서류 *(보기) 세금계산서, 계약서, 거래명세표, 금융거래 내역 등*

년　월　일

# 기 관 장

위 내용과 관련하여 문의 사항이 있을 때에는 담당자에게 연락주시면 친절하게 상담해 드리겠습니다.
성실납세자가 우대받는 사회를 만드는 국세청이 되겠습니다.

◆ **담당자 :** ○○**세무서** ○○○**과** ○○○ **조사관(전화 :　　　　　, 팩스 :　　　　)**

종이세금계산서를 깜박하고 신고하지 않거나 과세 기간을 잘못 생각해서 신고하는 경우가 많습니다. 예를 들어, 세금계산서를 발행한 날짜가 2020년 7월 3일이라면 부가가치세 과세 기간인 2020년 2기 귀속(과세 기간: 7월 1일~12월 31일)으로 신고해야 합니다. 2020년 1기 귀속(과세 기간: 1월 1일~6월 30일)으로 신고해서는 안 되겠죠?

잘못 신고하면 부가가치세 가산세 3종 세트인 과소신고가산세, 세금계산서 가산세, 납부지연가산세가 부과됩니다.

## 무조건 전자세금계산서를 발행해야 하는 사업자도 있다고?

2011년 1월 이후 법인사업자는 무조건 전자세금계산서를 발행해야 합니다. 개인사업자는 직전년도 사업장별로 과세공급가액과 면세공급가액의 합계액이 3억 원 이상인 경우, 전자세금계산서를 의무 발행해야 합니다. 예전에는 과세 부분에 대한 공급가액이 3억 원 이상인 개인사업자만 전자세금계산서 발행 대상자였지만 세법이 개정되어 2019년 7월 1일부터 전자세금계산서 발행 대상자가 늘어났습니다.

면세 사업만 영위하는 개인사업자의 경우 세금계산서 발행 의무가 없지만 2019년 7월 1일 자로 직전 연도 사업장별 수입금액이 3억 원(22.7.1 이후 공급분부터는 2억 원) 이상일 경우, 전자계산서를 의무 발행해야 합니다. 기존에는 10억 원 이상일 때만 해당했는데, 3억 원 이상으로 하향 개정되었습니다.

▼ 전자계산서 발행 의무 예시

| 구분 | 계 | A사업장 | B사업장 | 전자계산서 발행 의무 여부 |
|---|---|---|---|---|
| 사례1 | 5억 원 | 3억 원 | 2억 원 | A사업장 발행 의무 ○, B사업장 발행 의무 ×<br>• 복수 사업장 합계 수입금액은 3억 원 이상이나, B사업장은 3억 원 미만 |
| 사례2 | 4억 원 | 2억 원 | 2억 원 | A사업장, B사업장 모두 발행 의무 ×<br>• 전체 사업장 합계 수입금액은 3억 원 이상이나, A, B사업장은 각 3억 원 미만 |

*복수 사업장(A, B)을 보유한 개인 거주자 갑의 직전 과세 기간 사업장별 수입금액에 따른 전자계산서 발행 의무(사업장별 수입금액은 모두 면세수입금액으로 가정)

전자세금계산서를 발행해야 하는 대상자는 늘어났지만, 2019년 1월 1일부터 의무불이행에 대한 가산세 부담은 줄어드는 것으로 세법이 개정되었습니다.

▼ 부가가치세 가산세 부담 경감

| 과거 | 개정 |
|---|---|
| 전자세금계산서 발행 및 전송 관련 불성실 가산세<br>• (지연 전송) 공급가액의 0.5%<br>- 공급 시기가 속하는 과세기간 말의 다음 달 11일까지 전송 시<br>• (미전송) 공급가액의 1%<br>- 공급 시기가 속하는 과세기간 말의 다음 달 11일까지 미전송 시 | 가산세율 인하 및 지연 전송 적용 기간 연장<br>• (지연 전송) 공급가액의 0.3%<br>- 공급 시기가 속하는 과세기간 확정신고 기한(25일)까지 전송 시<br>• (미전송) 공급가액의 0.5%<br>- 공급 시기가 속하는 과세기간 확정신고 기한(25일)까지 미전송 시<br>*유사한 목적의 '매출처별세금계산서 합계표 지연 발급가산세 0.3% · 미발행가산세 0.5%와 동일 |

전자세금계산서와 관련하여 최근 세법이 개정된 것이 있으니 주의하시고, 자세한 사항은 국세청에서 최근 발행한 '전자(세금)계산서제도의 이해 책자'를 다운받아([국세청]→ [성실신고지원]→ [부가가치세]→ [참고 자료실]) 확

인하시기 바랍니다. 세무서에서 책자를 무료로 받으실 수도 있습니다.

## 전자세금계산서 발행 방법

전자세금계산서를 발행하는 방법은 네 가지가 있습니다.

1. **홈택스를 통한 발행**
2. **전자세금계산서 발행 대행 사업자를 통한 발행: 국세청에 등록된 발행 업무 대행 사업자(ASP)의 시스템을 이용하거나 자체 구축한 발행 시스템(ERP) 이용**
3. **ARS를 통한 발행: ☎126→ ①번(홈택스 상담)→ ②번(전자세금계산서)→ ②번(발급 및 조회)**
4. **세무서 방문을 통한 발행: 증명 서류(거래계약서, 거래명세표, 거래내역서, 입금증 등)를 준비하여 방문**

이 중 홈택스에서 전자세금계산서를 발행하는 방법을 알아보겠습니다. 우선 홈택스에 접속해 [조회/발급]→ [전자세금계산서 건별 발급]을 클릭합니다.

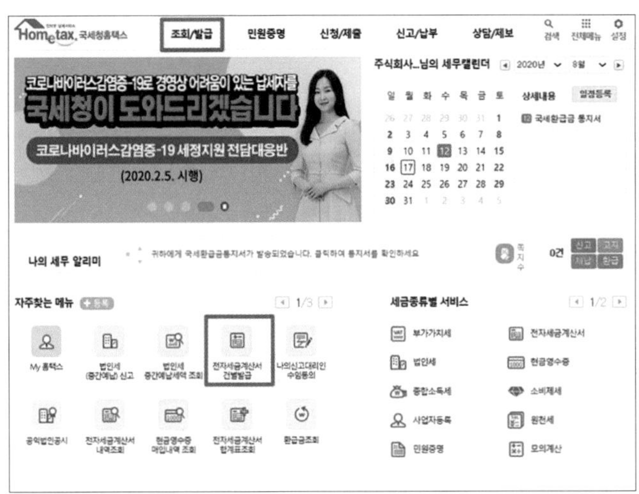

로그인을 하면 사업자등록증상의 기본 사항이 자동으로 세팅됩니다.

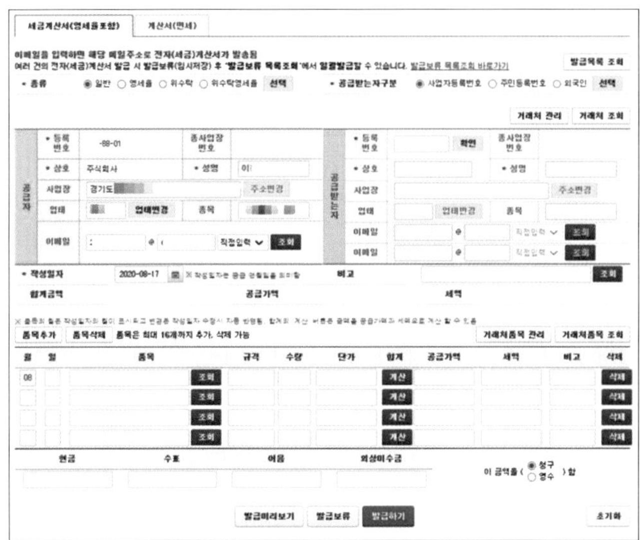

거래처의 기본 사항을 기재합니다. 빨간색 점이 표시되어 있는 부분은 반드시 입력해야 하는 필수 기재 사항입니다. 기재 사항을 모두 입력한 뒤 [발급하기]를 클릭합니다.

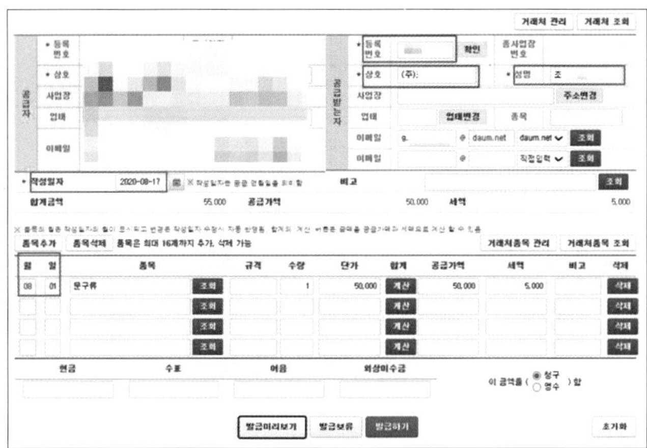

발행한 전자세금계산서는 수정이 불가능하니 해당 내용을 꼼꼼히 확인한 뒤 발행하시기 바랍니다. 만약, 전자세금계산서를 잘못 발행했다면 홈택스에 다시 접속해 [전자세금계산서]→ [발급]→ [수정발급]에서 수정세금계산서를 발행해야 합니다.

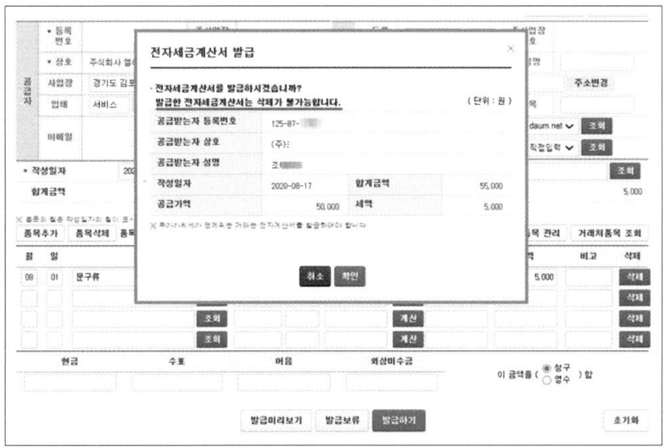

# 부가가치세, 더 많이 그리고 빠르게 환급받는 방법

부업러

부가가치세가 거래 상대방에게 받아서 내는 세금이긴 하지만 그럼에도 불구하고 부가가치세를 조금이라도 덜 낼 수 있는 방법은 없을까요?

세무서 언니

매입세액을 더 많이 챙길수록 내야 할 부가가치세가 적어져요. 이때 증빙이 되는 매입 서류를 챙기는 것이 무엇보다 중요하죠.

## 부가가치세법에서 인정하는 매입 서류 챙기기

부가가치세는 매출세액에서 매입세액을 차감하여 계산하는 구조입니다. 다음 장의 부가가치세 계산 구조를 통해 알 수 있듯 부가가치세 부담을 줄이기 위해서는 매출세액을 줄이거나 매입세액을 늘려야 합니다. 매출세액을 줄이는 것은 탈세에 해당하지만 매입세액을 늘리는 것은 절세에 해당하죠.

▼ 일반과세자의 세금 계산 구조

| | |
| --- | --- |
| 매출세액 | 공급가액×10% |
| (−) | |
| 매입세액 | 세금계산서 수취분 매입세액 (+) 기타공제 매입세액<br>• 신용카드 전표 등 수령 명세서 제출분 세액<br>• 의제매입세액 • 재활용폐자원 등 매입세액<br>• 과세사업전환 매입세액<br>• 재고매입세액 • 변제대손세액<br>(−) 공제받지 못할 매입세액<br>• 불공제 매입세액<br>• 공통매입세액 중 면세사업 등 해당 세액<br>• 대손처분받은 세액 |
| (−) | |
| 경감 · 공제세액 | ▶ 예정고지세액, 예정 신고 미환급세액<br>▶ 신용카드 등 발행에 따른 세액공제 |
| (+) | |
| 가산세 | |
| (=) | |
| 납부세액 | |

▼ 간이과세자의 세금 계산 구조

| | |
| --- | --- |
| 매출세액 | 공급대가(부가가치세 포함 총공급가액)×업종별 부가가치율×10% |
| (−) | |
| 공제세액 | ▶ 매입세금계산서 등 수취 세액공제<br>▶ 신용카드 등 발행에 따른 세액공제<br>▶ 의제매입세액공제 |
| (+) | |
| 가산세 | |
| (=) | |
| 납부세액 | |

그렇다면 매입세액을 어떻게 늘릴 수 있는지 알아볼까요? 사업 관련 매입 재고 비용과 월세, 공과금(전기, 가스, 인터넷, 전화, 보안업체, 정수기) 등이 부가가치세를 줄일 수 있는 매입비입니다. 이때 사장님의 사업자등록번

호로 세금계산서를 받는 것이 가장 좋습니다. 공과금은 해당 업체에 전화를 해 사업자등록번호로 바꿔달라고 하면 매입세액공제를 받는 것에 문제가 없습니다.

## 적격증빙일 때만 공제 가능!

여기서 주의할 사항은 사업 관련으로 매입했다고 해서 전부 매입세액공제를 받을 수 있는 것은 아니라는 점입니다. 적격증빙(세금계산서, 신용카드 명세서, 현금영수증) 서류를 받은 경우에만 공제가 가능합니다.
일반 간이영수증이나 거래명세표는 부가가치세법상 매입세액공제를 받지 못하니 거래를 할 때 꼭 적격증빙 서류를 수취하여 부가가치세 매입세액공제도 받고, 소득세 필요경비도 인정받으시기 바랍니다.
거래명세표나 간이영수증을 받은 경우, 부가가치세법상 매입세액공제를 받지 못한다 하더라도 소득세법상 비용 처리는 가능(장부 기장한다고 가정했을 때)하니 그나마 위로가 되었으면 좋겠습니다. 사장님이 간이과세자인 임대인에게 월세를 지급하고 있다면 부가가치세에서는 매입세액공제를 받을 수 없지만 소득세에서는 비용으로 인정받을 수 있습니다.

## 세법상 매입세액공제를 받을 수 없는 항목

적격증빙 서류를 수취했다 해도 부가가치세법상 매입세액공제가 되지 않는 경우가 있습니다. 면세사업자나 간이과세자에게 받은 신용카드 전표나 접대비로 처리해야 할 경비에 대한 매입분, 일반과세자 중 소비자 업종을 영위하는 자로부터 구매한 금액(미용실, 목욕탕, 비행기 티켓, 놀이공원, 영화관, 무도학원 및 자동차운전학원, 과세 대상 의료보건용역)은 매입세액공제를 받을 수 없습니다.

위와 같은 경우를 매입하여 부가가치세 매입세액공제로 넣으면 대부분 국세청 전산에서 걸러지기 때문에 수정신고해야 하는 번거로움이 생길 수 있습니다. 따라서 매입 시에 거래 상대방의 사업자등록 유형을 잊지 말고 꼭 확인해야 합니다.

매출세액에서 공제받지 못하는 매입세액을 정리하면 다음과 같습니다.

**1. 매입처별 세금계산서 합계표 미제출 부실기재분**

**(다만, 수정신고, 경정 청구, 기한후신고와 함께 세금계산서 합계표를 제출하거나 경정 시 경정기관의 확인을 거쳐 제출하는 경우에는 매입세액공제를 받을 수 있음)**

**2. 세금계산서 미수취 부실기재분**

**(다만, 다음의 사유에 해당하는 경우에는 매입세액공제를 받을 수 있음)**

- **사업자등록을 신청한 자가 사업자등록 발급일까지의 거래에 대하여 사업자의 주민등록번호를 기재하여 발급받은 경우**
- **필요적 기재 사항의 일부가 착오로 기재되었으나 그 밖의 기재 사항으로 보아 거래 사실이 확인되는 경우**
- **공급 시기 이후에 발급받은 세금계산서로서 당해 공급 시기가 속하는 과세 기간에 대한 확정 신고 기한까지 발급받은 경우**
- **전자세금계산서로서 국세청장에게 전송되지 않았으나 발급한 사실이 확인되는 경우**

**3. 사업과 직접 관련이 없는 지출에 대한 매입세액**

**4. 비영업용 소형 승용차의 구입과 임차 및 유지에 관한 매입세액**

**5. 접대비 및 이와 유사한 비용의 지출과 관련된 매입세액**

**6. 면세 사업 및 토지 관련 매입세액**

**7. 사업자등록 전 매입세액**

### 부가가치세를 빨리 환급받고 싶다면?

매출세액보다 매입세액이 더 많은 일반과세자는 부가가치세를 환급받을 수 있습니다. 하지만 간이과세자나 면세사업자는 부가가치세를 환급받지 못하죠. 앞서 말했듯 무조건 간이과세자가 좋은 것은 아닙니다.

부가가치세 환급을 신청하는 방법으로는 일반 환급과 조기 환급이 있습니다. 일반 환급은 신고 기한 경과 후 30일 이내에, 조기 환급은 신고 기한 경과 후 15일 이내에 환급이 나갑니다. 조기 환급은 과세 기간(6개월)별로 환급되는 환급세액을 예외적으로 신속하게 환급해 자금 부담을 덜어주는 것이 목적인 제도입니다. 수출 등으로 영세율이 적용되는 경우와 사업 설비를 신설 · 취득 · 확장 · 증축하는 경우 조기 환급을 신청할 수 있습니다.

사업 초기에는 인테리어 비용과 사업 관련 자산 구입 비용 등이 많이 발생해 자금 압박이 심합니다. 만약 사장님이 1월에 개업하고 일반 환급을 신청한다면 부가가치세 신고 기간인 7월에 부가가치세를 신고하고, 7월 25일로부터 30일 이내인 8월 24일까지 부가가치세를 환급받을 수 있습니다.

반면 조기 환급은 어떨까요? 다음 달 25일까지 부가가치세를 신고하면 15일 이내에 부가가치세를 환급받을 수 있습니다. 거의 5개월의 시간을 벌 수 있게 되는 셈이죠.

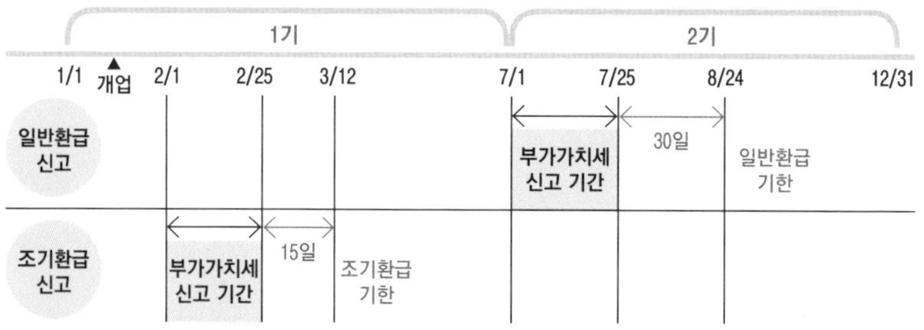

단, 시설에 투자한 건만 가지고는 조기 환급을 신청할 수 없습니다. 해당 월의 매출과 매입을 전부 집계하여 신고해야 합니다.

부가가치세 환급세액이 발생하면 세무서에서는 환급 내용이 적정한지를 검토합니다. 이때 기본적으로 확인하는 것이 계약서와 금융증빙 등이니 해당 서류를 미리 준비해놓는 게 좋겠죠?

그런데 자칫 잘못했다가는 환급받은 부가가치세를 다시 돌려줘야 하는 경우가 발생할 수도 있습니다. 만약 상가임대업자가 건물이나 구축물 등 감가상각자산을 매입하고 매입세액공제를 받았다면 10년, 그 밖의 감가상각자산을 취득하고 매입세액공제를 받은 후 2년 안에 폐업을 하거나 간이과세자로 전환되면 전부는 아니라도 매입세액공제를 받은 것에 대해서는 재납부를 해야 할 수도 있습니다. 재납부를 하고 싶지 않다면 폐업 시, 사업체를 제3자에게 포괄양도하면 됩니다.

### 사업용 신용카드 등록하고 부가가치세 많이 환급받자!

국세청은 부가가치세 신고 시 신용카드 전표 등 수취명세서의 거래처별 작성 및 전표 보관에 따른 불편을 해소하기 위해 '사업용 신용카드제도'를 시행하고 있습니다.

법인사업자의 경우, 법인 명의로 카드를 발급받게 되면 별도로 신청하지 않아도 카드 사용 내역이 국세청으로 통보됩니다. 하지만 개인사업자의 경우, 사업자등록번호로 발급받은 신용카드라 해도 국세청으로 따로 통보가 되지 않기 때문에 등록 신청을 해야 합니다. 만약 개인 신용카드를 사업용으로 사용한다면 그것을 사업용 카드로 등록할 수 있습니다.

그렇다면 사업용 신용카드를 등록하면 어떤 점이 유리할까요? 사업용 신용카드를 등록하면 [홈택스]에 접속해 [조회/발급]→ [사업용카드]→ [매입세액공제금액 조회]를 클릭하여 거래 상대방의 과세 유형을 확인할 수 있고, 매입세액공제 대상과 금액을 한 번에 조회할 수 있습니다.

만약 사업용 신용카드를 등록하지 않았다면 부가가치세 신고 시 거래처가 간이과세자인지, 면세사업자인지, 사업자등록번호는 무엇인지 일일이 확인해야 합니다. 간이과세자, 면세사업자와 거래한 것에 대해서는 부가가치세 매입세액이 공제되지 않는다는 사실, 알고 계시죠?

사업용 신용카드를 등록하는 방법은 어렵지 않습니다. 홈택스에 접속한 뒤 [조회/발급]→ [사업용신용카드]를 클릭하면 쉽게 등록할 수 있습니다.

신용카드 사용 내역은 분기별로 조회가 됩니다. 7월에 사업을 개시하고 10월에 사업용 신용카드를 등록했다면 7~9월에 사용한 신용카드 내역은 따로 신용카드 전표 등 수취명세서를 기재해야 하니 미리 등록해놓으시기 바랍니다.

대표자 명의 또는 기업명의 신용카드, 체크카드는 사업용 신용카드로 등록 가능하나 가족카드, 기프트카드, 충전식 선불카드, 백화점 전용카드는 등록할 수 없습니다.

# 신용카드 사용과 현금영수증 발행으로 세금 혜택 업!

부업러

온라인이나 오프라인에서 물건을 살 때 할인해준다며 현금 구입을 유도하고, 현금영수증 발행을 해주지 않거나 신용카드 사용을 꺼리는 가게들이 많은데 왜 그런 건가요? 그렇게 해서 얻는 이득이 큰가요?

현금영수증 발행 거부와 신용카드 결제 거부는 명백한 탈세입니다. 소득을 적게 신고하려는 꼼수인데, 요즘은 의식이 높아져 이런 일들이 많이 사라졌어요. 오히려 현금영수증을 발행하고 신용카드 결제를 할 때 사업자가 받는 혜택이 생겨나고 있으니 적극 협조하는 것이 좋아요.

## 신용카드 사용과 현금영수증 발행, 어떤 혜택이 있을까?

요즘은 납세자의 의식이 높아져 예전에 비해 신용카드 결제 거부가 많이 줄어들었습니다. 소비자들이 신용카드 결제나 현금영수증 발행을 요청해도 너무 걱정할 필요 없습니다. 소비자에게 발생한 매출에 대해 일정 요건이 해당된다면 세액공제 혜택을 받을 수 있거든요. 신용카드·현금영수증의 매출액에 대해 일반 업종은 1.3%, 간이과세자 중 음식 · 숙박업 종사자는 2.6% 세액공제를 해주고 있습니다.

## 신용카드발행세액공제 대상자는 누구일까?

신용카드발행세액공제 대상자는 다음과 같습니다.

1. 개인사업자 중 모든 간이과세자(업종 불문하고 세액공제 가능)
2. 개인사업자 중 영수증 발행 의무와 영수증 발행 특례에 해당하는 일반과세사업자(업종에 따라 세액공제 가능. 공급가액이 연 10억 원 이상일 경우 공제 불가능)

영수증 발행 대상자는 주로 소비자를 대상으로 하는 다음과 같은 업종입니다.

1. 소매업
2. 음식점업, 숙박업
3. 미용, 욕탕 및 유사 서비스업, 여객운송업, 입장권을 발행하여 영위하는 사업
4. 과세 대상 의료보건용역(성형 수술, 애완동물 진료용역), 무도학원 및 자동차운전학원
5. 공인인증서를 발급하는 사업

개인사업자가 부가가치세가 과세되는 재화 또는 용역을 공급하고 다음의 신용카드 전표 등을 발행하는 경우에는 발행금액 또는 결제금액의 1.3%에 해당하는 금액(연 1,000만 원 한도)을 납부세액에서 공제합니다.

다만, 법인사업자와 2016년 1월 1일 이후 공급분부터 직전년도의 재화 또는 용역의 공급가액 합계액이 사업장을 기준으로 10억 원을 초과하는 개인사업자는 제외합니다.

▼ 개인사업자 업종별 신용카드 공제 한도

| 일반적인 경우 | 신용카드 등 발행금액(부가가치세 포함 금액)×1.3% |
|---|---|
| 음식·숙박업 간이과세자 | 신용카드 등 발행금액(부가가치세 포함 금액)×2.6% |
| 공제 한도 | 사업장별 연 500만 원 한도(2019~2021년: 연 1,000만 원 한도) |

전체 신용카드 발행금액에 대해 무한정 세액공제가 되는 것은 아닙니다. 납부세액을 한도로 하므로 신용카드발행세액공제액이 많다고 해서 무조건 환급받을 수 없습니다.

# 부가가치세, 전자신고로 실수 없이 간편하게!

이제 부가가치세에 대해 자세히 알게 되었어요. 그럼 실제 신고는 어떻게 하면 될까요?

부가가치세를 신고하는 방법은 여러 가지가 있지만, 저는 국세청 홈택스 홈페이지를 통한 전자신고를 추천해요. 실수를 미연에 방지하고 빠르게 진행할 수 있거든요. 신고 후에 접수증이 화면에 떴다면 정상적으로 신고된 것이니 안심하세요.

## 부가가치세 신고, 더 편하고 간편하게

부가가치세 신고는 전자신고를 적극적으로 권해드립니다. 직접 계산해 신고하는 것보다 계산이 훨씬 간편하고, 오류도 줄일 수 있기 때문이죠.
국세청 홈페이지에 업종별 신고 시뮬레이션이 있으니 참고하시기 바랍니다. 국세청 홈페이지에 접속한 뒤 [성실신고지원]→ [부가가치세]→ [주요서식 작성사례]를 클릭하면 쉽게 신고할 수 있습니다.

## 전자신고로 간이과세자 부가가치세 신고하기

자, 이 책에서는 전자신고로 간이과세자가 부가가치세를 신고하는 방법을 함께 알아보도록 하겠습니다. 간이과세자는 매년 1월이 부가가치세 신고 기간입니다.

신고 기간에 홈택스에 접속한 뒤 [신고/납부]→ [부가가치세]→ [간이과세자]→ [정기신고]를 클릭합니다.

신고 기간과 신고 구분을 확인하고 사업자등록번호를 입력한 뒤 [확인]을 클릭하면 사업자 세부 사항이 조회됩니다. 사업자 내용을 확인하고 이상이 없으면 [저장 후 다음 이동]을 클릭합니다.

실제로 사업하고 있는 업종을 클릭합니다. 이때 업종이 하나이고 세금계산서와 신용카드공제만 있는 사업자라면 간편신고 대상자입니다. 여기서는 간편신고가 아닌 일반신고를 예로 들어보겠습니다.

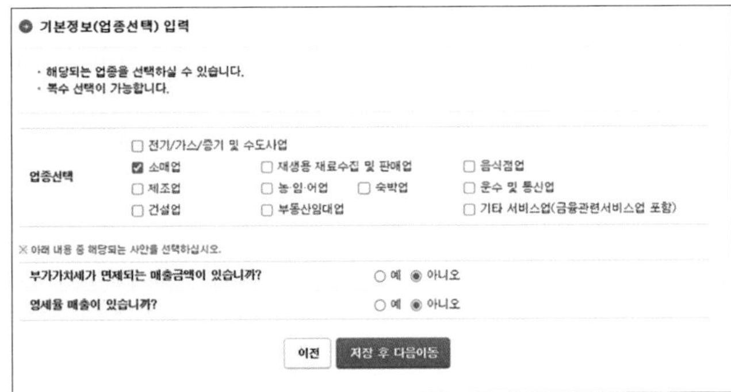

신고 내용이 다음과 같이 나옵니다. 과세표준 및 매출세액, 공제세액, 가산세 옆의 [작성하기]를 클릭한 뒤 직접 입력합니다.

**신고내용**

과세표준 및 매출세액(단위:원) 작성하기

| 항목 | | 금액 | 부가가치율 | 세율 | 세액 |
|---|---|---|---|---|---|
| 전기 · 가스 · 증기 및 수도사업 | (1) | 0 | 5/100 | 10/100 | 0 |
| 소매업, 재생용 재료수집 및 판매업, 음식점업 | (2) | 0 | 10/100 | 10/100 | 0 |
| 제조업, 농 · 임 · 어업, 숙박업, 운수 및 통신업 | (3) | 0 | 20/100 | 10/100 | 0 |
| 건설업, 부동산임대업, 그 밖의 서비스업 | (4) | 0 | 30/100 | 10/100 | 0 |
| 영세율 적용분 | (5) | 0 | | 0/100 | |
| 재고납부세액 | (6) | | | | 0 |
| 합계 | (7) | 0 | | ㉮ | 0 |

가산세(단위:원) 작성하기

| 항목 | | 금액 | 세율 | 세액 |
|---|---|---|---|---|
| 미등록 및 거짓등록 가산세 | (17) | 0 | 5/1,000 | 0 |
| 신고불성실 무신고(일반) | (18) | 0 | 20/100 | 0 |
| 신고불성실 무신고(부당) | (19) | 0 | 40/100 | 0 |
| 신고불성실 과소신고(일반) | (20) | 0 | 10/100 | 0 |
| 신고불성실 과소신고(부당) | (21) | 0 | 40/100 | 0 |
| 납부불성실 가산세 | (22) | 0 | 납부지연일수 1일당 25/100,000 | 0 |
| 결정·경정기관 확인 매입세액 공제 가산세 | (23) | 0 | 1/100 | 0 |
| 영세율 과세표준 신고불성실 가산세 | (24) | 0 | 5/1,000 | 0 |
| 매입자납부특례 거래계좌 미사용 | (25) | 0 | 10/100 | 0 |
| 매입자납부특례 거래계좌 지연입금 | (26) | 0 | 입금지연일수 1일당 25/100,000 | 0 |
| 합계 | (27) | 0 | ㉲ | 0 |

먼저 과세표준과 매출세액부터 입력합니다. 이때 신용카드와 현금영수증을 합한 매출액은 '신용카드_현금영수증 발행금액'에, 증빙자료가 없는 현금 매출액은 '기타(정규영수증 외) 금액'에 입력합니다.

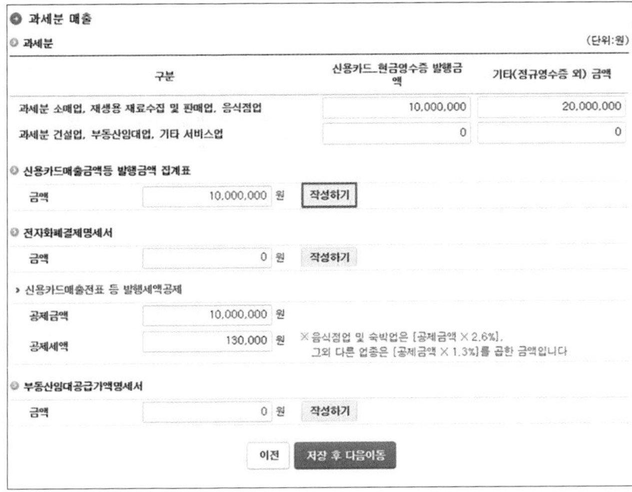

과세분 매출

과세분 (단위:원)

| 구분 | 신용카드_현금영수증 발행금액 | 기타(정규영수증 외) 금액 |
|---|---|---|
| 과세분 소매업, 재생용 재료수집 및 판매업, 음식점업 | 10,000,000 | 20,000,000 |
| 과세분 건설업, 부동산임대업, 기타 서비스업 | 0 | 0 |

신용카드매출금액등 발행금액 집계표

금액 10,000,000 원 작성하기

전자화폐결제명세서

금액 0 원 작성하기

› 신용카드매출전표 등 발행세액공제

공제금액 10,000,000 원

공제세액 130,000 원 ※음식점업 및 숙박업은 [공제금액 × 2.6%],
그외 다른 업종은 [공제금액 × 1.3%]를 곱한 금액입니다

부동산임대공급가액명세서

금액 0 원 작성하기

이전 저장 후 다음이동

신용카드 매출액 등 발행금액 집계표를 작성합니다. 이때 신용카드 전표 등의 발행세액공제를 계산하여 입력합니다. 음식 · 숙박업은 신용카드와 현금영수증 매출액의 2.6% 세액공제가 가능하며, 그 밖의 업종은 1.3% 세액공제가 가능합니다.

신용카드 매출전표등 발행금액집계표

도움말

· 최종소비자를 대상으로 하는 소매업, 음식업, 숙박업 등을 영위하는 사업자가 신용카드 매출전표를 발행한 경우 작성합니다.

※ 신용카드매출전표, 현금영수증 발행금액은 부가가치세를 포함한 금액으로 입력해야 합니다.

· 결제대행(택시, 이니시스, kcp 등) 사업자를 통해 결제한 신용카드• 선불전자지급수단 등 매출 자료는 제공되지 않으므로 해당 업체에 직접 확인하시기 바랍니다.

(단위: 원)

| 구분 | 신용 · 직불 · 기명식 선불카드 | 현금영수증 | 직불 · 기명식 선불전자지급수단 | 합계 |
|---|---|---|---|---|
| 합계 | 7,000,000 | 3,000,000 | 0 | 10,000,000 |
| 과세매출분 | 7,000,000 | 3000000 | | 10,000,000 |
| 면세매출분 | | | | 0 |
| 봉사료 | | | | 0 |

※ 발행금액조회 버튼을 클릭하시면 신고기간에 해당하는 신용 · 직불 · 기명식선불카드 발행내역을 조회할 수 있습니다.

신용 · 직불 · 기명식선불 카드 매출총액 발행내역조회 현금영수증 매출총액 발행내역조회

신용카드 매출전표 등 발행금액 중 세금계산서(계산서) 발급내역

※ 신용카드나 현금영수증 매출분 중 세금계산서(계산서)를 교부한 경우 아래의 항목에 입력하십시오. (단위: 원)

| 세금계산서 발급금액 | 계산서 발급금액 |
|---|---|
| 0 | |

이전 입력완료

매출액 신고가 끝났다면 공제세액 부분을 입력합니다.

공제세액(단위: 원) 작성하기

| 항목 | | 금액 | 부가가치율 | 세율 | 세액 |
|---|---|---|---|---|---|
| 매입세금계산서 등 수취세액공제 | (8) | 0 | | | 0 |
| 의제매입세액공제 | (9) | 0 | | | 0 |
| 매입자발행세금계산서 세액공제 | (10) | 0 | | | 0 |
| 전자신고세액공제 | (11) | | | | 0 |
| 신용카드매출전표 등 발행세액공제 | (12) | 0 | | | 0 |
| 기타 | (13) | 0 | | | 0 |
| 합계 | (14) | | | ⑭ | 0 |
| 매입자 납부특례 기납부세액 | (15) | | | ⑮ | 0 |
| 예정고지(신고)세액<br>※ 예정 신고(고지) 내역이 있는 경우 입력 | (16) | | | | 0 |

세금계산서와 신용카드로 구입한 내역이 있다면 [작성하기]를 클릭합니다. 그리고 매입세액 합계 옆쪽에 있는 [계산하기]를 클릭한 뒤 '매입세액×업종의 부가율'을 직접 계산해 입력합니다.

**매입세금계산서등 수취세액 공제** (단위:원)

| 구분 | | 금액 | 세액 |
| --- | --- | --- | --- |
| 매입처별 세금계산서 합계표 | 작성하기 | 2,000,000 | 200,000 |
| 신용카드매출전표 수령금액합계표 | 작성하기 | 3,000,000 | 300,000 |
| 공제받지 못할 매입세액 | | | 0 |
| 매입세액 합계 | 계산하기 | 500,000 | 50,000 |

※ 업종이 2개 이상이거나 면세수입금액이 있는 경우 "계산하기" 버튼을 클릭하여 공제세액을 계산하시기 바랍니다.

**매입처별 계산서합계표**

※ 면세사업자로부터 수취한 매입계산서를 한 건씩 직접 입력하는 경우 "작성하기" 버튼을 클릭하시고, **전산매체 제출용**으로 생성한 계산서 합계표 자료가 있는 경우 "변환페이지이동" 버튼을 클릭하십시오.

| 금액 | 0 원 | 작성하기 |
| --- | --- | --- |

이전 저장 후 다음이동

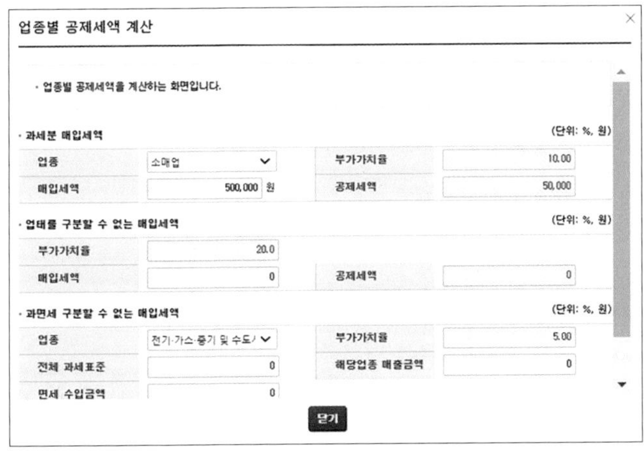

**업종별 공제세액 계산**

· 업종별 공제세액을 계산하는 화면입니다.

· 과세분 매입세액 (단위: %, 원)

| 업종 | 소매업 | 부가가치율 | 10.00 |
| --- | --- | --- | --- |
| 매입세액 | 500,000 원 | 공제세액 | 50,000 |

· 업태를 구분할 수 없는 매입세액 (단위: %, 원)

| 부가가치율 | 20.0 | | |
| --- | --- | --- | --- |
| 매입세액 | 0 | 공제세액 | 0 |

· 과면세 구분할 수 없는 매입세액 (단위: %, 원)

| 업종 | 전기·가스·증기 및 수도 | 부가가치율 | 5.00 |
| --- | --- | --- | --- |
| 전체 과세표준 | 0 | 해당업종 매출금액 | 0 |
| 면세 수입금액 | 0 | | |

닫기

수입금액 명세서를 입력합니다.

◎ 수입금액 명세(단위:원) 작성하기

| 과세표준명세금액 | 30,000,000 원 | 면세사업수입금액 | 0 원 |
|---|---|---|---|

◎ 국세환급금 계좌신고(단위:원)

| 거래은행 | 해당없음 | 계좌번호 | ('-' 는 제외하고 입력하십시오) |
|---|---|---|---|

이전 | 저장 후 다음이동

[작성하기]를 클릭한 뒤 다음과 같이 과세표준 명세금액을 입력합니다.

◎ 과세표준명세

- 업종별 과세표준명세내역을 입력하는 화면입니다.
- 매출금액을 업종별로 구분하여 입력하십시오.

아래 입력사항에서 입력한 금액의 합계는
이미 작성한 매출금액의 합계 30,000,000 와 일치하여야 합니다.

( 단위 : 원 )

| 업종코드 | | 업태 | 종목 | 금액 |
|---|---|---|---|---|
| 701201 | 코드조회 | 부동산업 | 비주거용 건물 임대업(점포, 자기땅) | |
| 525101 | 코드조회 | 도매 및 소매업 | 전자상거래 소매업 | 30,000,000 |
| | 코드조회 | | | |
| | 코드조회 | | | |
| 701201 | | 기타금액(수입금액 제외분) | | |
| | | 합계 | | 30,000,000 |

※ 2개 이상의 업종이 있는 경우에는 업종코드를 조회하여 추가 또는 정정 하십시오.
기타(수익금액제외)란에는 부가가치세는 과세되나 소득세 과세 시 수입금액에서 제외되는 금액(고정자산매각, 직매장공급 등)을 기재합니다.

※ 부동산임대업자가 임차인으로부터 전기료, 수도료 등 공과금을 수취하여 납부하는 경우 그 금액은 "기타(수입금액제외)"란에 입력해야 합니다.
부동산임대업중의 간주임대료(보증금이자)는 수입금액에 포함하여 작성하여야 합니다

이전 | 저장 후 다음이동

아래의 과세표준 및 매출세액의 합계액과 위의 업종코드의 매출금액이 일치해야 합니다.

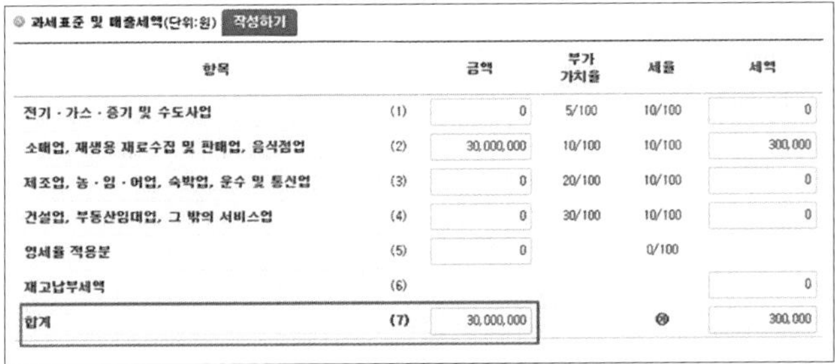

과세표준 및 매출세액(단위:원) 작성하기

| 항목 | | 금액 | 부가가치율 | 세율 | 세액 |
|---|---|---|---|---|---|
| 전기·가스·증기 및 수도사업 | (1) | 0 | 5/100 | 10/100 | 0 |
| 소매업, 재생용 재료수집 및 판매업, 음식점업 | (2) | 30,000,000 | 10/100 | 10/100 | 300,000 |
| 제조업, 농·임·어업, 숙박업, 운수 및 통신업 | (3) | 0 | 20/100 | 10/100 | 0 |
| 건설업, 부동산임대업, 그 밖의 서비스업 | (4) | 0 | 30/100 | 10/100 | 0 |
| 영세율 적용분 | (5) | 0 | | 0/100 | |
| 재고납부세액 | (6) | | | | 0 |
| 합계 | (7) | 30,000,000 | | ⑧ | 300,000 |

신고 내용 요약을 확인한 뒤 틀린 부분이 없다면 [신고서 제출하기]를 클릭합니다.

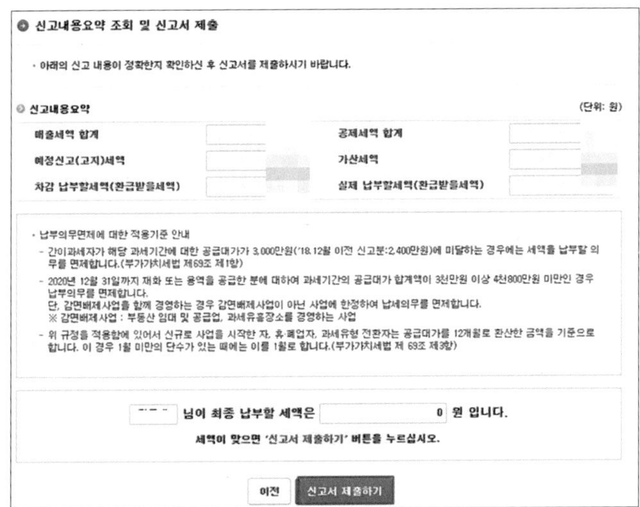

신고내용요약 조회 및 신고서 제출

· 아래의 신고 내용이 정확한지 확인하신 후 신고서를 제출하시기 바랍니다.

신고내용요약 (단위: 원)

| | | | |
|---|---|---|---|
| 매출세액 합계 | | 공제세액 합계 | |
| 예정신고(고지)세액 | | 가산세액 | |
| 차감 납부할세액(환급받을세액) | | 실제 납부할세액(환급받을세액) | |

· 납부의무면제에 대한 적용기준 안내
- 간이과세자가 해당 과세기간에 대한 공급대가가 3,000만원('18.12월 이전 신고분:2,400만원)에 미달하는 경우에는 세액을 납부할 의무를 면제합니다.(부가가치세법 제69조 제1항)
- 2020년 12월 31일까지 재화 또는 용역을 공급한 분에 대하여 과세기간의 공급대가 합계액이 3천만원 이상 4천800만원 미만인 경우 납부의무를 면제합니다.
단, 감면배제사업을 함께 경영하는 경우 감면배제사업이 아닌 사업에 한정하여 납세의무를 면제합니다.
※ 감면배제사업 : 부동산 임대 및 공급업, 과세유흥장소를 경영하는 사업
- 위 규정을 적용함에 있어서 신규로 사업을 시작한 자, 휴·폐업자, 과세유형 전환자는 공급대가를 12개월로 환산한 금액을 기준으로 합니다. 이 경우 1월 미만의 단수가 있는 때에는 이를 1월로 합니다.(부가가치세법 제 69조 제3항)

님이 최종 납부할 세액은 0 원 입니다.

세액이 맞으면 '신고서 제출하기' 버튼을 누르십시오.

이전 신고서 제출하기

다음과 같이 신고서 접수증이 나오면 정상적으로 신고가 끝난 것입니다.

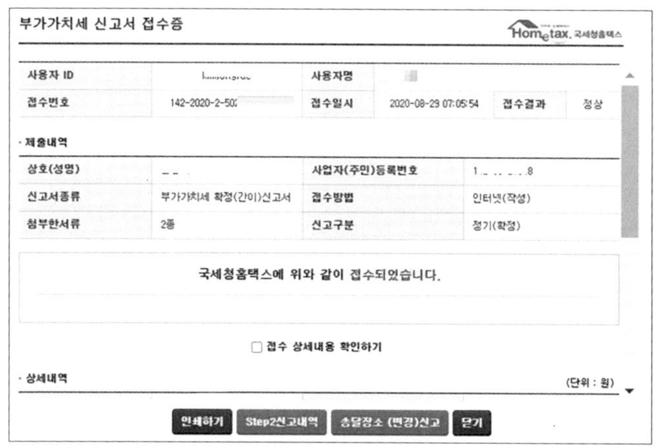

부가가치세 신고서 접수증

Hometax. 국세청홈택스

| 사용자 ID | | 사용자명 | | | |
|---|---|---|---|---|---|
| 접수번호 | 142-2020-2-50 | 접수일시 | 2020-08-29 07:05:54 | 접수결과 | 정상 |

· 제출내역

| 상호(성명) | | 사업자(주민)등록번호 | 1 8 |
|---|---|---|---|
| 신고서종류 | 부가가치세 확정(간이)신고서 | 접수방법 | 인터넷(작성) |
| 첨부한서류 | 2종 | 신고구분 | 정기(확정) |

국세청홈택스에 위와 같이 접수되었습니다.

☐ 접수 상세내용 확인하기

· 상세내역 (단위 : 원)

인쇄하기 Step2신고내역 송달장소 (변경)신고 닫기

## 부가가치세 신고 시 주의할 점

일반과세자의 경우 부가가치세를 뺀 금액(이를 '공급가액'이라고 합니다)을 기재하여 매출액을 신고해야 하는 반면, 간이과세자의 경우 부가가치세를 포함한 금액(이를 '공급대가'라고 합니다)을 매출액으로 신고해야 합니다. 예를 들어, 온라인 쇼핑몰 의류 사업을 하는 사장님의 신용카드 매출이 1,000만 원이라면 일반과세자의 과세표준금액은 부가가치세를 뺀 9,090,909원, 간이과세자의 과세표준금액은 1,000만 원이 됩니다.

과세표준 및 매출세액 (단위:원)

| 항목 | | 금액 | | 세율 | 세액 |
|---|---|---|---|---|---|
| 과세 세금계산서 발급분 | (1) | 0 | 작성하기 | 10 / 100 | 0 |
| 과세 매입자발행 세금계산서 | (2) | 0 | | 10 / 100 | 0 |
| 과세 신용카드 · 현금영수증 발행분 | (3) | 9,090,909 | 작성하기 | 10 / 100 | 909,090 |
| 과세 기타(정규영수증 외 매출분) | (4) | 0 | 작성하기 | 10 / 100 | 0 |
| 영세율 세금계산서 발급분 | (5) | 0 | 작성하기 | 0 / 100 | |
| 영세율 기타 | (6) | 0 | 작성하기 | 0 / 100 | |
| 예정신고 누락분 | (7) | 0 | 작성하기 | | 0 |
| 대손세액 가감 | (8) | | 작성하기 | | 0 |
| 합계 | (9) | 9,090,909 | | ㉮ | 909,090 |

▲ 일반과세자

신고내용

과세표준 및 매출세액(단위:원) 작성하기

| 항목 | | 금액 | 부가 가치율 | 세율 | 세액 |
|---|---|---|---|---|---|
| 전기 · 가스 · 증기 및 수도사업 | (1) | 0 | 5/100 | 10/100 | 0 |
| 소매업, 재생용 재료수집 및 판매업, 음식점업 | (2) | 0 | 10/100 | 10/100 | 0 |
| 제조업, 농 · 임 · 어업, 숙박업, 운수 및 통신업 | (3) | 0 | 20/100 | 10/100 | 0 |
| 건설업, 부동산임대업, 그 밖의 서비스업 | (4) | 10,000,000 | 30/100 | 10/100 | 300,000 |
| 영세율 적용분 | (5) | 0 | | 0/100 | |
| 재고납부세액 | (6) | | | | 0 |
| 합계 | (7) | 10,000,000 | | ㉮ | 300,000 |

▲ 간이과세자

## 적극 활용하자! 부가가치세 신고 도움 서비스

부가가치세를 신고할 때 업종 평균 부가율과 신고 부가율의 변동 내역을 확인해보는 것이 좋습니다. 예전에는 국세청에서 업종별 부가율을 안내하는 책자를 발간했는데, 많은 사람이 실제 사업 내용대로가 아니라 책자에 적힌 부가율을 보고 신고를 해 더 이상 발간하지 않고 있습니다.

부가율 계산 방법은 다음과 같습니다.

**부가율=(매출액-매입액)/매출액×100**

예를 들어, 커피숍을 운영하는 A사장님의 부가율이 30인데, 국세청에 누적된 다른 커피숍 사장님들의 부가율이 평균 40이라면, 국세청은 30인 곳을 눈여겨봅니다. 부가가치세를 적게 신고하고 있다고 오해할 수도 있는 것이죠. 그래서 혹시 모를 상황을 대비하기 위해 사장님의 실제 부가율과 업종별 부가율의 변동 내역을 찾아보는 것이 좋습니다. 여기서 부가율은 사장님이 받은 부가가치세 신고 안내문이나 홈택스로 전자신고 시 안내되는 '신고도움서비스'를 참고하여 신고하시면 됩니다.

여기서 매입액은 일반적으로 사장님이 거래처로부터 받은 세금계산서만 해당되고, 인건비 등은 해당되지 않습니다. 일시적인 고정자산 매출 및 매입 관련 금액도 부가율 산정 시 제외됩니다.

다시 한 번 말씀드리지만, 부가율이 튀면 아무래도 국세청의 눈에 띄여 사후 검증 대상자나 조사 대상자로 선정될 수도 있습니다. 업종 평균보다 부가율이 낮다는 것은 재고 누적 등 특별한 사유가 없는 한, 매출을 누락했거나 가공세금계산서로 매입을 과대하게 계산한 것으로 추정되기 때문이죠. 하지만 신고 내역이 사실이라면 걱정할 것 없겠죠?

## 사후검증 안내문을 받았다면?

국세청은 「과세 자료 수집 및 제출에 관한 법률」의 시행과 신용카드 사용 활성화, 현금영수증제도, 고액현금거래보고제도 등으로 다양하게 수집된 자료를 바탕으로 신고성실도 분석을 하고 있습니다.

사업자별로 신고한 추세와 신고한 소득에 비해 부동산 등 재산 취득 상황은 어떤지, 동업자에 비해 부가율 및 신용카드 매출액 비율은 어떤지, 신고 내용과 세금계산서 합계표의 내용은 일치하는지 등을 종합적으로 분석해 사후 검증 대상자를 선정하고 있습니다. 자주 언급되는 부가가치세 사후 검증 유형은 현금 매출 누락, 매입세액 부당 공제, 부당 환급 신고 행위 등이 있습니다.

다음은 국세청에서 공개한 주요 사후 검증 추징 사례입니다.

- **법무사 사무소를 운영하는 A씨는 일반 개인 등 비사업자가 수임 의뢰한 사건은 노출되지 않는다는 점을 악용하여 이들로부터 현금을 받고 부가가치세 신고를 하지 않았다. 국세청은 A씨가 등기 신청 등을 대행하고 받은 수임 수수료 가운데 일부 현금 수수료를 신고하지 않고 있다는 현장 정보를 수집해 부가가치세를 징수했다.**
- **변호사 B씨는 출퇴근과 업무용으로 사용하는 승용차의 구입비와 유류비 등 유지·관리비와 관련한 매입세액을 공제받았다. 그러나 부가가치세법에 따르면 운수업, 자동차임대업, 운전학원업을 제외한 기타 업종의 사업자는 개별소비세 과세 대상 자동차의 유지·관리비에 대한 매입세액이 공제되지 않는다. 국세청은 B씨의 비영업용 승용차 구입 자료와 신용카드 전표 등 수령금액 합계표를 정밀 분석해 구입비와 유지·관리비에 대한 매입세액 부당공제를 확인했다.**
- **오피스텔 임대사업자 C씨는 신축 오피스텔을 구입한 뒤 건물 매입 대금의 10%를 매입세액으로 신고해 부가가치세를 환급받았다. 그러나 오피스텔은 사업용으로 임대해야 부가가치세를 환급받을 수 있다. C씨는 이를 면세인 주거용으로 임대하고 부가가치세 신고 때는 매출이 없는 것으로 허위 신고한 것이다. 국세청은 현장 정보 수집과 기획 분석을 통해 관련 사실을 확인하고 C씨가 부당하게 환급받은 부가가치세를 추징했다.**

부가가치세를 신고할 때 다음과 같은 사업자에게 지출한 매입에 대해 매입세액공제를 받으면 사후검증 안내문을 받게 될 수도 있습니다.

1. 간이 · 면세사업자
2. 영수증 교부 대상인 여객운송업자
3. 유흥주점, 골프장과 같이 접대성 경비
4. 동일 거래에 대해 신용카드 전표와 세금계산서 항목으로 이중 공제

사후검증 안내문을 받았더라도 부가가치세 수정신고를 하면 되니 너무 무서워하지 않으셔도 됩니다. 세무공무원들도 일반 납세자들이 이 부분을 헷갈려한다는 것을 충분히 공감합니다.

### 폐업해도 부가가치세를 신고해야 할까?

영업이 잘 되지 않아 사업을 계속 하고 싶지 않다면 사업자등록증을 반납하고 폐업 신고를 해야 합니다. 폐업을 하고 나서는 부가가치세와 소득세를 신고 · 납부해야 합니다. 부가가치세는 폐업일이 속하는 과세 기간의 개시일부터 폐업일까지의 실적에 대해 폐업한 다음 달 25일까지, 소득세는 폐업한 다음 해 5월에 신고 · 납부해야 하죠.

예를 들어, 일반과세자가 2020년 5월 7일에 폐업했다면 1월 1일부터 5월 7일 사이의 실적에 대해 2020년 6월 25일까지 부가가치세를 신고 · 납부해야 하고, 2021년 5월에 소득세를 신고 · 납부해야 합니다.

부가가치세의 경우 대부분 폐업 신고를 하면서 부가가치세를 동시에 신고 · 납부하기 때문에 놓치는 사장님이 거의 없지만, 소득세의 경우 폐업한 다음 해에 신고 · 납부해야 하기 때문에 놓치는 사장님이 많습니다. 반드시 사업 관련 자료를 잘 보관하고 있다가 까먹지 말고 신고 · 납부하시기 바랍

니다.

이때 주의할 점은, 폐업할 때 잔존재화(남아 있는 재고자산, 유형자산, 고정자산)에 대한 부가가치세 문제를 확인해야 한다는 것입니다. 폐업 시 재고가 남아 있는 경우, 세법은 이 재고자산을 자기가 쓴 것으로 보고(간주공급) 부가가치세를 과세하기 때문이죠. 만약 폐업 시 남아 있는 상품 가격이 500만 원이라면 500만 원의 10%인 50만 원을 납부해야 합니다. 따라서 실제로 남아 있는 재화에 대해 부가가치세를 납부하고 싶지 않다면 재고 자산을 모두 처분한 뒤 폐업할 것을 권합니다.

# 3부

개인사업자를 위한
세금 완전 정복 ②

# 종합소득세

# 소득이 발생했다면 세금은 당연히!

소득이 있으면 세금을 내야 한다는 사실은 잘 알겠는데 어떤 기준으로 신고해야 하는지 잘 모르겠어요.

5월이 되면 세무서에서 신고 대상자들에게 소득세 신고 안내문을 발송해요. 이 안내문을 받으면 스스로 신고하고 납부해야 합니다. 세무대리인에게 맡기는 경우도 있지만, 소액 납세자라면 스스로 해보세요. 그리 어렵지 않답니다.

### 종합소득세, 누가 신고해야 하는 걸까?

종합소득세 확정 신고 대상자가 되면 소득세 신고 안내문을 받게 됩니다. 사업자등록을 한 사람과 종합소득을 합산해 신고해야 하는 사람에게 문자 메시지나 우편으로 안내문이 발송되죠. 이때, 고지서가 아닌 안내문이 나간다는 사실을 기억해두세요. 소득세는 스스로 신고·납부(또는 환급)해야 하거든요.

안내문을 받은 납세자들은 이런 질문을 하곤 합니다.

"기타소득금액이 얼마 되지 않는데, 꼭 신고해야 하나요?"

"프리랜서라 3.3% 세금을 떼고 돈을 받았는데, 신고해야 하나요?"

"직장인인데 아르바이트를 해서 소득이 조금 생겼어요. 이런 경우에도 신고해야 하나요?"

사업을 하시는 분들, 또 다음과 같이 소득이 여러 곳에서 발생하는 경우라면 반드시 5월에 소득세 신고를 해야 합니다.

- 2인 이상으로부터 받는 근로소득·공적연금소득·퇴직소득 또는 연말정산 대상 사업소득이 있는 경우(주된 근무지에서 종전 근무지 소득을 합산하여 연말정산에 의하여 소득세를 납부함으로써 확정 신고 납부할 세액이 없는 경우 제외)
- 원천징수 의무가 없는 근로소득 또는 퇴직소득이 있는 경우
- 연말정산을 하지 아니한 경우

단, 다음과 같은 경우는 소득세 신고를 하지 않아도 됩니다.

- 근로소득만 있는 사람으로서 연말정산을 한 경우
- 직전 과세 기간의 수입금액이 7,500만 원 미만이고, 다른 소득이 없는 보험모집인·방문판매원 및 계약 배달 판매원의 사업소득으로서 소속 회사에서 연말정산을 한 경우
- 퇴직소득과 연말정산 대상 사업소득만 있는 경우
- 비과세 또는 분리과세되는 소득만 있는 경우
- 연말정산한 종교인소득(기타소득)만 있는 경우
- 연 300만 원 이하인 기타소득이 있는 자로서 분리과세를 원하는 경우 등

## 부업을 하고 있다면 종합소득세 신고는?

부업을 하고 있다면 사업소득이 발생하기 때문에 소득세 신고를 해야 합니다. 그런데 부업을 하고 있다는 사실이 회사에 알려질까 두렵다고 말씀하시는 분들이 많습니다. 5월에 근로소득과 부업으로 인해 발생한 사업소득을 합해 신고를 잘한다면, 세무서에서 개인적으로나 회사에 연락할 일이 없으니 걱정하실 필요 없습니다.

### 종합소득세를 과세하는 세 가지 방법

이미 세금을 떼고 돈을 받았는데 왜 또 종합소득세를 신고해야 하느냐고 물어보시는 납세자들이 많습니다. 종합소득세를 과세하는 방법은 세 가지(종합과세, 분리과세, 분류과세)가 있기 때문입니다.

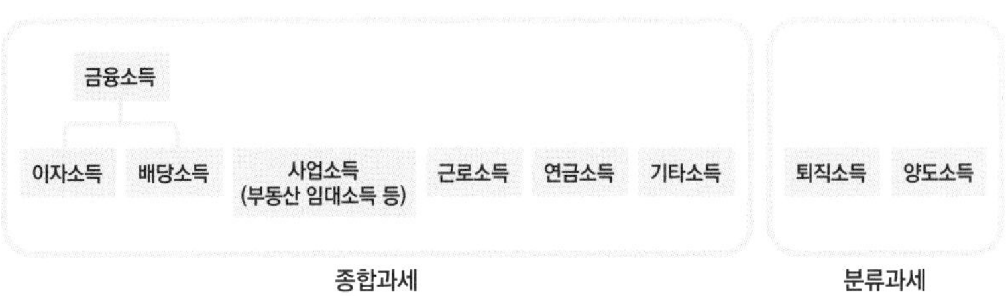


만약 회사에 다니면서 임대소득을 얻고 있고, 프리랜서 사업소득과 기타소득이 같이 있다면 두 소득을 합해 5월에 종합소득세를 신고해야 합니다. 5월에 진행하는 종합소득세 신고는 1년 동안 개인이 벌어들인 모든 소득에 대해 '종합'하여 신고하는 종합과세 방법입니다. 여기에 해당하는 소득으로는 이자·배당소득, 근로소득, 사업소득, 연금소득, 기타소득이 있습니다. 다만, 이자·배당소득, 연금소득, 기타소득 중에 종합과세를 하지 않는 경우도 있습니다. 다음 소득에 대해서는 세금을 떼고(원천징수) 소득을 받기 때문에 별도로 소득세 신고를 하지 않아도 됩니다.

▼ 종합소득세 미신고 기준

| 구분 | 기준 |
|---|---|
| **이자·배당소득** | 합산 소득 2,000만 원 이하 |
| **연금소득** | 사적연금: 소득금액 1,200만 원 이하<br>(공적연금: 무조건 종합과세) |
| **기타소득** | 300만 원 이하 |

이와 같이 원천징수된 소득은 다시 종합소득세 계산 구조에 포함시킬 필요가 없다는 의미에서 '분리과세'를 한다고 생각하시면 됩니다. 기타소득금액이 300만 원 이하인 경우, 종합합산과세해서 신고했을 때와 분리과세해서 신고했을 때를 비교해 유리한 쪽으로 신고하면 됩니다.

### 부동산을 양도하거나 퇴직했다면?

양도소득과 퇴직소득은 분류과세 방식으로 해당 소득이 발생할 때마다 법정 신고 납부 기한까지 신고·납부해야 합니다. 양도소득은 양도한 달의 말일로부터 2개월 안에 자진신고·납부를 해야 하고, 퇴직소득은 일한 회사에서 신고·납부해주기 때문에 개인적으로 신고할 필요가 없습니다.

### 종합소득세 신고·납부 기간

종합소득세 신고 대상자가 된다면 다음 해 5월 1일부터 5월 31일까지 종합소득세를 신고·납부해야 합니다. 다만, 성실신고 대상자는 성실신고확인서를 제출하는 경우, 다음 해 6월 30일까지 신고·납부가 가능합니다.
이때 초보 사장님들이 혼란스러워하시는 것은 11월에 받는 중간예납고지서입니다. 부가가치세는 예정고지서를 받으면 당연히 내는 것이라고 생각하시지만, 11월에 중간예납고지서를 받으면 5월에 확정 신고를 할 건데 왜 고지서가 나오는 것이냐고 물어보시는 분들이 많습니다. 그러면 저는 소득세 신고는 1년에 1회, 납부는 2회라고 설명드립니다.

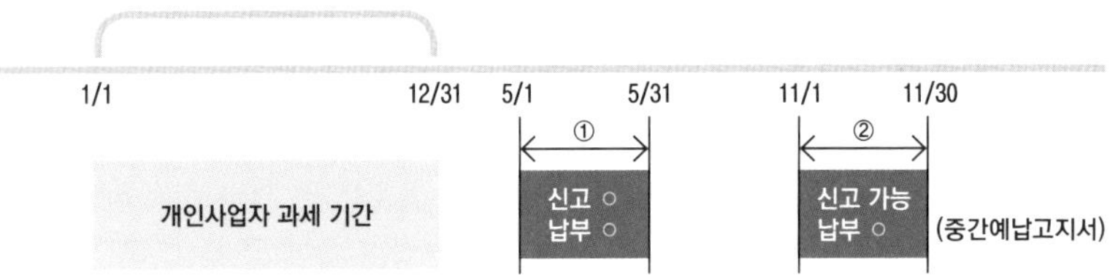


지난해 대비 상반기 실적이 좋지 않다면, 상반기 종합소득금액에 대한 소득세액이 중간 예납기준액의 30%에 미달한다면, 그 내용대로 신고·납부하면 됩니다. 여기서 세무서 언니가 알려주는 꿀팁! 종합소득세 중간예납고지서 금액을 납부하지 않으면 부가가치세 예정고지와 마찬가지로 가산세가 부과되니 실적이 좋지 않다면 중간예납 신고를 하시기 바랍니다.

원칙적으로 종합소득이 있는 거주자와 종합과세되는 비거주자는 소득세 중간예납 대상자이나 다음의 경우는 중간예납 납부 대상에서 제외됩니다.

▼ 종합소득세 중간예납 납부 제외 대상 (2020년 11월 기준)

| | |
|---|---|
| **신규 사업자** | 2020년 1월 1일 기준 사업자가 아닌 자로서 2020년 중 신규로 사업을 개시한 사람 |
| **휴·폐업자** | 2020년 6월 30일 이전 휴·폐업자<br>2020년 6월 30일 이후 폐업자 중 수시자납 또는 수시부과한 경우 |
| **다음의 소득만 있는 사람** | 이자소득·배당소득·근로소득·연금소득 또는 기타소득 |
| | 사업소득 중 속기, 타자 등 세무 지원 서비스업에서 발생하는 소득 |
| | 저술가, 화가, 배우, 가수, 영화감독, 연출가, 촬영사 등 |
| | 직업선수, 코치, 심판 등 |
| | 독립된 자격으로 보험 가입자 모집, 증권 매매 권유, 저축 권장 또는 집금 등을 하고 그 실적에 따라 모집수당·권장수당·집금수당 등을 받는 사람 |

| | |
|---|---|
| **다음의 소득만 있는 사람** | (후원)방문판매에 따른 판매수당 등을 받는 사람(2019년 귀속분 사업소득 연말정산을 한 경우에 한함) |
| | 주택조합 또는 전환정비사업조합의 조합원이 영위하는 공동사업에서 발생하는 소득 |
| **납세조합 가입자** | 납세조합이 중간예납 기간 중(2020.1.1~6.30)에 해당 조합원의 소득세를 매월 원천징수하여 납부한 경우 |
| **부동산매매업자** | 중간예납 기간 중(2020.1.1~6.30)에 매도한 토지 또는 건물에 대하여 토지 등 매매차익예정신고·납부세액이 중간예납 기준액의 2분의 1을 초과하는 경우 |
| **소액부징수자** | 중간예납세액이 30만 원 미만인 경우 |

## 성실신고 확인 대상자는 누구?

성실신고확인제도는 사업자가 종합소득세 신고 시 장부 기장 내용 등의 정확성을 세무대리인으로부터 확인받은 후 성실신고확인서를 제출하도록 하는 제도입니다. 성실신고 확인 대상자는 고소득 자영업자를 대상으로 하며, 연 수입금액이 다음과 같을 경우 성실신고 확인 대상자가 됩니다.

▼ 성실신고 확인 대상자 기준

| 업종 | 연 수입금액(매출) | |
|---|---|---|
| | 2017년까지 | 2018년 이후 |
| ㉮ 농·어업, 광업, 도소매, 부동산매매 등 | 20억 원 | 15억 원 |
| ㉯ 제조, 음식·숙박, 운수, 출판·방송업, 금융보험, 상품중개 등 | 10억 원 | 7억 5,000만 원 |
| ㉰ 부동산임대, 교육서비스, 보건, 사회복지, 예술스포츠, 기타 개인 서비스업 등 | 5억 원 | 5억 원 |

많은 분들이 이 기준금액을 기준으로 개인사업자에서 법인사업자로의 전환을 고민하십니다. 참고로 2018년부터 성실신고 확인 대상자가 개인사업자에서 법인으로 전환 시 3년간 소규모 법인 성실신고 대상자가 됩니다. 소규모 법인의 요건은 다음 세 가지를 모두 충족하는 경우입니다.

**① 해당 사업연도의 상시 근로자가 5인 미만인 경우**
**② 지배주주 및 특수 관계자 지분 합계가 전체의 50%를 초과하는 경우**
**③ 부동산임대업을 주업으로 하거나, 부동산 등 권리 대여, 이자, 배당소득 합계가 매출액의 70% 이상인 경우**

## 전자신고가 유리한 종합소득세 신고

매년 5월은 종합소득세 신고 기간입니다. 이 기간이 되면 전국 세무서에 종합소득세 전자신고 창구가 만들어집니다. 관할 세무서와 상관없이 가까운 세무서에 방문하면 전자신고 도움을 받을 수 있습니다. 이때 1년 동안의 매입, 매출, 경비 자료를 꼼꼼히 챙겨놨다면 쉽고 빠르게 신고할 수 있습니다. 다만, 절세를 하고 싶다면 세무대리인을 통해서나 사장님이 직접 장부를 기장해 신고하는 방법을 권합니다. 기장을 하면 기장세액공제를 받을 수 있고 그 밖에도 여러 가지 공제혜택을 받아 조금이라도 세금을 줄일 수 있기 때문이죠. 전자신고 창구를 통해 신고 업무를 도와드리는 것에는 한계가 있습니다. 추계(세법에서 정한 경비율로 적용해 계산하는 방법)로 신고하시는 분만 전자신고를 도와드릴 수 있기 때문이죠. 기장에 대해서는 이후에 더 자세히 설명하겠습니다.

# 나는 복식부기 의무자일까, 간편장부 대상자일까?

소득을 판단하려면 장부가 필요하겠죠? 저 같은 소규모 자영업자는 간편장부와 복식부기 중에서 선택할 수 있다고 들었어요. 그 둘의 차이점은 무엇인가요? 전 어떤 장부를 쓰는 것이 좋을까요?

수입 금액에 따라 작성해야 하는 장부의 종류가 달라져요. 그리고 장부를 어떻게 작성하느냐에 따라 소득세 신고 방법이 달라지죠. 장부를 작성하지 않았을 때도 종합소득세 신고가 가능해요. 지금부터 더 자세히 알아볼까요?

## 신고 방법에 따라 다른 소득금액 계산

소득세를 신고하는 방법은 크게 기장으로 신고하는 방법(11자기조정, 12외부조정, 14성실신고확인, 20간편장부)과 추계로 신고하는 방법(31추계–기준율, 32추계–단순율), 두 가지로 나눌 수 있습니다. 이 둘은 종합소득금액 계산 방식이 다릅니다.

(33쪽 중 제3쪽)

관리번호 -

( 년 귀속) 종합소득세 · 농어촌특별세 · 지방소득세 과세표준확정신고 및 납부계산서

| 거주구분 | 거주자1 /비거주자2 |
| --- | --- |
| 내 · 외국인 | 내국인1 /외국인9 |
| 외국인단일세율적용 | 여 1 / 부 2 |
| 거주지국 | 거주지국코드 |

❶ 기본사항

① 성 명 ② 주민등록번호 -

③ 주 소

④ 주소지 전화번호 ⑤ 사업장 전화번호

⑥ 휴 대 전 화 ⑦ 전자우편주소

⑧ 기 장 의 무 1 복식부기의무자 2 간편장부대상자 3 비사업자

⑨ 신 고 유 형 11 자기조정 12 외부조정 14 성실신고확인 20 간편장부 31 추계 - 기준율 32 추계 - 단순율 40 비사업자

⑩ 신 고 구 분 10 정기신고 20 수정신고 30 경정청구 40 기한후신고 50 추가신고(인정상여)

❷ 환급금 계좌신고 (2천만원 미만인 경우) ⑪ 금융기관/체신관서명 ⑫ 계좌번호

❸ 세무대리인 ⑬ 성 명 ⑭ 사업자등록번호 - - ⑮ 전화번호

⑯ 대리구분 1 기장 2 조정 3 신고 4 성실확인 ⑰ 관리번호 - ⑱ 조정반번호 -

❹ 세액의 계산

| 구 분 | | 종합소득세 | | 지방소득세 | | 농어촌특별세 |
| --- | --- | --- | --- | --- | --- | --- |
| 종합소득금액 | ⑲ | | | | | |
| 소득공제 | ⑳ | | | | | |
| 과세표준(⑲-⑳) | ㉑ | | ㊶ | | 61 | |
| 세율 | ㉒ | | ㊷ | | 62 | |
| 산출세액 | ㉓ | | ㊸ | | 63 | |

▲ 소득세 신고 및 납부계산서 예시

## 장부에 직접 작성한 내용으로 신고하는 기장

기장으로 소득세를 신고하려면 소득금액을 계산하기 위해 장부를 작성해야 합니다. 장부를 작성하는 방법으로는 간편장부와 복식부기가 있습니다. 먼저 간편장부란, 국세청이 회계 장부를 근거로 과세하기 위해 영세한 규모로 사업을 하는 개인사업자가 수입 · 지출 내용을 쉽게 작성할 수 있게 한 것으로, 국세청에서 특별히 고안한 장부를 말합니다. 수입(매출)에서 비용을 뺀 것이 소득금액이 되는 것이죠. 가계부와 양식과 비슷하죠?

### 간 편 장 부

| ① 날짜 | ② 거래 내용 | ③ 거래처 | ④ 수입(매출) | | ⑤ 비용 (원가 관련 매입 포함) | | ⑥ 고정자산 증감 | | ⑦ 비고 |
| --- | --- | --- | --- | --- | --- | --- | --- | --- | --- |
| | | | 금액 | 부가세 | 금액 | 부가세 | 금액 | 부가세 | |
| 1.15 | 문구 | 대박문고 | | | 30,000원 | 3,000원 | | | |
| 1.17 | 매출 | 이예쁨 | 50.000원 | 5,000원 | | | | | |

▲ 간편장부 예시

복식부기란, 기업의 자산과 자본의 변동 증감 상황을 대변과 차변으로 구분해 이중 기록 계산이 되게 하는 정규의 부기 형식을 갖춘 장부를 말합니다. 복식부기로 기장을 하기 위해서는 회계 지식이 어느 정도 뒷받침되어 있어야 합니다. 그래서 복식부기 대상자들은 대부분 세무대리인의 도움을 받아 신고를 하죠. 연 매출액이 4,800만 원 미만이라면 간편장부만 기장해도 충분히 세금을 아낄 수 있습니다.

| 월 | 일 | 적요 | 차변 | 대변 |
|---|---|---|---|---|
| 9 | 1 | 오픈 기념 피자 무료 제공 | 광고선전비 30,000원 | 상품(타계정대체) 30,000원 |
| 9 | 2 | 파손 비품(접시) 폐기 | 유형자산폐기손실 10,000원 | 비품 10,000원 |
| 9 | 3 | 1년분 보험료 지급 | 보험료 200,000원 | 현금 200,000원 |

▲ 복식부기 예시

### 업종별 수입 금액에 따라 달라지는 기장 의무

소득세는 사업자가 스스로 본인의 소득을 계산해 신고·납부하는 세금으로, 모든 사업자는 원칙적으로 장부를 비치·작성해야 합니다. 다만, 영세한 규모의 사장님은 간편장부와 복식부기 중에서 선택할 수 있습니다.

그렇다면 '영세한 규모'를 판단하는 기준은 무엇일까요? 다음 표를 참고하시기 바랍니다.

▼ 복식부기 의무자와 간편장부 대상자 기준

| 업종별 | 복식부기 의무자 | 간편장부 대상자 | 단순경비율 적용 대상자 | 기준경비율 적용 대상자 |
|---|---|---|---|---|
| ㉮ 농업·임업 및 어업, 광업, 도매 및 소매업(상품중개업 제외), 제122조제1항에 따른 부동산매매업, 그 밖에 '나' 군 및 '다' 군에 해당하지 아니하는 사업 | 3억 원 이상 | 3억 원 미만 | 6,000만 원 미만 | 6,000만 원 이상 |
| ㉯ 제조업, 숙박 및 음식점업, 전기·가스·증기 및 수도사업, 하수·폐기물처리·원료재생 및 환경복원업, 건설업(비주거용 건물 건설업은 제외, 주거용 건물 개발 및 공급업은 포함), 운수업, 출판·영상·방송통신 및 정보서비스업, 금융 및 보험업, 상품중개업, 욕탕업 | 1억 5,000만 원 이상 | 1억 5,000만 원 미만 | 3,600만 원 미만 | 3,600만 원 이상 |
| ㉰ 제45조제2항에 따른 부동산 임대업, 부동산 관련 서비스업, 임대업(부동산임대업 제외), 천문·과학 및 기술 서비스업, 사업시설 관리 및 사업 지원 서비스업, 교육 서비스업, 보건업 및 사회복지 서비스업, 예술·스포츠 및 여가 관련 서비스업, 협회 및 단체, 수리 및 기타 개인 서비스업, 가구 내 고용활동 | 7,500만 원 이상 | 7,500만 원 미만 | 2,400만 원 미만 | 2,400만 원 이상 |

*단, 전문직 사업자는 2007년 1월 1일 이후 발생하는 소득분부터 수입금액에 상관없이 복식부기 의무가 부여됨.

**전문직 사업자 예시**

- 의료업(851101~851219, 851901), 수의업(852000), (한)약사업(523111, 523114)
- 변호사업(741101), 심판변론인업, 변리사업(741104), 법무사업(741107), 공인노무사업(741110)
- 세무사·회계사업(741201~741204), 경영지도사업(741401), 통관업(749906)
- 기술지도사업(742202), 감정평가사업(702002), 손해사정인업(749904), 기술사업(742106), 건축사업(742105), 도선사업(630403), 측량사업(742101, 742102)

이때 기준금액은 올해의 수입금액이 아니라 작년의 수입금액입니다. 2021년 5월에 2020년 귀속 소득세를 신고할 때 2019년 수입금액을 기준으로 간편장부 대상자인지, 복식부기 의무자인지 판단합니다.

복식부기 의무자는 간편장부 대상자 이외의 모든 사업자를 말합니다. 복식부기 의무자는 복식부기 장부를 작성·보관해야 하고, 이를 기초로 작성된 재무제표를 신고서와 함께 제출해야 합니다. 복식부기를 하려면 회계에 대한 기초 지식이 있어야 하고, 시간이 많이 소요되는 경우가 많기 때문에 세무사나 회계사에게 기장을 의뢰하는 방법을 권합니다.

### 장부 기장을 하지 않았을 때 추계로 소득 계산하기

소득세를 계산하려면 우선 소득금액(수입금액-필요경비)을 계산해야 합니다. 장부로 기장했다면, 내가 쓴 경비만큼 비용으로 인정받을 수 있습니다. 만약 장부를 기장하지 않았다면, 정부에서 정한 방법으로 소득금액을 추계하게 됩니다.

사업을 시작했는데 장부를 작성하지 않았다면 소득세 신고를 하지 못할까요? 그렇지 않습니다. 세법은 매출액 전부에 대해 세금을 매기지는 않습니다. 다만 업종별로 일정 비율만큼 매출액에서 빼주고 세금을 계산하는 방법이 있습니다. 이 방법을 '추계신고'라고 합니다. 추계란, 추정해서 세금을 일괄 계산하는 것이라고 생각하시면 됩니다.

추계로 소득금액을 계산하는 방법은 두 가지로, 단순경비율과 기준경비율이 있습니다. 단순경비율과 기준경비율 적용 대상자는 앞서 언급한 표를 참고하기 바랍니다.

### ① 단순경비율

단순경비율은 신규 사업자가 소득금액에 관한 장부를 기장할 능력이 부족할 경우, 경비를 챙기지 않아도 인정해주는 수입의 일정 비율을 말합니다. 다만, 의사, 약사, 변호사 등 전문직 사업자나 현금영수증 미가맹 사업자, 현금영수증 발행 거부자 등은 직전년도 수입금액 및 신규 사업 여부와 관계없이 기준경비율로 신고해야 합니다.

단순경비율 소득금액 계산 방법은 다음과 같습니다.

**종합소득금액=총수입금액-(총수입금액×단순경비율)+충당금·준비금 환입액**

단순경비율 대상자라 하더라도 주요경비가 많아 기준경비율로 계산하는 것이 유리하다면 기준경비율로 신고할 수 있습니다.

### ② 기준경비율

장부를 기장하지 않은 사업자는 기준경비율 적용 대상자가 됩니다.

기본 계산 구조는 다음과 같습니다.

- **소득금액=수입금액-주요경비(매입비+임차료+인건비)-(수입금액×기준경비율)**
- **한도: 소득금액=(수입금액-[수입금액×단순경비율])×배율***

*기준경비율 대상자가 단순경비율로 신고했을 경우 간편장부 대상자는 2.6배, 복식부기 의무자는 3.2배의 배율을 곱해야 함.

기준경비율이 적용되는 사업자의 경우, 사업의 주요경비는 매입비, 임차료, 인건비 등 증빙에 의해 확인되는 금액으로 하고, 일부 비용은 정부에서 정한 기준경비율로 필요경비를 산정해 소득금액을 계산합니다.

전자상거래업을 하고 있는 한 사장님의 연 수입금액이 3,000만 원이라고 가정했을 때, 소득금액을 단순경비율로 계산한 것과 기준경비율로 계산한 것은 다음과 같습니다.

▼ 단순경비율로 소득금액 계산하기

<table>
<tr><th colspan="2">종합소득세액 계산(충당금 · 준비금 0원으로 계산 시)</th></tr>
<tr><th>구분</th><th>금액</th></tr>
<tr><td>총수입금액: 매출액을 적는다.</td><td>3,000만 원</td></tr>
<tr><td>(-) 단순경비율에 의한 필요경비:<br>총수입금액(3,000만 원)×단순경비율(85.7%)</td><td>2,571만 원</td></tr>
<tr><td>(=) 종합소득금액</td><td>429만 원</td></tr>
</table>

▼ 기준경비율로 소득금액 계산하기

<table>
<tr><td colspan="3">수입금액</td><td>3,000만 원</td></tr>
<tr><td rowspan="4">필요경비</td><td colspan="2">해당 연도 주요경비</td><td>0원</td></tr>
<tr><td rowspan="2">기준경비율에 의한 경비</td><td>기준경비율</td><td>11.8%</td></tr>
<tr><td>금액(수입금액×기준경비율)</td><td>354만 원</td></tr>
<tr><td colspan="2">계(해당 연도 주요경비+금액)</td><td>354만 원</td></tr>
<tr><td colspan="3">소득금액(수입금액-계)</td><td>2,646만 원</td></tr>
</table>

소득금액을 계산할 때 정해진 비율을 공제해 계산하는 추계가 기장으로 신고하는 것보다 훨씬 간단하죠? 하지만 간단하다고 해서 다 좋은 것만은 아닙니다. 추계로 신고하면 신고 방법은 간단하지만 실제로 지출한 비용을 인정받지 못해 번 것보다 많은 세금을 내야 할 수도 있습니다. 반면 기장으로 신고하면 영업 실적 대로 신고할 수 있고 절세의 기회도 많지만 매번 영수증 등을 챙겨야 하는 번거로움이 있고, 기장료가 나갈 수 있다는 단점이 있죠.

### 경비 인정 범위

그럼 주요경비(매입비+임차료+인건비)를 어디까지 인정해주는지 알아볼까요?

**매입비**
상품, 재료, 소모품, 전기료 등의 매입비와 외주가공비 및 운송업의 운반비(음식 대금, 보험료, 수리비 등의 금액은 제외)

**임차료**
사업에 직접 사용하는 건축물, 기계장치 등 사업용 고정자산의 임차료

**인건비**
종업원의 급여 및 일용근로자의 임금과 퇴직금

매입비와 임차료는 세금계산서, 계산서, 신용카드 전표 등 정규 영수증을 받아야 합니다. 만약 일반 영수증을 받았다면 주요경비지출명세서를 따로 제출해야 합니다. 인건비는 원천세 신고를 하고, 원천징수영수증이나 지급명세서 또는 지급 관련 증빙 서류를 보관하고 있어야 합니다.

기준경비율로 계산할 때는 주요경비를 차감하기 때문에 그렇지 않은 단순

경비율과 차이가 꽤 큽니다. 예를 들어 음식점(한식)을 하고 있다면 업종코드는 '552101'이 되고, 단순경비율은 89.7%, 기준경비율은 7.4%가 됩니다. 비용 인정 비율이 12배나 차이가 나죠.

| 귀속연도 | 2018년 |
|---|---|
| 업종코드 | 552101 |
| 총분류업 | 음식점 및 주점업 |
| 세분류업 | 일반 음식점업 |
| 세세분류업 | 한식 음식점업 |
| 업태업 | 숙박 및 음식점업 |
| 기준경비율(자가율 적용 여부) | Y |
| 기준경비율(일반율) | 7.4 |
| 기준경비율(자가율) | 7.4 |
| 단순경비율(자가율 적용 여부) | Y |
| 단순경비율(일반율) | 89.7 |
| 단순경비율(자가율) | 89.7 |
| 적용 범위 및 기준 | 일반 한식, 갈비집, 도시락집(음식점), 죽 전문점 등 |

▲ 기준경비율과 단순경비율 적용 예시

## 기준경비율 대상자라면 증빙 준비는 미리미리!

기준경비율 대상자라면 주요경비를 많이 넣기 위해 증빙을 잘 챙겨 소득금액을 계산할 수 있지만, 제가 실무를 해보니 기준경비율 대상자는 기장을 하는 것이 유리하더군요. 그래서 세무서에 방문한 사장님들이 기준경비율로 신고하지 않고 증빙 서류를 찾아 장부로 신고하겠다며 돌아가시는 경우를 많이 봤습니다.

여기서 세무서 언니가 알려주는 꿀팁! 기준경비율 대상자이든, 단순경비율 대상자이든 사업과 관련된 증빙은 미리미리 잘 챙겨 장부로 작성해놓고, 경비율로 소득금액을 계산했을 때와 장부대로 신고했을 때 어느 쪽이 유리한지 판단하여 신고하는 것이 좋습니다.

소득세 신고를 할 때는 증빙 자료를 따로 제출하지 않아도 됩니다. 5년 동안 잘 보관하고 있다가 추후에 세무서에 소명할 일이 생길 경우, 별도로 제출하시면 됩니다.

같은 사업장이라 해도 사장님이 간편장부 대상자인지, 복식부기 의무자인지, 단순경비율 대상자인지, 기준경비율 대상자인지에 따라 기준금액이 다릅니다. 조금 헷갈리시죠? 다음과 같이 표로 정리해보았습니다.

| 업종/직전년도 매출 기준 | 2,400만 원 | 3,000만 원 | 4,800만 원 | 6,000만 원 | 7,500만 원 | 1억 5,000만 원 | 3억 원 | 3억 원 이상 |
|---|---|---|---|---|---|---|---|---|
| ㉮ 도·소매업 외 | 간편장부 | | | | | | | 복식부기 |
| | 단순경비율 | | | | 기준경비율 | | | |
| ㉯ 제조업, 음식점업 외 | 간편장부 | | | | | | 복식부기 | |
| | 단순경비율 | | 기준경비율 | | | | | |
| ㉰ 임대업, 서비스업 외 | 간편장부 | | | | | 복식부기 | | |
| | 단순경비율 | 기준경비율 | | | | | | |
| 기장하지 않았을 때 | 무기장가산세 × | | | 무기장가산세 ○ | | | | |

표를 살펴보면 도·소매업이 임대업이나 서비스업에 비해 간편장부로 기장하거나 단순경비율로 계산할 수 있는 기준금액이 높다는 것을 알 수 있습니다.

업종과 상관없이 전년도 매출액이 4,800만 원 이상인데 기장을 하지 않았다면 산출세액의 20%가 무기장가산세로 부과됩니다. 무기장가산세에 대해서는 24장에서 자세히 알아보겠습니다.

참고로 국세청 홈페이지에 접속해 [성실신고지원]→ [종합소득세]→ [장부기장의무안내]→ [간편장부안내]를 클릭하면 간편장부란 무엇인지, 간편장부 대상자는 누구인지, 어떻게 작성해야 하는지 등 간편장부에 대한 정보들을 확인할 수 있습니다.

## 신고 유형에 따른 기장 의무와 종합소득세 신고 방법

종합소득세 확정 신고 대상자는 5월에 소득세 신고 안내문을 받게 되는데, 안내문을 보면 상단에 신고 유형이 표시되어 있습니다.

2016년 귀속 종합소득세 확정신고 안내

신고 유형 E유형

기장 유형 신고안내자료 추계 유형

• 2016년 귀속 기장의무 : 간편장부대상자 (추계신고시 단순경비율 적용대상)

• 2016년 사업소득 사업장별 수입금액 명세

(단위 : 원, %)

| 사업자등록번호 | 업 종 코 드 | 수입금액 | 기준경비율 | | 단순경비율 | |
|---|---|---|---|---|---|---|
| | | | 일반율 | 자가율 | 일반율(기본율) | 자가율(초과율) |

종합소득세 신고

분류소득세에 대비하여 사용되는 용어로서
개인에게 귀속되는 각종 소득을 종합하여 과세하는 소득세

종합소득세 챗봇 | 작성방법 요약 | 전자신고 이용방법 (동영상, 매뉴얼) | 신고도움 서비스 | 금융소득 | 주요 변경사항 및 자주 묻는 질문

단순경비율 추계신고서 (사업소득만 있는 경우)
• 신고 안내유형이 F,G 인 경우
정기신고 작성 | 기한후신고 작성 | 수정신고작성 | 경정청구작성

일반신고서
• 사업소득(기준경비율, 간편장부, 복식부기), 근로소득, 금융소득, 기타소득, 연금소득
• 신고 안내유형이 F,G,Q,R 이 아닌 경우
정기신고 작성 | 기한후신고 작성 | 수정신고작성 | 경정청구작성 | 파일변환 신고 (회계 프로그램 등)

근로소득자 신고서
• 근로소득만 있는 경우, 종교인근로소득자
정기신고 작성 | 경정청구작성

주택임대 분리과세 신고서
• 총수입금액 2천만원 이하 주택임대소득만 있는 경우(V 유형만 안내받은 경우)
정기신고 작성 | 기한후신고 작성 | 수정신고작성 | 경정청구작성 | 파일변환 신고 (회계 프로그램 등)

종교인소득자 신고서 (종교인소득만 있는 경우)
• 신고 안내유형이 Q,R 인 경우
정기신고 작성 | 기한후신고 작성 | 수정신고작성 | 경정청구작성

▲ 소득세 신고 안내문

이 유형에 따라 신고 방법이 다릅니다. 홈택스에서 소득세 신고를 할 때 들어가는 경로가 조금씩 차이가 있으니 신고 유형을 꼭 확인하시기 바랍니다.

▼ 소득세 신고 유형 코드

| 코드 | 신고 안내 대상 | 기장 의무 | 신고 방법 |
|---|---|---|---|
| S | 성실신고 확인 대상자 | 복식부기<br>간편장부 | 매출액이 높아 세무사를 통해 장부 기장 및 세무 신고를 해야 하는 사업자 |
| A | 전년도 외부조정신고자 | 복식부기<br>간편장부 | - 전년도에 세무사에게 세무 신고 대리를 맡긴 사업자(외부 조정 대상자의 경우, 반드시 종합소득세 신고를 세무사에게 위탁해야 함)<br>- 장부를 기장하여 신고해야 하는 사업자(기준경비율로 신고할 경우 가산세 부과, 단순경비율 신고 불가) |
| B | 전년도 기장신고자<br>(자기조정, 간편장부) | 복식부기<br>간편장부 | 전년도에 직접 세무 신고를 했고, 장부를 기장하여 신고해야 하는 사업자(기준경비율로 신고할 경우 가산세 부과, 단순경비율 신고 불가) |
| C | - 전년도 복식부기·추계신고자(기준경비율)<br>- 신규 전문직 사업자 | 복식부기 | - 전년도에 복식부기 의무자였으나 장부를 기장하지 않고 기준경비율로 신고한 경우<br>- 복식부기를 기장하여 신고를 해야 하는 사업자(기준경비율로 신고할 경우 가산세 부과, 단순경비율 신고 불가) |
| D | 기준경비율 적용 신고 안내자<br>- 현금영수증 미가맹, 신용카드 등 상습 발행 거부자<br>- 수입금액 일정 규모 이상인 신규 사업자 | 간편장부 | 간편장부를 기장하여 신고해야 하는 사업자(기준경비율로 신고할 경우 가산세 부과, 단순경비율 신고 불가) |
| E | - 복수소득 또는 복수사업장 단순경비율 적용 대상자<br>- 단일소득+타소득이 있는 자 | 간편장부 | - 사업장이 2개 이상으로, 단순경비율로 신고할 수 있는 사업자<br>- 단순경비율보다 유리할 경우, 장부 기장하여 신고를 할 수 있는 사업자. |

| F | 단일소득 단순경비율 적용 대상자 중 과세 대상자 | 간편장부 | - 단순경비율 대상자<br>- 단순경비율보다 유리할 경우, 장부 기장하여 신고를 할 수 있는 사업자 |
|---|---|---|---|
| G | - 단일소득 단순경비율 적용 대상자 중 과세 미달자<br>- 소득금액 150만 원 이상 | 간편장부 | 단순경비율 대상자 중 납부할 세액이 없는 사업자 |
| H | 단일소득 단순경비율 적용 대상자 중 EJCT-CTC 안내 대상자 | 간편장부 | 단순경비율 대상자 중 근로장려세제 또는 자녀장려세제 혜택을 받기 위해 반드시 신고해야 하는 사업자 |
| K | 성실신고 지원 안내문 | - | - 전년도 신고 시 불성실한 부분이 전산으로 분석되어 사전에 성실하게 신고하도록 안내되는 사업자<br>- 세무대리인을 통해 성실하게 신고하길 권장하는 사업자 |
| U | 2016년 부동산 매매 계약 해약자 | 비사업자 | 부동산 매매 계약을 해약함에 따라 발생한 해약금은 기타소득임으로 소득세 확정 신고를 해야 함 |
| V | - 고가 1주택 소유자 (본인 거주 제외)<br>- 부부 합산 2주택자 중 월세 소득자<br>- 부부 합산 3주택 이상 소유자 | 복식부기<br>간편장부 | 주택임대 월세수입+임대보증금 간주임대료가 2,000만 원을 초과하는 경우 종합소득세 신고를 해야 함(타소득 합산) |
| W | 사적연금소득 1,200만 원 초과자 | 비사업자 | - |
| X | 2곳 이상에서 발생한 근로소득을 합하여 연말 정산을 하지 않은 자 | 비사업자 | 2곳 이상의 근로소득을 합산하여 종합신고 |
| Y | 기타소득금액 300만 원 초과자 | 비사업자 | |
| Z | 이자배당소득 2,000만 원 초과자 | 비사업자 | 금융기관에서 금융소득(이자 배당) 지급 내역을 발급받아 신고 |

# 장부 작성, 제대로 하지 않으면 무기장가산세 폭탄이 팡!

부업러

장부를 작성하지 않으면 가산세를 내야 한다고 들었어요. 저 같은 소규모 자영업자도 해당되는 이야기인가요?

세무서 언니

복식부기 의무자, 간편장부 대상자 모두 장부를 작성하지 않으면 가산세를 물 수 있어요. 단, 직전년도 수입이 4,800만 원 미만, 즉 평균 월수입이 400만 원 미만이라면 장부를 작성하지 않아도 가산세를 내지 않아요. 하지만 전문직 사업자라면 수입금액과 상관없이 꼭 장부를 작성해야 해요.

## 장부를 작성하지 않으면 무기장가산세가 20%?

복식부기 의무자인지, 간편장부 대상자인지에 따라 무기장가산세를 계산하는 방법이 다릅니다. 복식부기 의무자가 장부를 기장하지 않고 추계 신고를 할 경우, 신고를 하지 않은 것으로 간주해 무기장가산세가 부과됩니다. 이때, ①, ②, ③ 중 큰 금액으로 가산세가 부과되죠.

① 무신고 납부세액×20% → 무신고가산세
② (수입금액-기납부세액 관련 수입금액)×7/10,000 → 무신고가산세
③ 산출세액×(무[미달]기장소득금액/종합소득금액)×20% → 무기장가산세

의사, 변호사 등 전문직 사업자는 직전년도 수입금액 규모와 상관없이 복식부기 의무자에 해당하므로 반드시 기장을 해야 합니다. 만약 간편장부 대상자가 추계로 신고할 경우, 산출세액의 20%를 무기장가산세로 부담해야 합니다.

**무기장가산세=산출세액×(무[미달]기장소득금액/종합소득금액)×20%**

단, 다음에 해당하는 소규모 사업자는 무기장가산세 대상이 되지 않습니다.

- **신규로 사업을 개시한 사업자**
- **직전년도 수입금액이 4,800만 원 미만인 사업자**
- **연말정산을 한 사업소득만 있는 자**

| 업종/직전년도 매출 기준 | | | 4,800만 원 | 7,500만 원 | 1억 5,000만 원 | 3억 원 | 3억 원 이상 |
|---|---|---|---|---|---|---|---|
| ㉮ 도 · 소매업 외 | 추계 신고 | | 무기장가산세 ○ | | | | 무기장가산세 ○ |
| | 간편장부 | | | | | | |
| | 복식부기 | 기장세액공제 혜택 | | | | | |
| ㉯ 제조업, 음식점업 외 | 추계 신고 | | 무기장가산세 ○ | | 무기장가산세 ○ | | |
| | 간편장부 | | | | | | |
| | 복식부기 | 기장세액공제 혜택 | | | | | |
| ㉰ 임대업, 서비스업 외 | 추계 신고 | | 무기장가산세 ○ | 무기장가산세 ○ | | | |
| | 간편장부 | | | | | | |
| | 복식부기 | 기장세액공제 혜택 | | | | | |

| 무기장가산세 ○ | 산출세액 20% |
|---|---|
| 무기장가산세 ○ | 172쪽 ①, ②, ③ 중 가장 큰 금액 |
| 기장세액공제 혜택 | 산출세액 20% |

예를 들어, 직전년도 매출액이 6,000만 원인 커피숍을 운영하면서 추계로 소득세를 신고했다면 무기장가산세를 납부해야 합니다. 반면 간편장부로 신고했다면 무기장가산세가 없고, 복식부기로 신고했다면 기장세액공제 혜택을 받을 수 있습니다. 연 100만 원 한도로 산출세액의 20%를 기장세액공제받을 수 있죠. 세무대리인에게 지불할 기장료와 기장세액공제금액을 비교해 장부 유형을 선택하시기 바랍니다.

## 기장, 세무사나 회계사에게 맡기는 게 좋을까?

기장을 전문가에게 맡기면 비용이 발생하기는 하지만 사업에 집중할 수 있다는 장점이 있습니다. 다음과 같은 경우에는 세무대리인을 통해 기장하는 것이 사업을 하시는 데 도움이 될 것이라 생각합니다.

**① 초기 자본을 많이 투입해 적자가 예상되어 이월결손금공제를 받은 경우**

이월결손금공제란, 적자가 생길 경우 이를 차기 이후의 이익에서 공제할 수 있는 제도입니다. 기장을 한 경우와 기장을 하지 않은 경우 세금 차이가 얼마나 나는지 알아보도록 할까요?

▼ 기장 여부에 따른 세금 차이(단순경비율 대상자로 단순경비율 90%로 가정)

| 기장을 한 경우 | | | | |
|---|---|---|---|---|
| | 수입금액(매출) | 필요경비 | 이월결손금공제 | 소득금액 |
| 2016년 | 2,000만 원 | 3,000만 원 | - | △ 1,000만 원 |
| 2017년 | 2,000만 원 | 3,000만 원 | 1,000만 원 | △ 2,000만 원 |
| 2018년 | 5,000만 원 | 3,000만 원 | 2,000만 원 | 0원 |

| 기장을 하지 않은 경우 | | | | |
|---|---|---|---|---|
| | 수입금액(매출) | 필요경비(90%) | 이월결손금공제 | 소득금액 |
| 2016년 | 2,000만 원 | 1,800만 원 | - | 200만 원 |
| 2017년 | 2,000만 원 | 1,800만 원 | - | 200만 원 |
| 2018년 | 5,000만 원 | 4,500만 원 | - | 500만 원 |

기장을 했다면 3년 동안 납부해야 할 소득금액이 0원으로 납부할 소득세가 없습니다. 하지만 기장을 하지 않았다면 추계로 계산한 소득금액 기준으로 종합소득세를 납부해야 합니다. 참고로 결손금은 10년 동안 이월 가능합니다.

**② 연 매출액이 4,800만 원 이상인 경우**

연 매출액이 4,800만 원 이상이라면 장부 신고를 권합니다. 매출액이 4,800만 원 이상인데 추계로 신고하면 무기장가산세가 부과되거든요.

**③ 관공서로부터 자금 지원을 받기 위해 재무제표가 필요한 경우**

재무제표는 관공서를 대상으로 입찰을 하거나 보조금을 수령하고자 할 때, 은행에서 대출을 실행할 때 제출해야 하는 서류 중 하나입니다.

**④ 직원이 있는 경우**

상시 고용하고 있는 직원이 있거나 수시로 아르바이트생을 고용하고 있다면 세무대리인의 도움을 받는 것이 유리합니다. 4대보험 신고, 각종 세금 신고, 퇴직금 계산, 연말정산 등의 절차가 복잡하고, 이를 이행하지 않을 시 책임이 무겁기 때문이죠.

## 세무대리인에게 기장을 맡길 때 유의할 사항

세법을 많이, 자세히 알수록 세금을 줄일 수 있습니다. 하지만 세금에 대해 공부하기 위해 시간을 소비하기보다는 그 시간에 매출을 늘리는 데 집중하는 것이 더 생산적이라고 말씀하시는 분들이 많습니다. 연 수입금액이 4,800만 원 이상이거나 여러 곳에서 소득이 발생한다면 세무대리인을 통해 세금을 신고하는 것이 유용할 수 있습니다.

세무대리인의 도움을 받기로 마음먹었다면 세무대리인이 세무사 자격증을 보유하고 있는 전문가인지 확인해볼 필요가 있습니다. 사장님이 하시는 일에 대한 이해도가 높은 세무대리인이라면 금상첨화겠죠?

보통 세무대리인에게 기장을 맡기면 개인사업자의 경우, 월 10만 원 정도의 기장료가 나가고, 연 수입금액이 커지면 기장료도 인상됩니다. 복식부기로 소득세를 신고한다면 세무조정료를 내야 하는데, 이 비용은 보통 50만 원에서 시작합니다. 월 기장료가 다른 곳보다 저렴하다면 세무조정료가 높을 가능성이 있으니 세무대리인과 상담할 때 각각의 비용에 대해 자세히 물어볼 필요가 있습니다.

# 계산 구조를 알면 줄일 세금이 보인다!

부업러

제 소득 그대로 납부할 세금이 정해지나요? 추가로 세금을 줄일 방법은 없을까요?

세무서 언니

소득세는 개인의 업종에 따라, 소득공제 항목에 따라 달라져요. 소득이 같더라도 신고를 어떻게 하느냐에 따라 납부할 세금이 달라지죠. 세금을 줄일 수 있는 부분을 미리 알아두는 게 중요해요.

## 소득세 계산 구조

우선 소득세를 계산하는 방법을 알아보겠습니다. 다음 장의 표를 보시죠. 어떤가요? 굉장히 복잡해 보인다고요? 너무 걱정하실 필요 없습니다. 큰 틀만 이해하고, 세부 항목은 본인이 해당되는 내역이 있는지만 잘 파악하시면 됩니다.

소득세는 개인별로 필요경비 인정 금액이나 소득공제 항목, 세액공제 항목을 얼마나 잘 챙겼느냐에 따라 소득세 납부세액 변동이 심합니다. 해당 내역 정도는 상식으로 파악해두었다가 소득세 신고 시 꼭 챙겨 혜택을 받으시기 바랍니다.

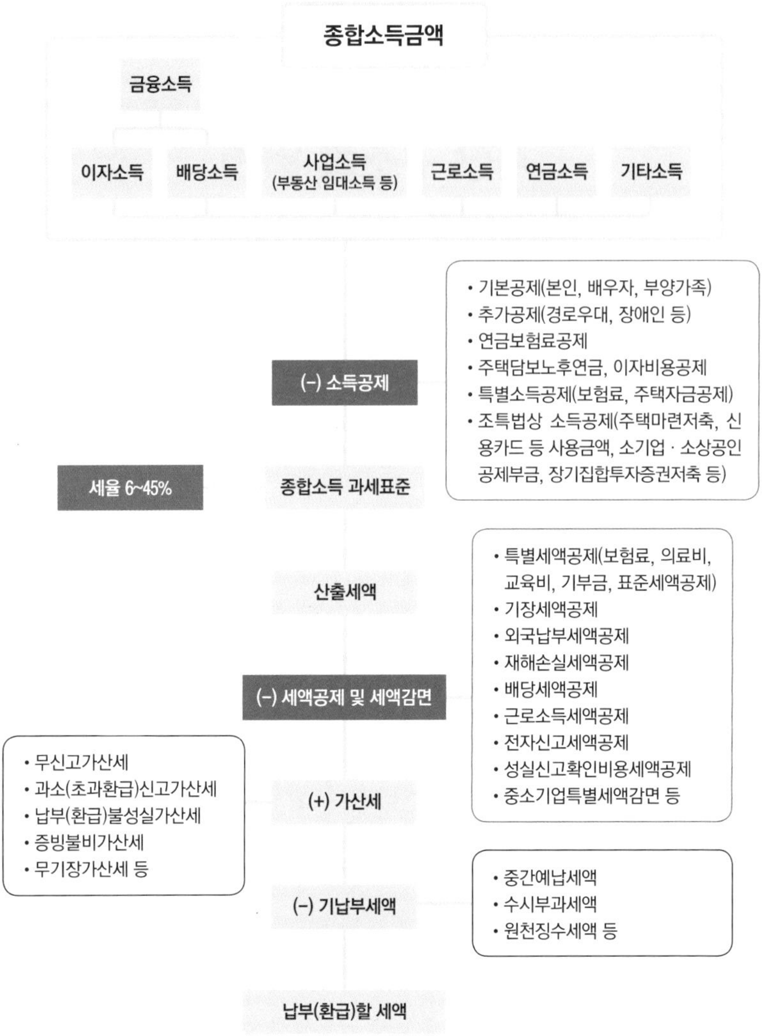

**종합소득금액**

금융소득

- 이자소득
- 배당소득
- 사업소득 (부동산 임대소득 등)
- 근로소득
- 연금소득
- 기타소득

**(−) 소득공제**

- 기본공제(본인, 배우자, 부양가족)
- 추가공제(경로우대, 장애인 등)
- 연금보험료공제
- 주택담보노후연금, 이자비용공제
- 특별소득공제(보험료, 주택자금공제)
- 조특법상 소득공제(주택마련저축, 신용카드 등 사용금액, 소기업 · 소상공인 공제부금, 장기집합투자증권저축 등)

**종합소득 과세표준**

세율 6~45%

**산출세액**

**(−) 세액공제 및 세액감면**

- 특별세액공제(보험료, 의료비, 교육비, 기부금, 표준세액공제)
- 기장세액공제
- 외국납부세액공제
- 재해손실세액공제
- 배당세액공제
- 근로소득세액공제
- 전자신고세액공제
- 성실신고확인비용세액공제
- 중소기업특별세액감면 등

**(+) 가산세**

- 무신고가산세
- 과소(초과환급)신고가산세
- 납부(환급)불성실가산세
- 증빙불비가산세
- 무기장가산세 등

**(−) 기납부세액**

- 중간예납세액
- 수시부과세액
- 원천징수세액 등

**납부(환급)할 세액**

## 프리랜서, 3% 세금을 뗐는데 소득세 신고를 또?

프리랜서는 보험모집인, 작가, 강사 등 고용 관계없이 용역을 제공하는 사람을 말합니다. 프리랜서의 소득은 사업소득으로 구분됩니다. 만약 강의를 하고 970만 원(강의료 1,000만 원-세금 30만 원)을 받았다면 총수입금액은 1,000만 원이 됩니다. 지방소득세도 붙지만 여기서는 편의상 소득세만 설명하겠습니다.

만약 사업과 관련하여 쓴 경비를 기장하지 않았다면 추계로 소득세를 계산해야 합니다. 일정 비용만큼 썼을 것이라고 국세청이 정해놓은 경비 퍼센티지가 있습니다. 이를 단순경비율이라 하죠. 업종마다 비율이 다르니 국세청 홈페이지에서 확인해보는 것이 좋습니다.

강사의 단순경비율은 61.7%로, 이에 따라 필요경비를 계산하면 617만 원(1,000만 원×61.7%)이 됩니다. 즉 사업소득금액은 383만 원(1,000만 원-617만 원)이 되죠.

▼ 2020년 귀속 종합소득세율

| 과세표준 | 세율 | 속산표 |
|---|---|---|
| 1,200만 원 이하 | 6% | 과세표준×6% |
| 1,200만 원 초과 4,600만 원 이하 | 15% | (과세표준×15%)-108만 원 |
| 4,600만 원 초과 8,800만 원 이하 | 24% | (과세표준×24%)-522만 원 |
| 8,800만 원 초과 1억 5,000만 원 이하 | 35% | (과세표준×35%)-1,490만 원 |
| 1억 5,000만 원 초과 3억 원 이하 | 38% | (과세표준×38%)-1,940만 원 |
| 3억 원 초과 5억 원 이하 | 40% | (과세표준×40%)-2,540만 원 |
| 5억 원 초과 10억 원 이하 | 42% | (과세표준×42%)-3,540만 원 |
| 10억 원 초과(2021년 귀속부터) | 45% | (과세표준×45%)-5,040만 원 |

지금까지 계산한 사업소득금액에서 종합소득세율로 소득공제를 하면 최종 산출세액이 나옵니다. 내가 미리 뗀 세금 30만 원(지방소득세 제외)은 기납부세액으로 빠지게 되어 있습니다. 종합해보면, 최종 환급세액은 다음과 같습니다.

**139,000원(산출세액)-30만 원(기납부세액)=-161,000원(환급세액)**

지금부터 계약금액이 1,000만 원일 때와 1억 원일 때의 세금을 단순 비교해봅시다.

▼ 계약금액에 따른 세금 비교

| | | 1,000만 원 | 1억 원 |
|---|---|---|---|
| × | 필요경비(61.7%) | 6,170,000원 | 61,700,000원 |
| = | 소득금액(수입금액-필요경비) | 3,830,000원 | 38,300,000원 |
| - | 소득공제 | 1,500,000원 | 1,500,000원 |
| = | 과세표준 | 2,330,000원 | 36,800,000원 |
| | 산출세액 | 139,800원 | 4,440,000원 |
| - | 기납부세액 | 300,000원 | 3,000,000원 |
| = | 납부 또는 환급세액 | -160,200원 | 1,440,000원 |
| | 결과 | 160,200원 환급 | 1,440,000원 납부 |

계약금액이 낮을 때는 세금을 돌려받을 수 있고, 계약금액이 높을 때는 추가로 납부할 세금이 생깁니다. 왜 이렇게 복잡하게 정산하느냐 하면, 프리랜서는 총수입금액에서 3%(지방소득세 별도)의 세율로 세금을 내기 때문입니다. 하지만 종합소득 계산 구조는 과세표준에 세율을 곱해 납부할 세금

을 계산합니다. 고액 연봉자와 영세한 프리랜서의 세율이 같아서는 안 되겠죠? 이 과세표준을 만들기 위해(소득세는 누진세율로 세금 부과) 5월에 한 번 더 세금을 신고한다고 생각하시면 됩니다.

만약 5월에 소득세 확정 신고를 하라는 안내문을 받았는데 무시하면 어떻게 될까요? 계약금액이 얼마 되지 않는 경우에는 내가 낸 돈 중 일부를 돌려받지 못하게 됩니다. 권리 위에 잠자는 자는 보호받지 못합니다. 앞의 표처럼 계약금액이 1억 원인데 신고를 하지 않았다면 납부해야 할 세금이 나옵니다. 그리고 거기에 무신고가산세(20%)와 납부지연가산세(일수×0.025%)를 추가로 부담해야 하죠. 복식부기 의무자라면 무기장가산세(20%)까지 부담해야 합니다.

## 초기 비용이 많이 들어 마이너스인데 세금을 내야 할까?

소득세 전자신고 창구에서 근무할 때, 첫 사업을 개시한 뒤 세금이 얼마 나오지 않을 것이라 예상했는데 생각보다 세금이 많이 나와 당황스러워하시는 분들을 많이 보았습니다. 그분들은 제게 사업을 시작한 지 얼마 되지 않아 번 돈보다 지출한 돈이 훨씬 많은데 세금을 어떻게 내느냐고 하소연했죠. 안타깝게도 장부를 기장하지 않았다면 세금이 나올 수밖에 없습니다.

소득금액은 수입금액에서 필요경비를 공제해 계산하는데, 필요경비는 장부에 의해 확인된 금액을 공제하는 것이 원칙입니다. 장부가 없는 경우에는 필요경비를 계산할 수 없으므로 이때는 정부에서 정한 방법으로 계산해야 합니다. 이 방법을 '추계로 계산한다'라고 하죠. 추계로 계산한 소득금액은 '수입금액×(1-경비율)'이기 때문에 절대 마이너스 금액이 나올 수 없는 구조입니다.

2019년 11월에 커피숍(단순경비율 85.1%)을 개업해 두 달 동안 1,500만 원의 매출이 발생하고, 시설 자금, 임대료 등을 포함해 2,000만 원의 경비를 지출한 경우를 생각해봅시다.

▼ 기장 유무에 따른 소득금액 비교

| | 수입금액 | 필요경비 | 소득금액 | 비고 |
|---|---|---|---|---|
| 기장 ○ | 1,500만 원 | 2,000만 원 | △ 500만 원 | 납부세액 없음<br>이월결손금공제 가능 |
| 기장 × | 1,500만 원 | 1,500만 원×85.1% | 2,235,000원 | 납부세액 있음 |

실제로는 500만 원의 손해가 발생했지만 기장을 했다면 납부세액이 없고, 이 결손금을 다음 해 소득세 신고 시 이월결손금공제를 통해 소득금액을 줄일 수 있습니다. 기장을 하지 않았다면 수입금액에 바로 경비율을 반영해 소득금액이 계산되어 납부세액이 나옵니다.

이와 같이 사업 초기에 인테리어 비용, 집기 비용 등을 많이 지출했다면 기장을 통해 적자가 난 금액을 인정받아 그 해 소득세 부담을 줄일 수 있습니다. 그것보다 더 큰 이득은 다음 해에 이익이 나더라도 마이너스 금액만큼 차감해주기 때문에 다음 해 소득세 부담까지 줄일 수 있습니다. 이를 결손금이라고 하죠. 참고로 이월결손금공제는 10년까지 가능합니다.

# 종합소득세 세테크의 기술

부업러

이제 비용을 증명할 수 있는 서류를 가지고 있는 것이 얼마나 중요한지 알게 되었어요. 그런데 어떤 서류가 있어야 제가 쓴 비용을 증명할 수 있을까요?

세무서 언니

비용으로 인정받을 수 있는 서류가 있고, 그렇지 않은 서류가 있어요. 증빙 관리만 잘해도 소득세를 크게 줄일 수 있어요. 그럼 지금부터 어떤 서류를 잘 챙겨야 하는지 알아볼까요?

## 차근차근 모으면 큰 혜택! 적격증빙 서류 챙기기!

증빙 관리만 잘해도 소득세 부담을 크게 줄일 수 있습니다. 적법하게 인정받을 수 있는 경비를 최대한 많이 신고하기 위해서는 증빙 서류가 중요합니다. 소득세를 신고할 때 어떤 증빙 서류를 챙겼느냐에 따라 돌아오는 인정 금액이 다르기 때문이죠. 이때, 기본 전제는 꼭 사업과 관련된 지출이어야 한다는 것입니다.

## 지출의 증명은? 적격증빙 서류만 OK

3만 원 이상 거래했을 때는 적격증빙(세금계산서, 계산서, 신용카드 전표, 현금영수증) 서류를 꼭 챙겨야 합니다. 간이영수증으로 수취한 일반 경비는

3만 원 이하, 접대비는 1만 원(2021년 1월 1일 이후 3만원) 이하 거래에 대해서만 경비로 처리할 수 있습니다.

만약 세금계산서를 발행하지 못하는 간이과세자와 거래할 때는 신용카드로 결제하면 적격증빙 서류로 경비 처리를 할 수 있습니다. 신용카드 결제가 불가능하거나 현금영수증을 발행받지 못하는 상황이라면 어떻게 해야 할까요? 이런 경우에는 간이영수증이라도 꼭 받아야 합니다. 사업과 관련된 지출임을 영수증이나 거래 명세로 증명할 수 있다면 부가가치세 매입세액공제는 받지 못하더라도 소득세를 장부로 신고할 때 비용으로는 인정받을 수 있기 때문이죠. 단, '적격증빙미수취가산세 수취금액×2%'를 가산세로 추가 부담해야 합니다. 통장에서 돈이 나갔다고 해서 무조건 비용으로 인정받을 수 있는 것은 아니니 적격증빙 서류는 잊지 말고 반드시 챙겨야 합니다.

| 적격증빙 가능 | 세금계산서, 계산서, 신용카드 전표, 현금영수증 |
|---|---|
| 적격증빙 불가 | 거래명세표, 간이영수증 |

전기요금, 전화요금, 가스요금 등 지로용지는 세금계산서는 아니지만, 사업자등록번호와 상호가 기재되어 있으면 매입세액공제를 받을 수 있습니다. 혹시 개인 이름으로 지로용지를 받고 있다면 사업자등록번호로 정정해놓는 것이 좋습니다.

거래 사실 입증은 사장님이 할 수 있습니다.

장부 기장은 세무사에게 위임할 수 있지만 적격증빙 서류 수취까지는 맡길 수 없으니 수시로 잘 챙기는 것이 좋습니다.

**적격증빙 서류 챙기기 요약**

1. 사업자 본인 명의의 신용카드를 사용한다.
2. 홈택스에 사업자 본인 명의의 신용카드·체크카드 등을 등록한다.
3. 대금 지급은 될 수 있으면 계좌이체로 한다.
4. 현금을 지급한 뒤에는 현금영수증을 받는다.
5. 사업자 간 거래는 세금계산서를 받는다.
6. 필요경비로 인정받을 수 있는 서류들은 5년 동안 보관한다.

# 최종 세금을 결정하는 소득공제 활용법

부업러

종합소득세를 줄이려면 적격증빙 서류를 잘 챙겨야 한다는 사실을 알게 되었어요. 그럼 종합소득세를 줄일 수 있는 또 하나의 방법인 소득공제는 어떤 것이 있나요?

세무서 언니

수입금액에서 필요경비를 빼고, 거기에서 소득공제액을 뺀 금액이 최종 소득세를 내는 기준이 돼요. 소득공제액이 클수록 세금도 줄어들겠죠? 지금부터 소득공제를 제대로, 많이 받을 수 있는 방법을 알아보도록 할까요?

## 같은 소득금액이라도 소득공제로 세율이 달라진다고?

수입금액에서 필요경비를 뺀 금액이 소득금액이고, 소득금액에서 소득공제액을 뺀 금액이 종합소득 과세표준이 됩니다. 소득세는 과세표준액이 얼마냐에 따라 적용 세율이 달라지고, 소득금액이 클수록 소득공제 절세 효과도 커집니다.

예를 들어, 종합소득금액이 6,000만 원이고 소득공제액이 1,000만 원이라면 과세표준액은 5,000만 원으로, 24%의 세율을 적용받게 됩니다. 만약 부양가족이 많아 소득공제액이 2,000만 원이라면 과세표준액은 4,000만 원으로, 15%의 세율을 적용받죠.

소득공제는 크게 인적공제, 연금보험료공제, 특별소득공제, 조세특례제한법상 소득공제로 구분됩니다. 비록 사업자는 근로자에 비해 공제 항목 수가 적지만, 소득공제를 많이 받을수록 절세 효과가 크므로 해당 항목을 빠뜨리지 말고 공제를 받아야 합니다.

## 기본공제와 추가공제

부양가족의 상황에 따라 공제받는 것을 '인적공제'라고 합니다. 인적공제는 기본공제와 추가공제로 구분됩니다. 소득공제 항목으로 적용되던 자녀 관련 공제제도는 2014년 소득세법 개정에 따라 세액공제 항목으로 전환되면서 자녀세액공제 규정이 신설되었습니다.

먼저, '기본공제'에 대해 알아볼까요? 기본공제 대상자는 부양가족 중에서 나이와 소득 요건을 충족한 가족을 말하며, 1인당 150만 원씩 공제가 가능합니다. 본인은 무조건 공제를 받지만 배우자, 자녀, 직계존속, 형제자매, 위탁아동이 기본공제 대상자가 되기 위해서는 나이와 소득 요건을 충족해야 합니다. 만 20세 이하 또는 만 60세 이상인 자의 연 소득금액이 100만 원 이하라면 소득공제를 받을 수 있습니다. 이때 소득금액은 사업자의 경우 '총수입금액(비과세 제외)-필요경비'로, 근로자의 경우 '총급여(비과세 제외)-근로소득공제'로 계산합니다.

여기서 질문! 만약 배우자의 급여소득이 500만 원이라면 소득세 신고 시 배우자를 기본공제 대상자로 넣어도 될까요? 급여가 500만 원이면 소득금액은 150만 원(총급여[500만 원]-근로소득공제[350만 원])'이니 안 되는 것 아닐까요? 소득 요건이 100만 원 이하라고 했으니까요. 정답은 'NO'입니다. 이유는 소득세법에 다음과 같이 명시되어 있기 때문입니다.

**소득세법 제50조**

제1항제2호 거주자의 배우자로서 해당 과세 기간의 소득금액이 없거나 해당 과세 기간의 소득금액 합계액이 100만 원 이하인 사람(총급여액 500만 원 이하의 근로소득만 있는 배우자를 포함한다.)

여기서 한 가지 주의할 사항이 있습니다. 만약 형제인 A, B가 모친 C를 각각 기본공제 대상자로 넣으면 모친 한 명에 대해 A와 B가 이중으로 소득공제를 받게 됩니다. 이런 경우 국세청 전산에서 확인이 되기 때문에 바로 고지서를 받거나 추후 수정신고를 하라는 안내문을 받을 수 있습니다. 이에 따른 과소신고가산세와 납부지연가산세도 부과되죠. 인적공제 신청 시 이러한 점을 주의하시기 바랍니다.

**부양가족 중복 등록 사례**

- **형제자매가 부모를 각각 부양가족으로 등록한 경우**
- **연 소득금액이 100만 원 이상인 부모를 부양가족으로 등록한 경우**
- **맞벌이 부부가 각각 만 20세 이하의 자녀를 부양가족으로 등록한 경우**

여기서 세무서 언니가 알려주는 꿀팁! 부모님과 따로 살고 있다면 소득공제를 받지 못한다고 생각하시는 분들이 많습니다. 과연 그럴까요? 취업 등으로 부모님과 따로 살고 있다 해도 실제로 부양하는 경우에는 소득공제가 가능합니다. 배우자의 형제자매(처남, 처제, 시동생, 시누이 등)도 본인이 부양하는 경우에는 기본공제가 가능하지만, 형제자매의 배우자(제수, 형수 등)는 기본공제 대상에 포함되지 않습니다.

맞벌이 부부라면 소득이 높은 사람에게 자녀 등 인적공제를 몰아주는 것이 좋습니다. 소득세는 소득이 많을수록 높은 세율이 적용되는 누진세율이기 때문이죠. 본인의 소득금액이 1,000만 원이고, 배우자의 소득금액이

4,000만 원일 때 자녀에 대한 소득공제(1인당 150만 원)를 본인이 받게 되면 9만 원(150만 원×6%), 배우자가 받게 되면 225,000원(150만 원×15%)의 세금을 줄일 수 있습니다.

▼ 기본공제 대상자 공제 요건

| 기본공제 대상자 | 공제 요건 | | | |
|---|---|---|---|---|
| | 나이 요건* | 소득 요건 (100만 원 이하) | 동거 요건 | |
| | | | 주민등록동거 | 일시퇴거 허용 |
| 본인 | × | × | × | - |
| 배우자 | × | ○ | × | - |
| 직계존속 | 60세 이상 | ○ | △<br>주거형편상<br>별거 허용 | - |
| 직계비속, 동거입양자 | 20세 이하 | ○ | × | - |
| 장애인 직계비속의<br>장애인 배우자 | × | ○ | × | - |
| 형제자매 | 60세 이상,<br>20세 이하 | ○ | ○ | ○ |
| 국민기초생활보장법에<br>의한 수급자 | × | ○ | ○ | ○ |
| 위탁아동 | 18세 미만 | ○ | - | - |

*공제 대상자의 나이 요건은 당해 과세 기간 중 해당하는 날이 있을 때만 허용

이번에는 '추가공제'에 대해 알아볼까요? 추가공제에는 경로우대공제, 장애인공제, 부녀자공제, 한부모공제 등이 있습니다.

경로우대공제는 기본공제 대상자 중 70세 이상인 자가 있는 경우, 경로우대자 1인에 대해 연 100만 원을 공제하는 것을 말합니다.

장애인공제는 기본공제 대상자가 장애인인 경우 받을 수 있는데, 공제액이 200만 원으로 큰 편입니다.

부녀자공제는 사업자 본인이 여성(종합소득금액 3,000만 원 이하)으로, 부양가족이나 배우자가 있는 세대주인 경우, 50만 원을 공제받을 수 있습니다.

한부모공제는 배우자가 없고 기본공제 대상자인 직계비속 또는 입양자가 있는 경우, 100만 원을 공제받을 수 있죠.

▼ 소득공제 내역

| | 구분 | 공제 내용 | 공제금액 | 기타 사항 |
|---|---|---|---|---|
| 인적 공제 | 기본공제 | 본인 | 150만 원 | |
| | | 배우자 | 150만 원 | 연 소득금액이 100만 원 이하인 경우 |
| | | 부양가족 | 150만 원 | 20세 이하이거나 60세 이상<br>연 소득금액이 100만 원 이하인 경우 |
| | 추가공제 | 경로우대 | 100만 원 | 기본공제 대상자가 70세 이상인 경우 |
| | | 장애인 | 200만 원 | 기본공제 대상자가 장애인인 경우 |
| | | 부녀자 | 50만 원 | 사업자 본인이 여성으로, 부양가족이나 배우자가 있는 세대주인 경우(종합소득금액 3,000만 원 이하) |
| | | 한부모 | 100만 원 | 배우자가 없는 사람으로서 기본공제 대상자인 직계비속 또는 입양자가 있는 경우 |
| 연금보험료 | | 국민연금 | 납입액 | |
| 그 밖의 소득 공제 | 개인연금저축 | | 납입액×40% | 2000년 12월 31일 이전에 가입해 과세 기간에 불입한 금액 |
| | 소기업, 소상공인 공제부금 | | 납입액 | 공제 한도 금액(200만 원/300만 원/500만 원) |

앞서 이야기했듯 사업자는 근로자에 비해 공제 항목 수가 적으니 인적공제 항목을 잘 챙겨야 절세를 할 수 있습니다.

국민연금보험료는 1년 동안 불입한 전액에 대해 소득공제를 받을 수 있습니다. 또한 2000년 12월 31일 이전에 연금저축에 가입했다면 납입액의 40%를 소득공제받을 수 있죠. 소기업, 소상공인공제에 가입하여 납부하는 공제부금에 대해서는 다음과 같이 소득공제를 받을 수 있습니다.

| 사업(근로)소득금액 | 4,000만 원 이하 | 4,000만 원~1억 원 | 1억 원 초과 |
|---|---|---|---|
| 공제 한도 | 500만 원 | 300만 원 | 200만 원 |

## 소득세 세액공제

소득세를 낼 때 절세할 수 있는 방법은 소득공제와 세액공제로 구분할 수 있습니다. 소득공제는 소득세의 기준이 되는 소득 총액 자체를 줄이는 것을 말하고, 세액공제는 맨 마지막 산출세액에서 추가로 차감되는 금액을 말합니다.

예를 들어 소득공제는 소득공제받을 수 있는 금액이 100만 원이라면 여기에 세율(6% 가정)을 곱해 나온 금액 6만 원이 절세되는 것입니다. 반면 세액공제는 그 금액 그대로 절세할 수 있습니다. 자녀세액공제액이 15만 원이라면 15만 원이 그대로 소득세 납부세액에서 줄어드는 것이죠. 세액공제는 산출세액에서 공제해주는 것이어서 소득이 적은 사람일수록 세액공제가 더 유리합니다.

소득공제와 마찬가지로 세액공제도 근로자에 비해 사업자가 받을 수 있는 공제 항목이 제한적입니다. 사업자는 성실신고 대상자가 아니라면 근로자들이 세액공제받을 수 있는 특별세액공제(의료비, 교육비 등)를 받을 수 없습니다.

▼ 세액공제 내역

<table>
<tr><th></th><th>구분</th><th>공제 내용</th><th>공제금액</th></tr>
<tr><td rowspan="4">소득세법상 세액공제</td><td rowspan="2">자녀 세액공제</td><td>기본공제 대상</td><td>1명: 15만 원, 2명: 30만 원<br>3명 이상: 30만 원+2명을 초과하는 1명당 30만 원</td></tr>
<tr><td>출산·입양</td><td>첫째: 30만 원, 둘째: 50만 원, 셋째 이상: 70만 원</td></tr>
<tr><td>특별 세액공제</td><td>연금계좌</td><td>min[①, ②]×12%(종합소득금액이 4,000만 원 이하인 경우 15%)<br>① min[연금저축계좌납입액(한도 400만 원)+퇴직연금계좌납입액]<br>② 연 700만 원</td></tr>
<tr><td colspan="2">기장세액공제</td><td>종합소득산출세액×복식부기에 따라 기장된 사업소득금액/종합소득금액×20%</td></tr>
<tr><td rowspan="2">조특법상 세액공제</td><td colspan="2">전자신고세액공제</td><td>2만 원</td></tr>
<tr><td colspan="2">현금영수증세액공제</td><td>현금영수증 발행 건당(5,000원 미만 거래)×20원</td></tr>
</table>

기본공제 대상에 해당하는 자녀가 있다면 자녀 수에 따라 추가로 위의 표와 같이 자녀세액공제를 받을 수 있습니다. 아이를 출산하거나 입양한 해에는 첫째 아이라면 30만 원, 둘째 아이라면 50만 원, 셋째 아이라면 70만 원을 산출세액에서 공제받을 수 있습니다.

또한 연금저축 상품에 불입한 금액의 15%에 해당하는 금액은 세액공제를 받을 수 있습니다. 만약 종합소득금액이 4,000만 원을 초과한다면 연금저축에 불입한 금액의 12%까지 세액공제를 받을 수 있습니다.

▼ 소득에 따른 연금계좌 세액공제 대상 금액과 세액공제율

| 소득 요건 | 세액공제 대상 금액 | 세액공제율 |
|---|---|---|
| 총 급여액 5,500만 원 이하<br>또는 종합소득금액 4,000만 원 이하 | 400만 원 | 15% |
| 총 급여액 1억 2,000만 원 이하<br>또는 종합소득금액 1억 원 이하 | 400만 원 | 12% |
| 총 급여액 1억 2,000만 원 초과<br>또는 종합소득금액 1억 원 초과 | 300만 원 | 12% |

간편장부 대상자가 복식부기로 신고하면 산출세액의 20%에 해당하는 금액은 기장세액공제를 받을 수 있습니다. 공제액의 상한선은 100만 원입니다. 통상적으로 사업을 개시한 첫해에는 매출액이 크지 않는 이상, 간편장부 대상자에 해당하기 때문에 기장세액공제를 받을 수 있습니다.

또한 홈택스를 통해 소득세를 신고하면 전자세액공제를 받아 2만 원의 세금을 절약할 수 있습니다.

마지막으로, 5,000원 미만의 거래에 대해 현금영수증을 발행했다면 현금영수증세액공제를 받아 건당 20원씩 세금을 절약할 수 있습니다.

## 소득세 사후 검증 유형

소득세 신고가 끝나면 신고 내용 분석 결과 안내문이 발송됩니다. 세무서에서는 이를 '소득세 사후 검증'이라고 부릅니다.

소득세 사후 검증을 할 때는 부가가치세 사후 검증과 마찬가지로 다음과 같은 자료를 검토합니다.

- 매입금액 대비 적격증빙(세금계산서 등) 과소 수취 혐의 자료
- 복리후생비, 지급 이자, 재고자산 등 재무제표 분석 자료
- 위장·가공 자료 수취 등 과세 자료 보유 내역
- 평균 소득률(업종·지역·외형별) 대비 소득률 저조 여부
- 인적 용역자의 필요경비에 가사경비 포함 여부

사후 점검 대상자가 되었다면 해당 내용을 적극적으로 소명해야 합니다. 소득세를 잘못 신고했을 경우에는 수정신고를 하면 세무 조사 대상자로 선정되지 않으니 너무 걱정하지 않으셔도 됩니다.

## 부업러, 혼자 힘으로 종합소득세 신고하기

회사를 다니며 부업으로 의류 판매를 하고 있는 사장님의 사례로 종합소득세를 신고해보도록 하겠습니다.

우선 홈택스에 접속해 [신고/납부]→ [세금신고]→ [종합소득세]→ [일반신고서]→ [정기신고 작성]을 클릭합니다.

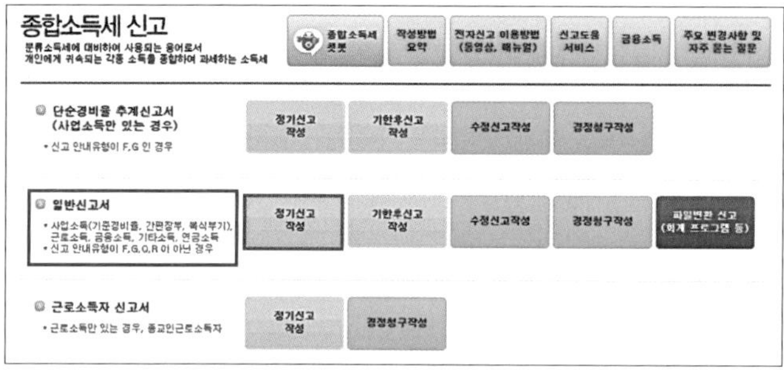

[납세자번호] 옆쪽에 있는 [조회]를 클릭합니다. 사장님은 회사에서 발생한 근로소득과 온라인 쇼핑몰에서 발생한 사업소득이 있기 때문에 [부동산임대업외의 사업소득]과 [근로소득]에 체크해야 합니다.

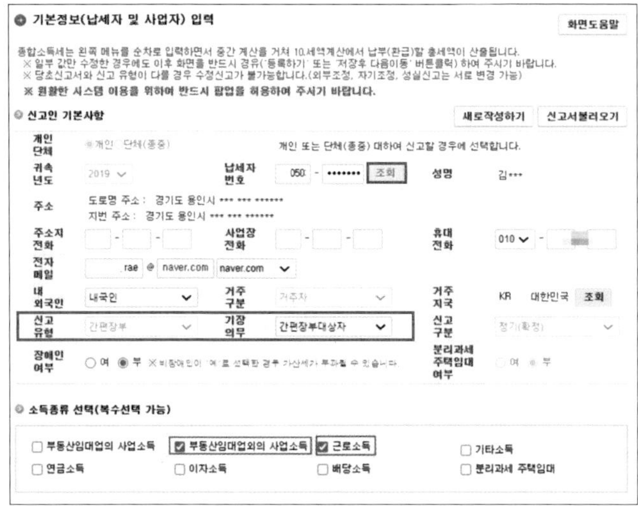


많은 분들이 소득세를 신고할 때 기장 의무는 무엇이고, 신고 유형은 무엇인지 헷갈려합니다. 이때 상단의 [신고도움서비스]를 클릭하면 자신의 유형을 파악할 수 있습니다.

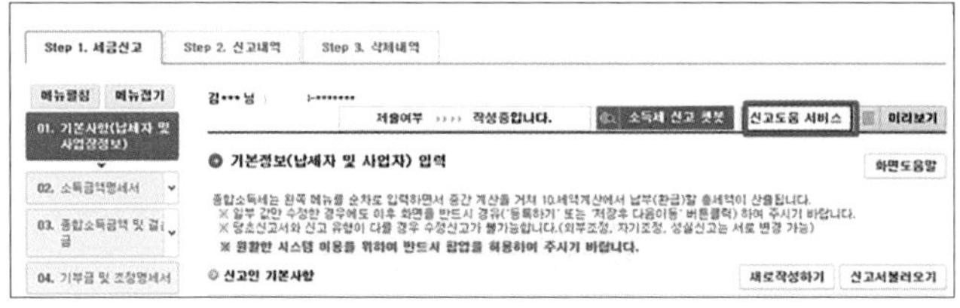

클릭하면 다음과 같이 기장 의무 구분과 추계 신고 시 적용 경비율을 확인할 수 있습니다.

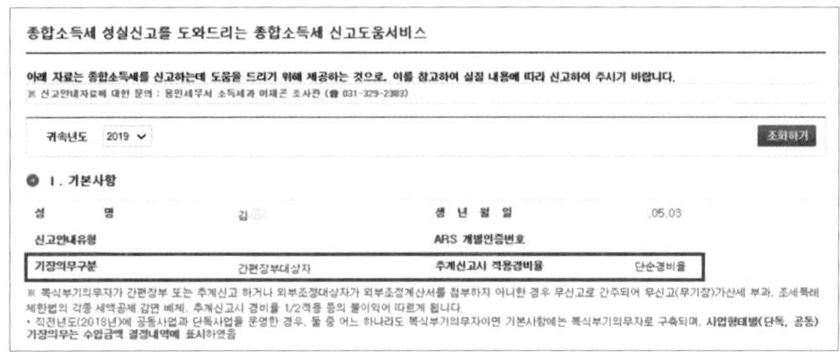
종합소득세 성실신고를 도와드리는 종합소득세 신고도움서비스

아래 자료는 종합소득세를 신고하는데 도움을 드리기 위해 제공하는 것으로, 이를 참고하여 실질 내용에 따라 신고하여 주시기 바랍니다.
※ 신고안내자료에 대한 문의 : 용인세무서 소득세과 이재곤 조사관 (☎ 031-329-2383)

귀속년도 2019 조회하기

I. 기본사항

| 성 명 | 김 | 생 년 월 일 | .05.03 |
| --- | --- | --- | --- |
| 신고안내유형 | | ARS 개별인증번호 | |
| 기장의무구분 | 간편장부대상자 | 추계신고시 적용경비율 | 단순경비율 |

※ 복식부기의무자가 간편장부 또는 추계신고 하거나 외부조정대상자가 외부조정계산서를 첨부하지 아니한 경우 무신고로 간주되어 무신고(무기장)가산세 부과, 조세특례제한법의 각종 세액공제 감면 배제, 추계신고시 경비율 1/2적용 등의 불이익이 따르게 됩니다.
• 직전년도(2018년)에 공동사업과 단독사업을 운영한 경우, 둘 중 어느 하나라도 복식부기의무자이면 기본사항에는 복식부기의무자로 구축되며, 사업형태별(단독, 공동) 기장의무는 수입금액 결정내역에 표시하였음

기장 의무 구분은 [신고도움서비스]에 나와 있는 대로 복식부기 의무자라면 복식부기 의무자로, 간편장부 대상자라면 간편장부 대상자로 입력하면 됩니다.

신고 유형은 자기조정, 외부조정, 성실신고 확인, 간편장부, 기준경비율, 단순경비율 중 하나를 선택하게 되어 있습니다. 장부를 기장했다면 자기조정, 외부조정, 성실신고 확인, 간편장부 중 하나를 선택하면 되고, 장부를 기장하지 않았다면 기준경비율, 단순경비율 중 하나를 선택하면 됩니다.

| 사업자등록번호 | 없음 - - 조회 | 상호 | |
| --- | --- | --- | --- |
| 업종코드 | 940901 조회 사업자등록번호 없이 등록 가능한 업종코드 조회 | | |
| 소득구분 | ○ 부동산임대업의 사업소득(30)<br>◉ 부동산임대업외의 사업소득(40)<br>○ 주택임대업의 사업소득(32) | ○ 동업기업에서 배분받은 부동산임대업의 사업소득(31)<br>○ 동업기업에서 배분받은 부동산임대업외의 사업소득(41) | |
| 업태 | 협회 및 단체, 수리 및 기타 개인서비스업 | 종목 | 인적용역 |
| 기장의무 | 간편장부대상자 | 신고유형 | 간편장부 |
| 주소 | 도로명 주소 :<br>지번 주소 : | | |
| 소재지 | 국내 | 소재지국 | KR 대한민국 조회 |
| 공동사업자 여부 | ○ 여 ◉ 부<br>※ "여" 선택 후 대표자를 입력하세요 | 비과세농가 부업소득 여부 | ○ 여 ◉ 부 |

등록하기

연 매출액은 3,000만 원, 사업 관련 지출 필요경비는 2,300만 원으로 가정하여 소득세를 계산해보겠습니다.

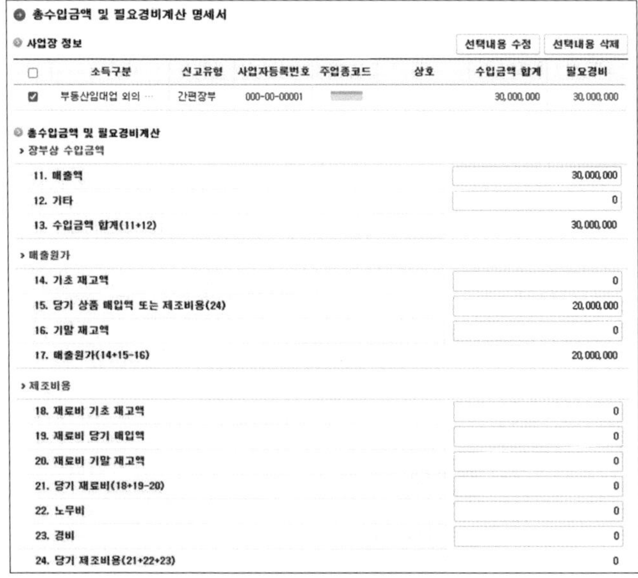

**총수입금액 및 필요경비계산 명세서**

**사업장 정보**

선택내용 수정 | 선택내용 삭제

| ☐ | 소득구분 | 신고유형 | 사업자등록번호 | 주업종코드 | 상호 | 수입금액 합계 | 필요경비 |
|---|---|---|---|---|---|---|---|
| ☑ | 부동산임대업 외의 … | 간편장부 | 000-00-00001 | | | 30,000,000 | 30,000,000 |

**총수입금액 및 필요경비계산**

| 항목 | 금액 |
|---|---|
| › 장부상 수입금액 | |
| 11. 매출액 | 30,000,000 |
| 12. 기타 | 0 |
| 13. 수입금액 합계(11+12) | 30,000,000 |
| › 매출원가 | |
| 14. 기초 재고액 | 0 |
| 15. 당기 상품 매입액 또는 제조비용(24) | 20,000,000 |
| 16. 기말 재고액 | 0 |
| 17. 매출원가(14+15-16) | 20,000,000 |
| › 제조비용 | |
| 18. 재료비 기초 재고액 | 0 |
| 19. 재료비 당기 매입액 | 0 |
| 20. 재료비 기말 재고액 | 0 |
| 21. 당기 재료비(18+19-20) | 0 |
| 22. 노무비 | 0 |
| 23. 경비 | 0 |
| 24. 당기 제조비용(21+22+23) | 0 |

[등록하기]와 [저장 후 다음 이동]을 클릭한 뒤 [근로/연금/기타 소득 불러오기]를 클릭합니다.

› 일반관리비 (단위:원)

| 항목 | 금액 |
|---|---|
| 25. 급료 | 0 |
| 26. 제세공과금 | 500,000 |
| 27. 임차료 | 0 |
| 28. 지급이자 | 0 |
| 29. 접대비 | 200,000 |
| 30. 기부금 | 0 |
| 31. 감가상각비 | 0 |
| 32. 차량유지비 | 0 |
| 33. 지급수수료 | 1,000,000 |
| 34. 소모품비 | 300,000 |
| 35. 복리후생비 | 0 |
| 36. 운반비 | 0 |
| 37. 광고선전비 | 1,000,000 |
| 38. 여비교통비 | 0 |
| 39. 기타 | 0 |
| 40. 일반관리비 등 계(25 ~39의 합계) | 3,000,000 |

(단위:원)

| 항목 | 금액 |
|---|---|
| 41. 필요경비 합계(17+40) | 23,000,000 |

등록하기

이전 저장 후 다음이동

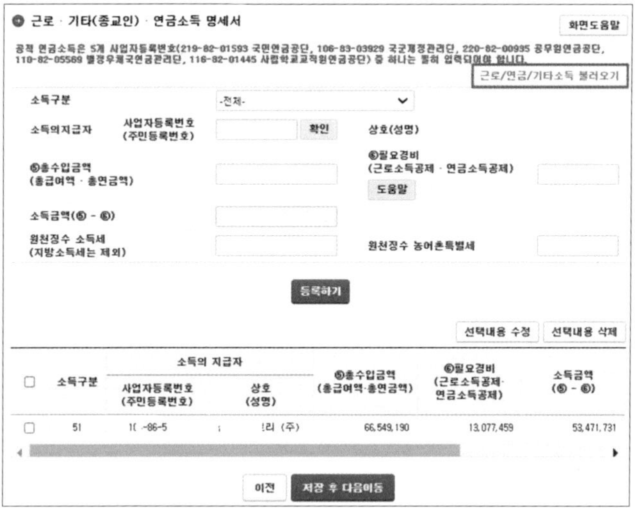

● 근로 · 기타(종교인) · 연금소득 명세서 화면도움말

공적 연금소득은 5개 사업자등록번호(219-82-01593 국민연금공단, 106-83-03929 국군재정관리단, 220-82-00995 공무원연금공단, 110-82-05569 별정우체국연금관리단, 116-82-01445 사립학교교직원연금공단) 중 하나는 필히 입력되어야 합니다.

근로/연금/기타소득 불러오기

소득구분 -전체-

소득의지급자 사업자등록번호(주민등록번호) 확인 상호(성명)

⑤총수입금액(총급여액 · 총연금액)

⑥필요경비(근로소득공제 · 연금소득공제) 도움말

소득금액(⑤ - ⑥)

원천징수 소득세(지방소득세는 제외) 원천징수 농어촌특별세

등록하기

선택내용 수정 선택내용 삭제

| ☐ | 소득구분 | 소득의 지급자 | | ⑤총수입금액(총급여액·총연금액) | ⑥필요경비(근로소득공제·연금소득공제) | 소득금액(⑤ - ⑥) |
|---|---|---|---|---|---|---|
| | | 사업자등록번호(주민등록번호) | 상호(성명) | | | |
| ☐ | 51 | 1( -86-5 | !리 (주) | 66,549,190 | 13,077,459 | 53,471,731 |

이전 저장 후 다음이동

종합소득금액 및 결손금·이월결손금명세서에 사업소득금액이 700만 원, 근로소득금액이 5,347만 원으로 입력되어 있으면 신고가 잘된 것입니다.

결손금 · 이월결손금공제명세서

도움말

| 구분 | 1. 소득별 소득금액 | 2. 부동산임대업 외의 사업소득(주택임대업포함) 결손금공제금액 | 이월결손금 공제금액 | | 5. 결손금·이월결손금공제 후 소득금액(1-2-3-4) |
|---|---|---|---|---|---|
| | | | 3. 부동산임대업 외의 사업소득(주택임대업포함) 이월결손금 공제금액 | 4. 부동산임대업의 사업소득(주택임대업제외) 이월결손금 공제금액 | |
| 이자소득금액 | 0 | 0 | 0 | | 0 |
| 배당소득금액 | 0 | 0 | 0 | | 0 |
| 출자공동사업자의 배당소득금액 | 0 | 0 | 0 | | 0 |
| 부동산임대업의 사업소득금액(주택임대업제외) | 0 | 0 | 0 | 0 | 0 |
| 부동산임대업 외의 사업소득금액(주택임대업포함) | 7,000,000 | | 0 | | 7,000,000 |
| 근로소득금액 | 53,471,731 | 0 | 0 | | 53,471,731 |
| 연금소득금액 | 0 | 0 | | | 0 |
| 기타소득금액 | 0 | 0 | | | 0 |
| 합계(종합소득금액) | 60,471,731 | 0 | 0 | 0 | 60,471,731 |

※ 이월결손금 공제금액이 있는 경우에는 아래 [이월결손금 명세서]를 입력하세요.

이번에는 소득공제 항목을 입력합니다. 근로소득이 있어 회사에서 연말정산을 했다면 다음과 같이 기존에 신고한 소득공제 항목이 자동으로 불러와집니다. 추가로 공제할 항목이 없다면 [저장 후 다음 이동]을 클릭한 뒤 다음 화면으로 넘어가면 됩니다.

**소득공제명세서** 화면도움말

소득공제(소득세법) 도움말

› 기본공제자 근로소득(연말정산) 불러오기 | 종교인소득(연말정산) 불러오기 | 사업소득(연말정산) 불러오기

| | | | |
|---|---|---|---|
| 주민등록번호 | - 확인 | 성명 | 내국인: 내국인 |
| 기본공제 | 해당자 / 미해당자 | 관계 | 소득자 본인 |
| 인적공제항목 | 70세 이상 / 부녀자 / 한부모가족 / 장애인 | | |

※ 2016년귀속 부터는 부양가족 중 기본공제 대상자가 아니더라도 당해 화면에서 기본공제에 미해당자로 체크하여 등록하면 05. 기부금 및 조정명세서 화면에서 기부금 공제를 받을 수 있습니다.

등록하기

› 기본공제자 명세

※ 인적공제대상자 명세는 보고서 출력시 최대 8개까지만 표시됩니다. 전년도 인적공제 불러오기 | 선택내용 수정 | 선택내용 삭제

| NO | 주민등록번호 | 성명 | 관계 | 기본공제 | 70세이상 | 장애인 | 부녀자 | 한 |
|---|---|---|---|---|---|---|---|---|
| 1 | 03-1****** | 김*** | 소득자 본인 | Y | N | N | N | |
| 2 | 25-2****** | 이*** | 배우자 | Y | N | N | N | |
| 3 | 26-3****** | 김*** | 직계비속(자녀… | Y | N | N | N | |

› 인적공제

| 구분 | | 금액 | 구분 | | 금액 |
|---|---|---|---|---|---|
| 1. 본인 | | 1,500,000 | 5. 장애인 | 0명 | 0 |
| 2. 배우자 | | 1,500,000 | 6. 부녀자 | | 0 |
| 3. 부양가족 | 1명 | 1,500,000 | 7. 한부모가족 | | 0 |
| 4. 70세 이상인 자 | 0명 | 0 | 8. 인적공제 계 | | 4,500,000 |

› 기타공제 및 특별공제

| 구분 | 금액 | 구분 | 금액 |
|---|---|---|---|
| 11. 국민연금보험료 도움말 | 2,509,860 | 15. 특별공제_주택자금 계산하기 | 3,073,044 |
| 12. 기타연금보험료 도움말 | 0 | 16. 특별공제_기부금(이월분) | 0 |
| 13. 주택담보노후연금이자비용 도움말 | 0 | 17. 특별공제 계(14+ ~ +16) | 5,647,664 |
| 14. 특별공제_보험료 계산하기 | 2,574,620 | | |

소득공제(조세특례제한법)

| 구분 | 금액 | 구분 | 금액 |
|---|---|---|---|
| 18. 개인연금저축(2000.12.31. 이전 가입) | 0 | 24. 우리사주조합 기부금 | 0 |
| 19. 소기업 소상공인 공제부금 | 0 | 25. 고용유지중소기업의 근로자 도움말 | 0 |
| 20. 주택마련저축 계산하기 도움말 | 0 | 26. 장기집합투자증권저축 도움말 | 0 |
| 21. 중소기업창업투자조합출자 등 도움말 계산하기 | 0 | | |
| 22. 신용카드 등 계산하기 | 3,406,187 | | |
| 23. 우리사주조합 출자금 도움말 | 0 | 27. 계(18+ ~ +26) | 3,406,187 |

소득공제 합계 및 한도초과액

| | | | |
|---|---|---|---|
| 28. 소득공제 합계(8+11+12+13+17+27) | 16,063,711 | 29. 소득공제 종합한도 초과액(15+19~23+26-2,500만원) 도움말 | 0 |

이전 | 저장 후 다음이동

기납부세액명세서에 근로소득으로 연말정산을 한 뒤 최종적으로 낸 세금 금액이 나옵니다.

기납부세액명세서

화면도움말

- 기납부세액명세서를 입력하는 단계입니다.
- 원천징수세액 및 납세조합징수세액의 근로소득(8)에 대한 소득세는 근로소득원천징수영수증 상의 차감 징수세액을 입력하는 것이 아니며결정세액을 입력해야 합니다.
- 원천징수세액은 이 화면에서 입력하는 것이 아니며, 2-가-5. 사업소득 원천징수명세서, 2-나. 근로 · 기타 · 연금소득명세서, 2-다. 금융소득(이자 · 배당소득) 메뉴의 원천징수소득세, 농어촌특별세 항목에 입력해야 합니다.

기납부세액명세

| 구분 | 소득세 | 농어촌특별세 |
|---|---|---|
| 중간예납세액 | 0 | |
| 토지등 매매차익 예정신고납부세액 | 0 | |
| 토지등 매매차익 예정고지세액 | 0 | |
| 수시부과세액 | 0 | 0 |

원천징수세액 및 납세조합징수세액

| 구분 | 소득세 | 농어촌특별세 |
|---|---|---|
| 이자소득 | 0 | |
| 배당소득 | 0 | |
| 사업소득 | 0 | 0 |
| 근로소득 | 3,287,238 | 0 |
| 연금소득 | 0 | |
| 기타소득 | 0 | |
| 합계 | 3,287,238 | 0 |

이전 저장 후 다음이동

세액 계산 단계까지 왔다면 거의 끝난 것이니 조금 더 힘을 내시기 바랍니다. 사업소득금액이 700만 원 늘어나니 납부할 세액이 다음과 같이 나오네요. 만약 금액 앞에 마이너스(-)가 표시되어 있다면 환급세액이 발생해 6월 말 쯤에 소득세를 환급받을 수 있습니다. 내용을 모두 확인했다면 [신고서 제출하기]를 클릭합니다.

◎ 세액의 계산 주식매수선택권 행사이익 납부특례 세액계산명세서

※ 금융소득과 부동산매매업의 세율은 06. 종합소득산출세액계산서 화면에서 확인합니다.

※ 주식매수선택권 행사이익 납부특례는 확정신고 기한 내에 과세표준확정신고서 및 특례적용신청서를 제출하는 경우에 적용받을 수 있으며 기한후 신고시에는 적용할 수 없습니다.

| 구분 | | | 소득세 | | 농어촌특별세 |
|---|---|---|---|---|---|
| 종합소득금액 | | 21 | 60,471,731 | | |
| 소득공제 | | 22 | 16,063,711 | | |
| 과세표준(21-22) | | 23 | 44,408,020 | 41 | 0 |
| 세율(%) | | 24 | 15.00 | 42 | 0.00 |
| 산출세액 | | 25 | 5,581,203 | 43 | 0 |
| 세액감면 | | 26 | 0 | | |
| 세액공제 | | 27 | 1,245,965 | | |
| 결정세액 | 종합과세(23-24-25) | 26 | 4,335,238 | 44 | 0 |
| | 분리과세주택임대소득 | 27 | 0 | 45 | 0 |
| | 합계(26+27) | 28 | 4,335,238 | 46 | 0 |
| 가산세 | | 29 | 0 | 47 | 0 |
| 추가납부세액<br>(농어촌특별세의 경우에는 환급세액) | | 30 | 0 | 48 | 0 |
| 합계(28+29+30) | | 31 | 4,335,238 | 49 | 0 |
| 기납부세액 | | 32 | 3,287,238 | 50 | 0 |
| 납부(환급)할 총세액(31-32) | | 33 | 1,048,000 | 51 | 0 |
| 납부특례세액차감 | | 34 | 0 | | |
| 납부특례세액가산 | | 35 | 0 | | |
| 분납할 세액(2개월 이내) | | 36 | 0 | 52 | 0 |

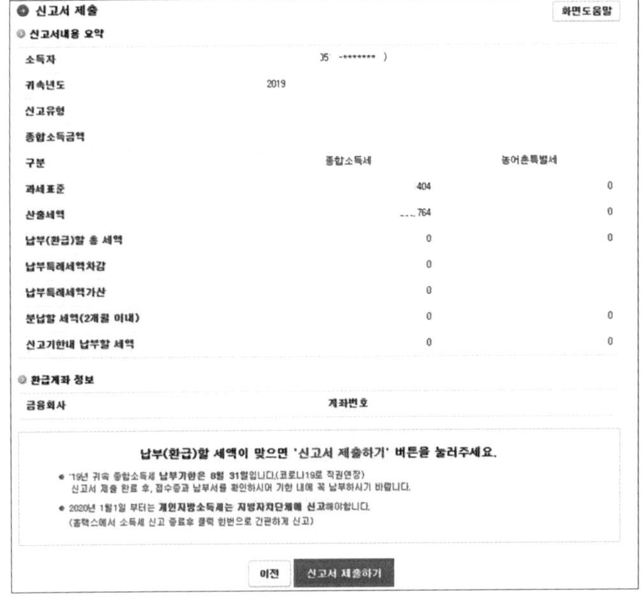

● 신고서 제출 화면도움말

◎ 신고서내용 요약

| | | |
|---|---|---|
| 소득자 | )5 -******* ) | |
| 귀속년도 | 2019 | |
| 신고유형 | | |
| 종합소득금액 | | |
| 구분 | 종합소득세 | 농어촌특별세 |
| 과세표준 | 404 | 0 |
| 산출세액 | ..., 764 | 0 |
| 납부(환급)할 총 세액 | 0 | 0 |
| 납부특례세액차감 | 0 | |
| 납부특례세액가산 | 0 | |
| 분납할 세액(2개월 이내) | 0 | 0 |
| 신고기한내 납부할 세액 | 0 | 0 |

◎ 환급계좌 정보

| 금융회사 | 계좌번호 |
|---|---|

**납부(환급)할 세액이 맞으면 '신고서 제출하기' 버튼을 눌러주세요.**

- '19년 귀속 종합소득세 **납부기한은 8월 31일**입니다.(코로나19로 직권연장)
  신고서 제출 완료 후, 접수증과 납부서를 확인하시어 기한 내에 꼭 납부하시기 바랍니다.
- 2020년 1월1일 부터는 **개인지방소득세는 지방자치단체에 신고**해야합니다.
  (홈택스에서 소득세 신고 종료후 클릭 한번으로 간편하게 신고)

이전 신고서 제출하기

다음과 같이 종합소득세 신고서 접수증 화면이 나와야 종합소득세 신고가 끝이 난 것입니다. 꼭 이 화면까지 확인하셔야 합니다. 이 단계까지 마무리 하지 않으면 소득세 무신고자가 되어 무신고가산세를 납부해야 하는 일이 발생할 수도 있습니다.

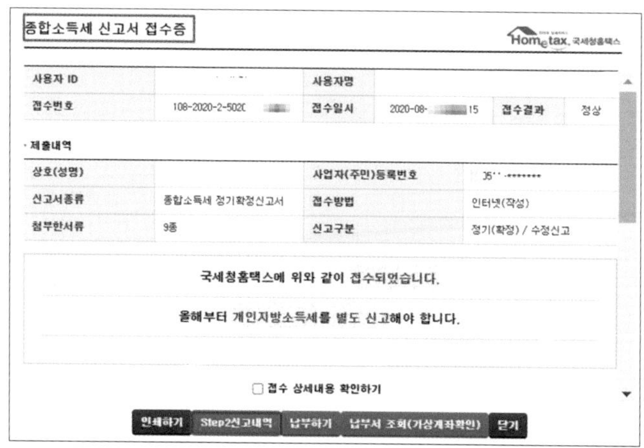


이것으로 국세에 대한 종합소득세 신고가 끝났습니다. 그다음에는 국세 10%에 대한 지방소득세 신고를 해야 합니다. [Step2. 신고내역]을 클릭하면 소득세 신고 내역이 나옵니다. 오른쪽 끝에 [지방소득세 신고하기]가 보이시죠?

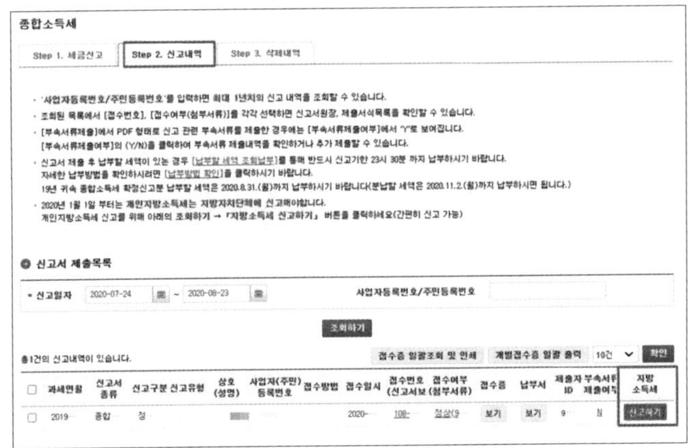


자, 이제 지방소득세를 신고해볼까요? 빨간색 점이 표시된 부분은 무조건 입력해야 합니다. 지방소득세 신고는 한 화면에서 끝납니다.

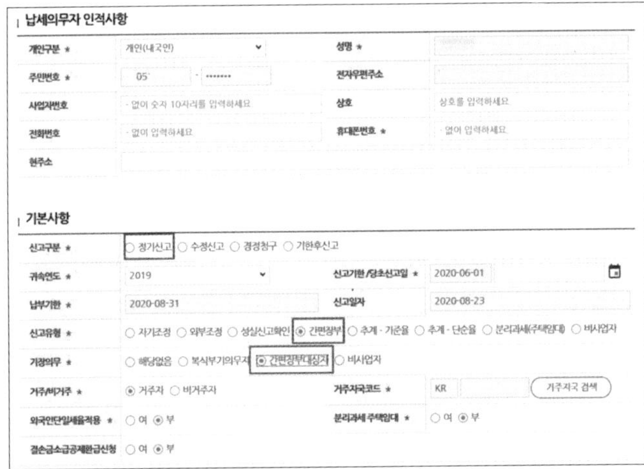

최종 신고를 한 뒤 신고서를 전송하고, 납부할 금액이 나온다면 납부까지 해야겠죠? 만약 돌려받을 금액이 있다면 세무서에서는 6월 말까지, 구청에서는 8월 말까지 환급 처리를 해줍니다.

신고세액

| 항목 | 금액 | 항목 | 금액 |
|---|---|---|---|
| 17. 과세표준 * | 44,408,020 원 | 21. 세액공제 | 124,596 원 |
| 18. 세율 | 1.5 % | 결정세액 22. 종합과세(19-20-21) | 433,524 원 |
| 19. 산출세액 | 558,120 원 | 23. 분리과세주택임대소득 | 0 원 |
| 20. 세액감면 | 0 원 | 24. 합계(22+23) | 433,524 원 |
| 가산세 구분 | 선택 | 26. 납부지연일수/납부불성실 가산세 ? | 0 일 0 원 |
| 부정신고사유 | 선택 | 무기장 가산세(a) | 0 원 |
| 일반무(과소)신고 ? | 0 원 | 성실신고확인서 미제출(b) | 0 원 |
| 부정무(과소)신고 ? | 0 원 | 그외 가산세(c) | 0 원 |
| 25.무(과소)신고가산세합계 | 0 원 | 27.기타 가산세 합계(a+b+c) | 0 원 |
| | | 28. 가산세합계(25+26+27) | 0 원 |
| 29. 추가납부세액 | 0 원 | 기납부세액 수시부과등(f) | 0 원 |
| 30. 합계(24+28+29) | 433,524 원 | 기납부세액 토지등매매차익(g) | 0 원 |
| 기납부세액 특별징수(e) | 328,723 원 | 31. 기납부세액(e+f+g) | 328,723 원 |
| | | 32. 납부(환급) 할 총 세액(30-31) | 104,800 원 |

환급계좌

| 환급은행 | 선택 | 환급계좌 | 숫자만입력하세요 |
|---|---|---|---|

확인사항

신고인은 **「지방세법」 제95조에** 따라 위의 내용을 신고하며, 위 내용을 충분히 검토했고 신고인이 사실 그대로를 정확하게 적었음을 확인합니다.
위 내용 중 과세표준 또는 납부세액을 신고해야 할 금액보다 적게 신고하거나 환급세액을 신고해야 할 금액보다 많이 신고한 경우에는 **「지방세기본법」 제54조 및 제55조에 따른 가산세 부과 등의 대상이 됨을 알고 있습니다.**

✓ 이에 동의하며 신고서를 제출합니다.

신고

# 4부

개인사업자를 위한
세금 완전 정복 ③

# 원천세

# 누군가의 소득세를 대신 내주는 원천세

부업러

지금은 종종 아르바이트생을 고용해 일을 하고 있어요. 사업이 좀 더 성장하면 직원을 고용할 수도 있겠죠? 그때는 원천세에 대해서도 알아야 한다고 하던데, 원천세가 무엇인가요?

세무서 언니

원천세는 월급이나 급여를 주는 사장님이 직원이나 피고용인이 내야 하는 소득세를 먼저 지불하는 것을 말해요. 이때 사장님은 지출하는 월급을 비용으로 인정받기 위해 원천징수로 소득세를 떼고 그 금액을 신고·납부할 수 있어요.

## 원천징수란?

원천세란, 소득을 지급하는 사업자가 소득을 지급받는 자에게 해당 소득에 대한 소득세를 공제하고 지급한 뒤 사업장 관할 세무서에 신고 · 납부하는 세금입니다. 쉽게 이야기해서 누군가의 소득세를 대신 납부해주는 것이죠.

직원을 고용해 일을 하는 사업자는 매달 월급을 지급하는데, 사업을 하며 발생하

는 비용 중 가장 큰 부분을 차지하는 것이 바로 인건비입니다.

인건비는 사업자 입장에서는 비용이지만 직원 입장에서는 소득입니다. 원칙적으로 개인이 각각 소득세를 신고·납부해야 하지만 소득을 개별적으로 신고하는 것은 납세자에게 큰 부담입니다. 그래서 정부가 사업자에게 인건비를 비용으로 인정받으려면 원천징수를 하고 신고·납부하는 의무를 준 것이죠.

원천세를 고려하지 않고 직원에게 월급을 줬다면 결국 직원이 내야 할 세금을 사장님이 직접 내야 하는 경우가 생길 수 있습니다. 이때 원천징수 소득세뿐 아니라 4대 보험료까지 계산해서 원천징수해야 합니다.

원천징수를 하고 원천징수이행상황신고서와 지급명세서를 제출하면 소득세 신고 시 인건비로 인정받을 수 있습니다. 지급명세서 양식은 소득에 따라 다르니 잘 확인하고 신고해야 합니다.

## 근로소득? 사업소득? 기타소득? 일용소득?

많은 분들이 원천세를 신고하는 사업자와 돈을 받는 소득자 입장에서 서로 어떤 소득으로 신고하는 것이 유리한지 궁금해하시더군요. 소득을 어떻게 구분하느냐에 따라 원천징수세액, 지급명세서 서식, 지급받는 사람의 실수령액이 바뀝니다.

고용 형태에 따라 근로소득, 사업소득, 기타소득으로 구분할 수 있습니다. 고용계약서를 쓰고 직원을 채용했다면 근로소득으로 원천징수를 해야 하고, 고용 관계를 맺지 않고 계속적으로 일하는 경우에는 사업소득, 일시적으로 발생하는 소득은 기타소득으로 원천징수 이행 상황 신고를 해야 합니다. 단기 아르바이트생을 고용해 월급을 줬다면 근로소득의 하나인 일용소득으로 신고해야 합니다. 세법에서는 동일 고용주에게 3개월 미만 고용되어 일한 근로자를 일용소득 신고 대상자로 봅니다.

예를 들어 옷가게를 운영하고 있는 사장님이 홈페이지 관리를 위해 프리랜서를 고용했다면 사업소득으로 세금을 신고해야 하고, 직원을 채용해 홈페이지 관리를 맡겼다면 근로소득으로 세금을 신고해야 합니다. 배달 접수 건이 많아져 일시적으로 단기 아르바이트생을 고용했다면 일용소득이나 기타소득으로 세금을 신고해야 하죠.

소득 구분에 따라 다음과 같이 4대보험 인정 여부가 정해지기 때문에 소득 구분을 확실하게 해야 합니다.

▼ 소득 구분에 따른 4대보험 인정 여부

| | | 근로소득 | 사업소득 | 기타소득 | 일용소득 |
|---|---|---|---|---|---|
| 4대보험 | 국민연금<br>(국민연금공단) | ○ | × | × | × |
| | 건강보험<br>(건강보험공단) | ○ | × | × | × |
| | 고용보험<br>(근로복지공단) | ○ | × | × | ○ |
| | 산재보험<br>(근로복지공단) | ○ | × | × | ○ |

*1개월 미만 근무하거나 월 근무 일수가 8일 미만인 일용근로자는 연금보험, 건강보험 가입 의무가 없음(세법상 일용근로자 기준과 상이).

## 원천세를 신고하지 않았어도 비용으로 인정받을 수 있을까?

4대보험료가 부담스러워 세무서에 원천세를 신고하지 않길 바라는 분들이 꽤 많습니다. 종종 원천세 신고를 하지 않았지만 직원에게 월급을 주었으니 당연히 비용 처리가 되는 것 아니냐고 물어보시는 분들이 계십니다. 그럴 때 저는 원천세 신고가 들어와야 비용으로 인정받을 수 있다고 설명해드리죠. 그동안 원천세를 신고하지 않았다 해도 원천세 기한후신고를 하면 비용으로 인정받을 수 있습니다. 다만, 종합소득세 신고와 원천징수 이행 상황 신고를 할 때 다음과 같이 각각 가산세가 부과됩니다.

**원천세가산세**

**원천징수불성실가산세: (납부세액×3%)+(납부세액×0.025%×일수)**

**소득세가산세**

**지급명세서제출불성실가산세: 지급금액×1%**

# 원천세 신고 및 납부 방법

부업러

인건비에 대한 원천세 신고는 어떻게 해야 하나요?

세무서 언니

급여를 지급하는 사장님은 인건비로 사용한 총금액과 함께 누가 얼마를 받았는지 지급명세서를 통해 신고하면 돼요. 원천세 신고 기간과 지급명세서 신고 기간이 다르니 잘 체크해두세요.

## 원천세와 지급명세서 신고 · 납부 일정

원천세는 총금액만 신고·납부하고, 지급명세서를 통해 누가 얼마를 받았는지 신고해야 합니다. 원천세 신고 기간과 지급명세서 신고 기간이 다르니 다음 표를 참고하여 일정에 맞게 잘 신고하시기 바랍니다.

원천세 반기납을 신청했다면 6개월에 한 번, 신청하지 않았다면 매월분을 다음 달 10일까지 원천징수 이행 상황 신고를 해야 합니다. 일용지급명세서는 분기별로 제출하게 되어 있습니다(21.7월 귀속분부터는 매월 신고로 변경). 기타소득지급명세서도 2월 말까지, 근로·사업·퇴직지급명세서는 3월 10일까지 제출해야 합니다. 지급명세서를 늦게 제출하면 지연제출가산세가 부과되니 유의하시기 바랍니다.

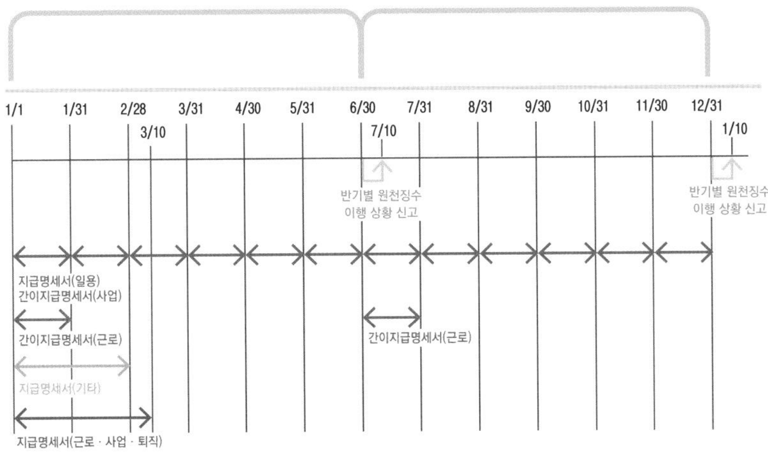


또한 각종 지원금 지급을 위해 실시간 소득파악이 필요하여 지급명세서와 별도로 간이지급명세서를 제출해야 합니다. 일용근로자, 인적용역 제공 사업자에 대한 간이지급명세서는 지급한 달의 다음 달 말일까지 신고해야 합니다. 근로자의 간이지급명세서는 연 2회(1월, 7월) 제출하면 됩니다.

▼ 미제출 시 불이익(가산세)

| 구분 | | 종전 | 변경[1] |
|---|---|---|---|
| 미제출 시 (불분명 등) | 일용근로소득지급명세서 | 1% | 0.25% |
| | 간이지급명세서 | 0.25% | 0.25% |
| 지연제출 시[2] | 일용근로소득지급명세서 | 0.5% | 0.125% |
| | 간이지급명세서 | 0.125% | 0.125% |

1) 21.7.1 이후 지급분에 대한 일용 · 간이지급명세서부터 적용

2) 지연제출 기준: (종전) 제출기한이 지난 후 3개월 이내(변경) 제출기한이 지난 후 1개월 이내[단, 간이지급명세서(근로소득)은 종전과 같이 3개월 이내]

### 인건비를 줄 때 세금을 몇 퍼센트 떼야 할까?

소득에 따라 원천징수의 대상이 되는 소득과 세율이 달라집니다. 고용한 사원에게 한 달 동안 70만 원을 지급했다고 가정하고, 근로소득, 사업소득, 기타소득, 일용소득으로 구분해 원천징수해야 할 금액을 계산해보겠습니다. 일용근로자는 한 달 중 3일만 일했다고 가정하겠습니다. 계산의 편의상 4대 보험도 제외했습니다.

▼ 소득 종류에 따른 원천징수세액 비교

| | 근로소득 | 사업소득 | 기타소득 | 일용소득 |
|---|---|---|---|---|
| 지급액 | 700,000원 | 700,000원 | 700,000원 | 700,000원 |
| 원천징수세율<br>(지방소득세 10% 포함) | 간이세액표 | 3.3% | 8.8% | 별도 계산 방법 |
| 원천징수세액 | - | 23,100원 | 61,600원 | 7,425원 |

근로소득은 근로소득간이세액표([홈택스]→ [조회/발급]→ [기타조회]→ [근로소득간이세액표])에 따라 원천징수를 합니다. 근로소득간이세액표는 연말정산 시 추가 납부 등에 따른 근로자의 부담을 분산하기 위해 월 급여 수준과 공제 대상 부양가족 수별로 매월 원천징수해야 하는 세액을 정한 표입니다. 원천징수의 대상이 되는 부양가족의 기준은 본인을 포함해 배우자와 20세 이하 자녀입니다. 홈택스의 '공제 대상 가족 수'에 입력하면 됩니다.

다음과 같은 화면은 직원의 월 급여가 70만 원 정도여서 사장님이 원천징수할 세금이 없을 때 나타납니다. 보통 세무대리인이 근로소득 원천징수를 할 때는 직원 본인에 대한 공제만 고려해 원천징수를 하고, 연말정산을 할 때 직원의 주민등록등본을 받아 인적공제를 반영해 소득세를 정산합니다.

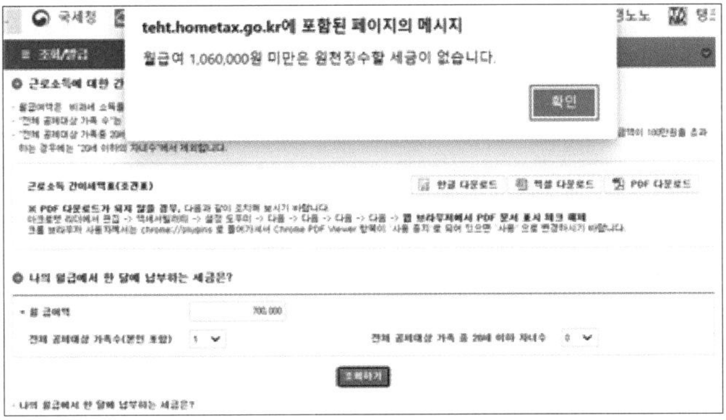

▲ 원천징수할 세금이 없는 경우

사업소득은 지급액의 3.3%(지방소득세 포함)를, 기타소득은 지급액의 8.8%(지방소득세 포함)를 원천징수합니다. 일용근로자는 계산 방식이 조금 다릅니다. 일용근로자에게 일당 15만 원 이하의 금액을 지급한 경우에는 납부해야 할 세금이 없습니다. 단, 금액이 그 이상일 경우에는 다음과 같이 원천징수하면 됩니다.

- **산출세액: (70만 원−15만×3일)×6%=15,000원**
- **원천징수세액: 15,000원×(1−55%)=6,750원**
- **원천징수세액(지방소득세 포함): 6,750×110%=7,425원**

- **약식 계산: ([70만 원−15만×3일]×2.7%)×110%=7,425원**

이런 경우 일용근로자에게 70만 원 중 7,425원을 빼고 지급하면 됩니다. 산식을 다시 간단하게 정리해보겠습니다.

- **산출세액=(지급금액-15만 원×일수)×6%**
- **원천징수세액=산출세액-(산출세액×55%)**

- **약식으로 계산한다면 (지급금액-15만 원×일수)×2.7%(지방소득세 10% 별도)**

▼ 소득 종류에 따른 원천징수세율(지방소득세 별도)

| 소득 종류 | | 원천징수 | 원천징수 대상 소득 | 세율 |
|---|---|---|---|---|
| 근로소득 | 갑종근로소득 | ○ | 매월 근로소득 | 기본 세율 |
| | 일용근로소득 | ○ | 일당 15만 원 초과 소득 | 6% |
| 사업소득 | 인적용역(프리랜서) | ○ | 부가가치세가 면세되는 의료보건용역 등 | 3% |
| 기타소득 | 기타소득 | ○ | 기타소득금액 | 20% |
| 퇴직소득 | 퇴직소득 | ○ | 퇴직소득금액 | 기본 세율 |

## 원천세, 꼭 매월 신고해야 할까?

원천세는 매월 신고·납부하는 것이 원칙입니다. 만약 매월 신고·납부하는 것이 부담스럽다면 6개월에 한 번 신고·납부할 수 있습니다. 직전년도 매월 말일에 상시 고용 인원이 평균 20명 이하인 사업장의 경우, 적용받고자 하는 반기의 직전 월(6월 1일~6월 30일/12월 1일~12월 31일)에 서면이나 홈택스를 통해 원천징수세액 반기별납부 승인신청서를 제출하면 됩니다. 요건이 맞아 담당자의 승인이 떨어지면 원천세를 6개월에 한 번 신고·납부할 수 있습니다.

## 원천징수세액 반기별납부 승인신청서

■ 소득세법 시행규칙 [별지 제21호의2서식] <개정 2018. 3. 21.>

### 원천징수세액 반기별납부 승인신청서

(앞쪽)

| 접수번호 | 접수일자 | 처리기간 |
|---|---|---|

| 징수 의무자 인적 사항 | 상 호(법인명) | [ ] 종교단체 * 해당되면 √ 표기 | 대 표 자 |
|---|---|---|---|
| | 사업장주소 | | 업 종 |
| | 사업자등록번호 | | 전 화 번 호 |

상 시 고 용 인 원 수 의 계 산

| ① 반기별 납부를 적용하려는 연도의 직전 연도 1월부터 12월까지의 매월 말일 현재 고용인원 누계 (신규사업자의 경우 신청일이 속하는 반기의 매월 말일 현재의 고용인원 누계를 적습니다) | | ② 평균인원수 (① / 월수) | |
|---|---|---|---|

근로소득 및 종교인소득 지급 및 징수 현황
(일용근로 소득은 제외)

(단위: 원)

| 월 | 인원 | 적용연도 | | 직전연도 | | 비 고 |
|---|---|---|---|---|---|---|
| | | 총지급액 | 소득세 징수액 | 총지급액 | 소득세 징수액 | |
| 1월 | | | | | | |
| 2월 | | | | | | |
| 3월 | | | | | | |
| 4월 | | | | | | |
| 5월 | | | | | | |
| 6월 | | | | | | |
| 7월 | | | | | | |
| 8월 | | | | | | |
| 9월 | | | | | | |
| 10월 | | | | | | |
| 11월 | | | | | | |
| 12월 | | | | | | |
| 합 계 | 명 | | | | | |

년 월부터 매월 원천징수하는 세액을 반기별로 납부하기 위하여 「소득세법 시행령」 제186조제3항에 따라 승인을 신청합니다.

년 월 일

원천징수의무자 (서명 또는 인)

**세 무 서 장** 귀하

작 성 방 법

1. "② 평균인원수"란에는 평균인원수 계산결과 소수점 이하가 있을 경우 소수점 이하는 버리고 기재합니다.
2. "적용연도"의 총지급액(비과세포함)은 신청월의 전월까지 지급분을 기재합니다. 다만, 비과세 근로소득의 경우 「소득세법 시행령」 제214조제1항제2호의2 및 제2호의3에 해당하는 금액은 제외하며, 비과세 종교인소득의 경우에는 「소득세법」 제12조제5호아목에 해당하는 금액은 제외합니다.

※ "적용연도"란은 6월에 반기별납부 승인 신청을 하는 경우에 작성합니다. 다만, 신규사업자는 12월에 반기별 납부 승인 신청을 하는 경우에도 작성합니다.

3. 종교단체의 경우에는 상시 고용인원을 기재하지 않아도 됩니다.

210㎜×297㎜[백상지 80g/㎡(재활용품)]

출처: 국세청

## 홈택스에서 원천세 신고하기

홈택스에서 원천세를 신고하는 방법을 알아보도록 하겠습니다. 우선 홈택스에 접속한 뒤 [신고/납부]→ [세금신고]→ [원천세]→ [정기신고]를 클릭합니다.

기본 정보를 입력합니다. 매월 원천세를 신고하는 것이라면 [원천신고구분]에서 '매월'에, 6개월에 한 번 신고하는 것이라면 '반기'에 체크합니다.

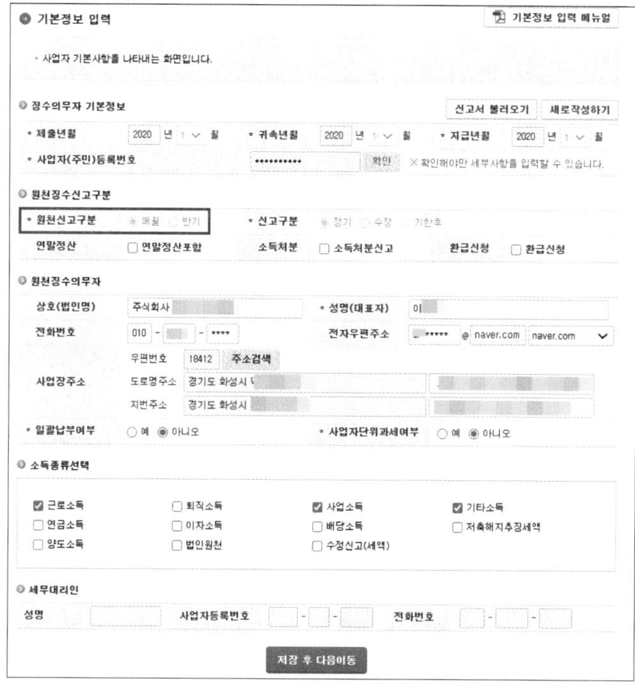

상시 근무하고 있는 직원일 경우 해당 직원에게 지급한 급여 내용을 입력합니다. 식대 등 비과세 금액을 포함해 세금을 납부하기 전의 총금액을 입력합니다. 소득세는 근로소득간이세액표에 따라 나온 금액을 입력합니다. 이때 직원의 부양가족을 미리 파악한 후 입력해야 합니다.

● 원천징수이행상황신고서(원천징수세액 환급신청서) | 원천징수이행상황신고서 메뉴얼

◎ 원천징수내역 및 납부세액 ※ 아래 스크롤을 좌우로 움직이면 환급세액조정내역을 확인할 수 있습니다.

› 근로소득 (단위:원)

| 소득구분 | 코드 | 소득지급 | | 징수세액 | | | (9)당월조정 환급세액 |
|---|---|---|---|---|---|---|---|
| | | (4)인원수 | (5)총지급금액 | (6)소득세 등 | (7)농어촌 특별세 | (8)가산세 | |
| 간이세액 | A01 | 1 | 1,500,000 | 8,920 | | | |
| 중도퇴사 | A02 | | | | | | |
| 일용근로 | A03 | 1 | 700,000 | 7,425 | | | |
| 연말정… | A04 | | | | | | |
| 연말정… | A05 | | | | | | |
| 연말정… | A06 | | | | | | |
| 가감계 | A10 | 2 | 2,200,000 | 16,345 | | | |

프리랜서에게 지급한 인건비를 사업소득으로 신고합니다. 이때에도 세금을 납부하기 전의 총금액을 입력합니다. 국세에 대해서만 신고하는 것이기에 총지급액의 3%로 계산합니다. 지방소득세 0.3%는 따로 납부합니다.

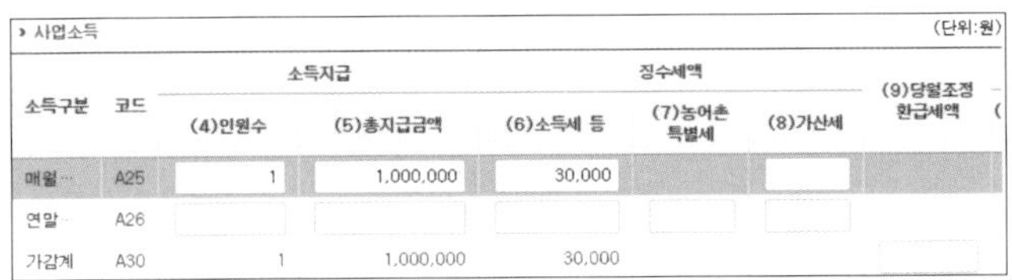

› 사업소득 (단위:원)

| 소득구분 | 코드 | 소득지급 | | 징수세액 | | | (9)당월조정 환급세액 |
|---|---|---|---|---|---|---|---|
| | | (4)인원수 | (5)총지급금액 | (6)소득세 등 | (7)농어촌 특별세 | (8)가산세 | |
| 매월… | A25 | 1 | 1,000,000 | 30,000 | | | |
| 연말… | A26 | | | | | | |
| 가감계 | A30 | 1 | 1,000,000 | 30,000 | | | |

고용 관계 없이 일시적으로 일한 분에게 지급한 인건비는 기타소득으로 신고합니다. 이때도 세금을 납부하기 전의 총금액을 입력합니다. 2020년 귀속이라면 총금액의 8%로 계산한 금액을 입력합니다. 기타소득을 신고할 때도 지방소득세 0.8%를 계산하지 않습니다.

› 기타소득 (단위:원)

| 소득구분 | 코드 | 소득지급 | | 징수세액 | | | (9)당월조정 환급세액 |
|---|---|---|---|---|---|---|---|
| | | (4)인원수 | (5)총지급금액 | (6)소득세 등 | (7)농어촌 특별세 | (8)가산세 | |
| 연금 | A41 | | | | | | |
| 종교 | A43 | | | | | | |
| 종교 | A44 | | | | | | |
| 그 외 | A42 | 1 | 1,000,000 | 80,000 | | | |
| 가감계 | A40 | 1 | 1,000,000 | 80,000 | | | |

다음과 같이 신고서를 제출하고 접수증 화면까지 나오면 인건비를 인정받을 수 있는 원천세 신고가 끝납니다.

신고서 제출

· 지금까지 입력한 자료의 세액계산을 보실 수 있습니다.
세액이 맞는지 확인 후 신고서 제출하기 버튼을 누르면 **신고서가 최종제출 됩니다.**

원천세 신고내용 요약

| | | | |
|---|---|---|---|
| 귀속년월 | 2020-10 | 지급년월 | 2020-10 |
| 제출년월 | 2020-11 | 신고구분 | 정기신고 |
| 원천징수의무구분 | 매월 | 환급신청여부 | 부 |
| 소득세 납부세액 | 126,345 원 | 농어촌특별세 납부세액 | 0 원 |
| 차월이월 환급세액 | 0 원 | 환급 신청액 | 0 원 |

이전 신고서 제출하기

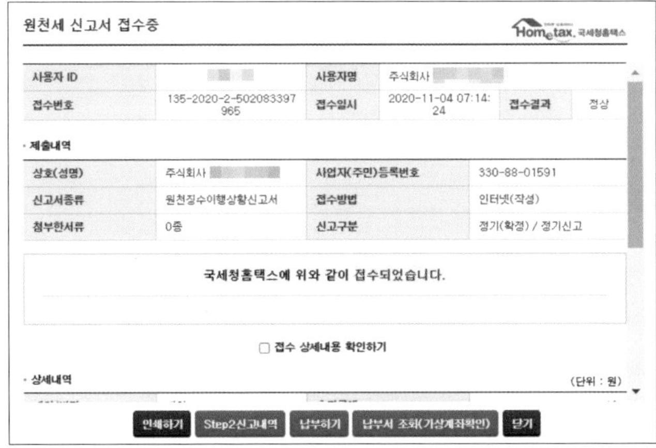

원천세 신고서 접수증



| | | | | | |
|---|---|---|---|---|---|
| 사용자 ID | | 사용자명 | 주식회사 | | |
| 접수번호 | 135-2020-2-502083397965 | 접수일시 | 2020-11-04 07:14:24 | 접수결과 | 정상 |

· 제출내역

| | | | |
|---|---|---|---|
| 상호(성명) | 주식회사 | 사업자(주민)등록번호 | 330-88-01591 |
| 신고서종류 | 원천징수이행상황신고서 | 접수방법 | 인터넷(작성) |
| 첨부한서류 | 0종 | 신고구분 | 정기(확정) / 정기신고 |

국세청홈택스에 위와 같이 접수되었습니다.

☐ 접수 상세내용 확인하기

· 상세내역 (단위 : 원)

인쇄하기 Step2신고내역 납부하기 납부서 조회(가상계좌확인) 닫기

[납부하기]를 클릭해 납부를 합니다.

지금까지는 국세에 대해서만 신고·납부한 것입니다. 신고한 금액의 10%에 해당하는 지방소득세는 별도로 납부해야 합니다.

### 홈택스에서 지급명세서 신고하기

지금까지 인건비를 지급할 때 매달 신고해야 하는 원천징수 이행 상황 신고에 대해 알아보았습니다. 이제 지급명세서 신고 방법을 알아볼까요?

'원천징수 이행 상황 신고를 하고 납부까지 했으면 다 끝난 거 아니야?'라고 생각하신 분도 계실 겁니다. 알쏭달쏭하죠? 원천징수 이행 상황 신고는 일한 사람이 누구인지 상관없이 총인원수와 금액만 신고하는 것이고, 지급명세서는 인건비를 누구에게 지급했는지 개인별로 주민등록번호 등 인적 사항을 기재해 신고하는 것입니다. 지급명세서를 신고해야 사장님이 신고한 원천징수 이행 상황 신고와 매칭이 되면서 인건비 신고가 끝이 납니다.

어느 날 한 분이 세무서에 찾아와 소득금액증명서가 발급되지 않는다며 도움을 요청했습니다. 확인을 해보니 사장님이 원천징수 이행 상황 신고만 하고 지급명세서를 신고하지 않은 것이었습니다. 이러한 사실을 뒤늦게 알고 사장님이 부랴부랴 지급명세서를 신고하는 경우가 종종 있습니다.

자, 그럼 지금부터 홈택스에서 지급명세서를 신고하는 방법을 알아보겠습니다. 일용근로소득과 근로 · 사업 · 퇴직 · 기타소득지급명세서 신고 경로는 모두 다릅니다. 일용근로소득을 예로 들어보겠습니다.

우선 홈택스에 접속한 뒤 [신청/제출]→ [과세자료제출]→ [일용근로소득지급명세서]를 클릭합니다.

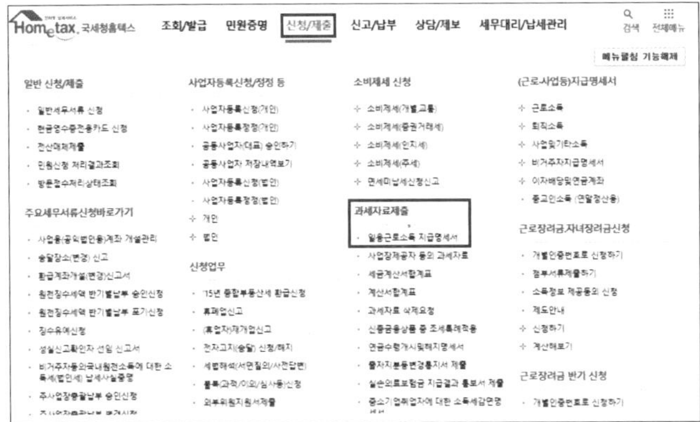


회계 프로그램을 이용하지 않는다면 [직접작성제출방식]을 클릭합니다.

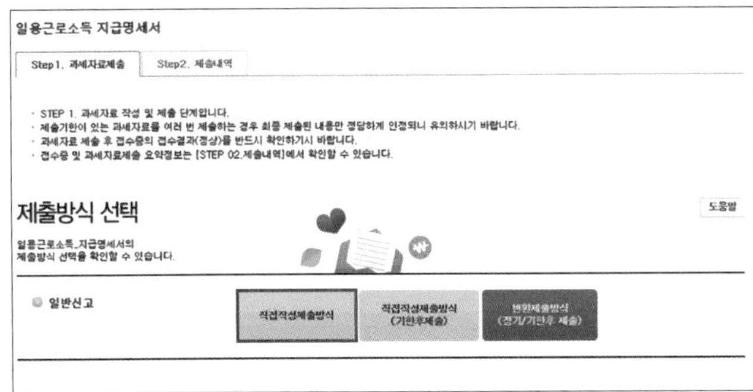

일시적으로 고용한 직원의 인적 사항과 금액을 입력합니다. [과세소득]에는 1일 공제 15만 원을 포함한 금액을 입력합니다. 이때 일용소득 원천징수되는 소득세를 직접 입력합니다. 약식 계산 시 (70만 원-[15만 원×3일])×2.7%=6,750원입니다.

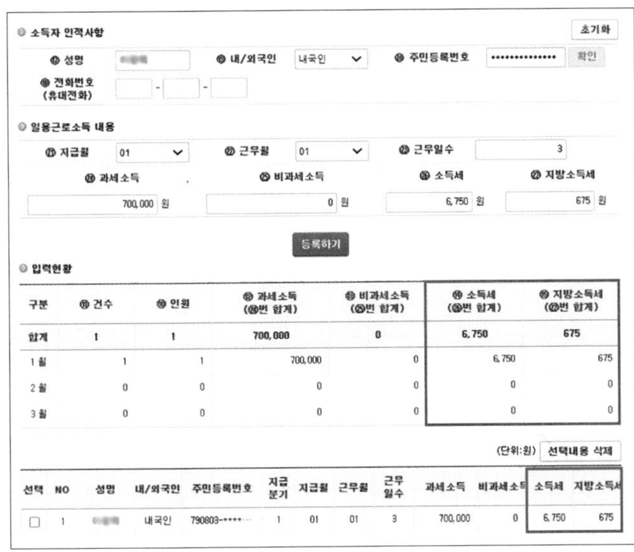

◎ 소득자 인적사항　　초기화

⑩ 성명 | ⑪ 내/외국인 내국인 | ⑫ 주민등록번호 ••••••••••••••• 확인

⑬ 전화번호 (휴대전화)

◎ 일용근로소득 내용

⑰ 지급월 01 | ⑳ 근무월 01 | ㉓ 근무일수 3

| ㉔ 과세소득 | ㉕ 비과세소득 | ㉖ 소득세 | ㉗ 지방소득세 |
|---|---|---|---|
| 700,000 원 | 0 원 | 6,750 원 | 675 원 |

등록하기

◎ 입력현황

| 구분 | ⑭ 건수 | ⑮ 인원 | ⑯ 과세소득 (㉔번 합계) | ⑰ 비과세소득 (㉕번 합계) | ⑱ 소득세 (㉖번 합계) | ⑲ 지방소득세 (㉗번 합계) |
|---|---|---|---|---|---|---|
| 합계 | 1 | 1 | 700,000 | 0 | 6,750 | 675 |
| 1 월 | 1 | 1 | 700,000 | 0 | 6,750 | 675 |
| 2 월 | 0 | 0 | 0 | 0 | 0 | 0 |
| 3 월 | 0 | 0 | 0 | 0 | 0 | 0 |

(단위:원) 선택내용 삭제

| 선택 | NO | 성명 | 내/외국인 | 주민등록번호 | 지급분기 | 지급월 | 근무월 | 근무일수 | 과세소득 | 비과세소득 | 소득세 | 지방소득세 |
|---|---|---|---|---|---|---|---|---|---|---|---|---|
| ☐ | 1 | | 내국인 | 790803-****··· | 1 | 01 | 01 | 3 | 700,000 | 0 | 6,750 | 675 |

정상 신고가 되었다면 다음과 같이 요약표가 나옵니다. [제출하기]를 클릭한 뒤 접수증까지 나오면 신고가 끝납니다.

제출여부 ›››› 작성중입니다.　미리보기

◉ 과세자료 제출

· 전송 후에는 STEP 2.제출내역 탭을 눌러 접수증을 인쇄/보관하시기 바랍니다.

◎ 제출자료 요약

| 사업자등록번호 | | 상호 | |
|---|---|---|---|
| 귀속연도(분기) | 2020년(1분기) | 제출일자(시각) | 2020-09-08 (07:16:15) |
| 총자료건수 | 1건 | 총자료금액 | 700,000원 |

· 제출내역이 맞으면 '제출하기' 버튼을 눌러주세요.

제출하기

## 홈택스에서 기타소득지급명세서 신고하기

이번에는 홈택스에서 기타소득지급명세서를 신고해보겠습니다.

홈택스에 접속한 뒤 [신청/제출]→ [(근로·사업 등)지급명세서]→ [사업 및 기타소득]을 클릭합니다.

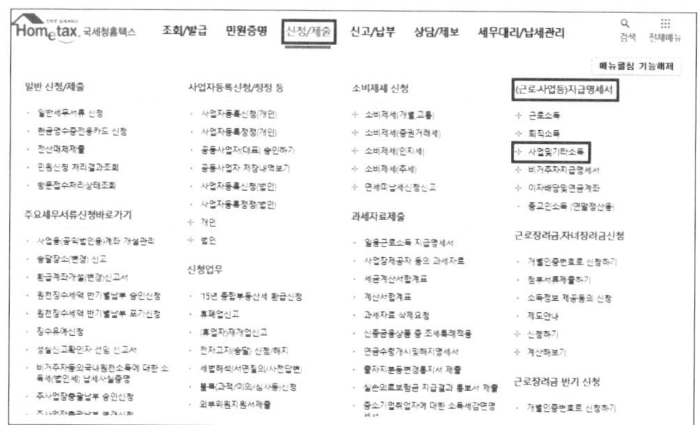


마찬가지로 회계 프로그램을 이용하지 않는다면 [직접작성제출방식]을 클릭합니다.

원칙적으로 기타소득지급명세서는 기타소득이 발생한 다음 해 2월에 제출하면 되지만, 휴·폐업을 했을 경우에는 수시로 제출할 수 있습니다.

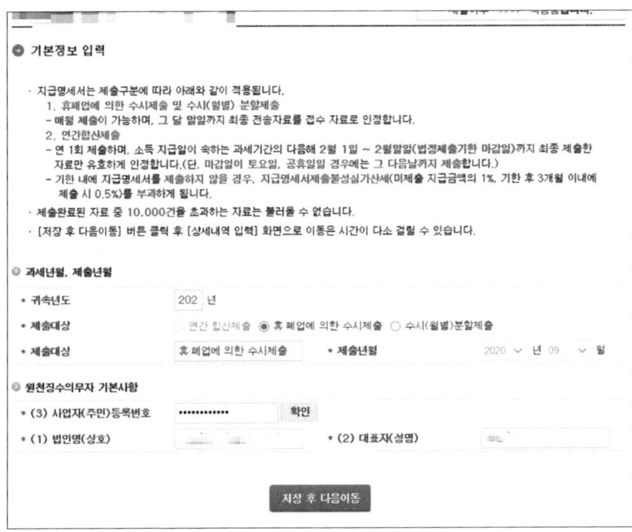

사장님이 가게 홍보 글을 써준 작가에게 2020년에 100만 원의 원고료를 지급했다고 가정해봅시다. 일단 (14) [소득구분코드]에서 '원고료 등'을 선택합니다. 그리고 (18) [지급년도]와 (19) [지급건수], (20) [(연간)지급총액]을 입력하면 (22) [필요경비]는 지급총액의 60%로 자동 계산됩니다. 나머지 (23)~(28)도 자동으로 계산되죠.

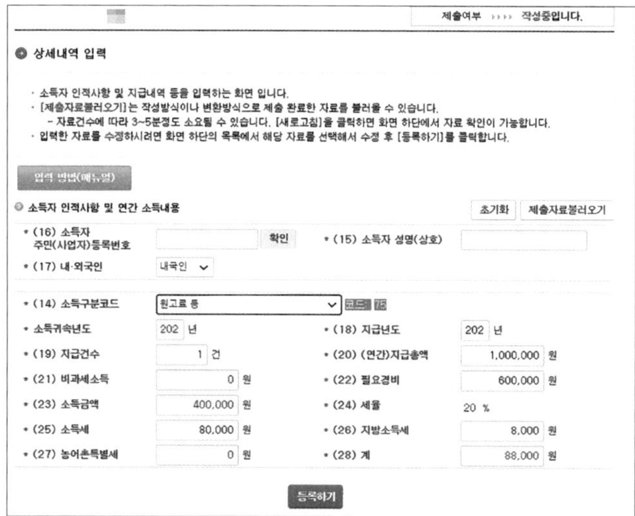

정상 신고가 되었다면 다음과 같이 요약표가 나옵니다. [제출하기]를 클릭한 뒤 접수증까지 나오면 신고가 끝납니다.

주식회사 엘에이치컨설팅 님 330-88-01591 제출여부 작성중입니다. 미리보기

과세자료 제출

· 전송 후에는 STEP 2.제출내역 탭을 눌러 접수증을 인쇄/보관하시기 바랍니다.

제출자료 요약

| 사업자등록번호 | 330880****** | 상호 | 주식회사 |
|---|---|---|---|
| 과세년월 | 2020-01 | 제출일자(시각) | 2020-11-04 (07:28:44) |
| 총자료건수 | 1건 | 총자료금액 | 1,000,000원 |
| 과세자료제출서식 | 거주자 기타소득지급명세서 | | |

· 제출내역이 맞으면 '제출하기' 버튼을 눌러주세요.

이전 제출하기

지급명세서 신고는 다른 세금들을 신고할 때보다 간단하죠?

## 얼마의 세금을 떼고 돈을 받을 수 있을까?

만약 A라는 사람이 가끔 강의를 하거나 글을 써 돈을 받게 되면 그 소득은 기타소득을 구성합니다. 그리고 반복적으로 그 일을 한다면 그 소득은 사업소득을 구성하게 되죠.

그럼 A가 얼마의 세금을 떼고 돈을 받을 수 있는지 알아볼까요? 사업소득은 '수입금액×3%'로 원천징수를 합니다. 기타소득의 경우 기타소득금액(수입금액-필요경비)의 20%를 원천징수하죠. 그런데 2019년 1월 이후부터 기타소득금액 계산 시 필요경비로 인정되는 필요경비율이 다음 표와 같이 개정되었습니다.

▼ 기타소득 필요경비율 (2019년 1월 기준)

| 구분 | 2018년 1~3월 | 2018년 4~12월 | 2019년 이후 |
|---|---|---|---|
| 지급액 | 25만 원 | 166,666원 | 125,000원 |
| 필요경비율 | 80% | 70% | 60% |
| 기타소득금액 | 5만 원(과세최저한) | | |
| 소득세 | 0원 | | |

A가 받은 강의료나 원고료가 사업소득이나 기타소득을 구성한다면 다음과 같이 계산됩니다.

| 구분 | 사업소득 | 기타소득 | | |
|---|---|---|---|---|
| | | 2018년 1~3월 | 2018년 4~12월 | 2019년 1월~ |
| 계약금액(A) | 1,000,000원 | 1,000,000원 | 1,000,000원 | 1,000,000원 |
| 필요경비(B) | | 800,000원 | 700,000원 | 600,000원 |
| 필요경비율 | | 80% | 70% | 60% |
| 소득금액(A-B) | | 200,000원 | 300,000원 | 400,000원 |
| 원천징수세율 | 3% | 20% | 20% | 20% |
| 세금으로 미리 낸 돈 (A-B) 세율 | 30,000원 | 40,000원 | 60,000원 | 80,000원 |
| 계약금액 기준 원천징수세율 | 3% | 4% | 6% | 8% |

사업소득의 경우 3.3%(지방소득세 0.3% 포함) 세금을 제외하고 나머지 금액을 받게 됩니다. 기타소득의 경우 개정된 세법으로 2018년 1~3월에는 4.4%(지방소득세 0.4% 포함), 2018년 4~12월에는 6.6%(지방소득세 0.6% 포함), 2019년 이후에는 8.8%(지방소득세 0.8% 포함) 세금을 내야 합니다.

# 5부

## 1인 사장님을 위한

# 심화 세무 지식

# 신고 기한을 놓쳤다면 빠르게 신고하자

부업러

깜빡하고 세금 신고 기한을 놓쳐버렸어요. 저는 범법자가 되는 걸까요?

세무서 언니

사람은 누구나 실수를 하는 법입니다. 정정할 수 있으니 너무 걱정하지 마세요. 대신 가산세가 부과될 수 있다는 사실을 기억해두세요.

## 신고 기한이 지났더라도 신고는 꼭!

부가가치세나 소득세 신고 기간이 시작되면 세무서에서 세금을 신고하라는 내용의 안내문을 발송합니다. 간혹 안내문을 받지 못해 신고 기한을 놓쳤다며 신고를 제때 하지 않아 큰 피해를 보는 줄 알고 불안해하시는 분들이 많습니다. 기한이 지난 후에 신고를 해도 괜찮으니 너무 걱정하지 않으셔도 됩니다. 다만, 늦게 신고한 것에 대해 무신고가산세와 납부지연가산세 등이 부과될 수 있습니다.

이때 알아두셔야 할 점은 기한후신고도 언제 하느냐에 따라 가산세 부담이 달라진다는 것입니다. 그러니 제때 신고를 하는 것이 가장 좋겠죠?

수정신고와 기한후신고를 헷갈려하시는 분들이 있습니다. 수정신고는 신고 기한 내에 신고서를 제출한 납세자가 잘못 신고를 해 내용을 정정해 신고하는 것으로, 기한후신고와 엄연히 다릅니다. 다음 표를 살펴볼까요?

▼ 수정신고와 기한후신고의 차이점

| 구분 | 신고 기한 내 신고 여부 | 내용 | 신고·청구 기한 | 결과 |
|---|---|---|---|---|
| 기한후신고 | × | 무신고 | 세무서 통지 전까지 | 결정 |
| 수정신고 | ○ | 과소 신고 | 제척기간(5년)이 끝나기 전까지 | 증액 경정 |

## 신고와 동시에 납부까지

기한후신고를 해서 납부세액이 나온다면 납부까지 끝내는 것이 좋습니다. 수정신고를 한 경우와 기한후신고를 한 경우의 가산세 감면 규정이 다르니 참고하기 바랍니다.

▼ 수정신고 가산세 감면 규정

| 기간 | 감면율 |
|---|---|
| ~1개월 이내 | 90% |
| 1개월 초과~3개월 이내 | 75% |
| 3개월 초과~6개월 이내 | 50% |
| 6개월 초과~1년 이내 | 30% |
| 1년 초과~1년 6개월 이내 | 20% |
| 1년 6개월 초과~2년 이내 | 10% |

▼ 기한후신고 가산세 감면 규정

| 기간 | 감면율 |
|---|---|
| ~1개월 이내 | 50% |
| 1개월 초과~3개월 이내 | 30% |
| 3개월 초과~6개월 이내 | 20% |

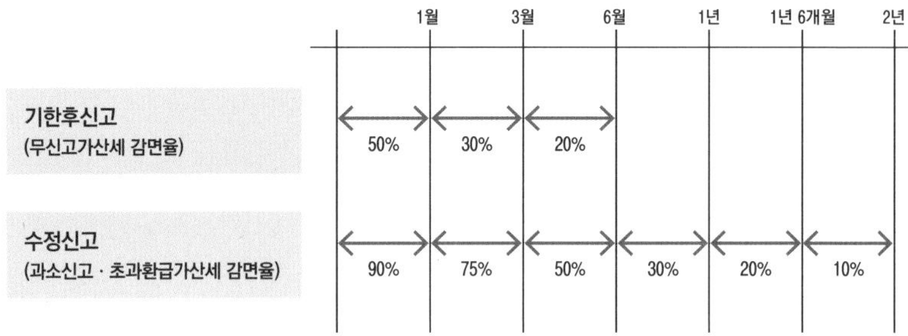


## 세금을 신고하지 않으면 어떻게 될까?

만약 세금을 신고하지 않으면 기한후신고 안내문이 한 번 더 발송됩니다. 이때라도 확인을 해 기한후신고를 하면 상관없는데, 신고하는 것을 잊어버리고 계속 사업을 하시는 분들이 간혹 있습니다. 명의가 도용되어 실제로 사업을 하시는 분과 사업자등록상의 명의가 다른 경우, 이런 일이 종종 발생합니다. 이렇게 명의가 도용되어 누군가가 내 이름으로 사업을 하고 있는데, 신고를 하지 않았다면 세금이 얼마나 부과될까요?

A는 일반과세자로, 연 매출액이 1,000만 원이라고 가정해봅시다. 부가가치세는 계산 편의상 과세 기간을 따로 나누지 않겠습니다. A는 법정 신고 기한이 1년이나 지난 뒤에 기한후신고 안내문을 받았습니다. 과연 A는 얼마

의 가산세를 납부해야 할까요? (단순경비율 50%, 인적공제 150만 원 가정, 표준세액공제 미고려)

| | 소득세 | | | 부가가치세(일반과세자) | | |
|---|---|---|---|---|---|---|
| 매출 누락 | 1,000만 원(1-50%) -150만 원 | 6% | 21만 원 | 1,000만 원 | 10% | 100만 원 |
| 무신고 가산세 | 21만 원 | 20% | 42,000원 | 100만 원 | 20% | 20만 원 |
| 납부지연 가산세 | 21만 원 | 0.025% ×365 | 19,163원 | 1,000만 원 | 0.025% ×365 | 91,250원 |
| 합 계 | 271,163원 | | | 1,291,250원 | | |

늦게 신고한 것에 대한 무신고가산세와 납부지연가산세의 총액이 무려 352,413원인 것을 확인할 수 있습니다.

### 세금을 신고하지 않으면 그냥 넘어가는 거라고? NO!

세금을 신고하지 않으면 세무서에서 어떻게 본인 매출을 알고 고지를 하겠냐고 무작정 버티시는 분들이 계십니다. 국세청에서는 여러 경로로 과세 정보 자료를 수집하고, 검토 후 추후 과세를 합니다.

누군가가 범죄를 저질렀을 때 그 범죄에 대한 처벌을 할 수 있는 기한인 공소시효와 마찬가지로 국세기본법은 세무서에서 사장님에게 세금을 고지할 수 있는 기한을 정해놓았습니다. 이를 '제척기간'이라고 합니다. 제척기간은 세금을 신고하지 않았다면 7년, 신고했다면 5년입니다.

만약 사장님이 2019년에 개업해 영업 실적이 1,000만 원 발생했는데 세금을 신고하지 않았다면, 이때 소득세 제척기간은 소득세 법정 신고 기한인 2020년 5월 31일에서 7년이 지난 2027년 5월 31일까지입니다. 세무서에서는 이때까지 세금을 부과할 수 있습니다. 만약 세금을 신고했다면 5년이 지난 2025년 5월 31일까지 세금을 부과할 수 있죠.

또한 양도소득세, 상속세, 증여세와 같이 평생에 몇 번 일어나지 않는 사건에 대해 신고를 해야 하나 말아야 하나 고민하시는 분들이 있습니다. 저는 웬만하면 납부세액이 나오지 않더라도 모두 신고를 하라고 말씀드립니다. 잘못 신고해 부담하는 과소신고가산세(10%)보다 무신고에 따른 무신고가산세(20%)가 부담이 더 크기 때문입니다.

## 후회하기 전에 납부하자!

종종 세금을 내지 않고 있다가 추후에 독촉장이나 압류 예고 안내문을 받고 놀라 세무서에 전화를 하시는 분들이 있습니다. 그런 분들과 세무서 직원들은 보통 이런 대화를 나눕니다.

**납세자: 고지서를 받지 못해서 세금을 내지 못했어요.**
**세무서 직원: 고지서 발송 장소에 잘 계시지 않으면 송달 장소 변경(31장 참고)을 해주셔야 해요. 그래야 고지서를 제때 받으실 수 있어요.**

**납세자: 이자 좀 깎아주시면 안 되나요?**
**세무서 직원: 법으로 정해져 있는 이자를 제 임의대로 바꿀 순 없어요. 저도 감사를 받거든요. 안타깝지만 이자를 포함해 납부하시되, 체납액을 나눠 납부하겠다고 분납계획서를 제출하시면 선생님 재산 체납 처분을 유예해드릴 수 있어요.**

참고로 2020년 1월 1일 이후 납세 의무가 성립하는 분부터 월(月)로 부과되던 가산금이 일(日) 부과 방식의 '납부지연가산세'로 바뀌었습니다.

| 구분 | 2019년 | 2020년 |
|---|---|---|
| 납부지연가산세 | 일 0.03% → 0.025%[1] | 납부지연가산세로 통합[2] (일 0.025%) |
| 가산금 | 월 1.2% → 0.75% | |

1) 2019년 2월 12일부터 적용(국세기본법 시행령 제27조의4 개정)
2) 2020년 1월 1일 이후 납세 의무가 성립하는 분부터 적용

2020년 1월 1일 이전에는 고지서 납부 기한까지 세금을 납부하지 않으면 월 단위로 가산금(3%)과 중가산금(월 0.75%)이 붙었지만 납세자들의 혼란과 부담을 줄이기 위해 일 단위로 납부할 금액이 바뀐 것이죠. 연간으로 환산해보면 9%(중가산금 0.75%×12월)에서 9.125%(납부지연가산세 0.025%×365일)로 이율은 큰 변동이 없습니다.

## 고지서, 언제 받을 수 있을까?

고지서는 신고 납부 기한이 지난 후 곧바로가 아니라 보통 2개월 후에 발송됩니다. 많은 영세사업자가 납부 기한을 놓치면 납부지연가산세를 따로 계산해야 하는 번거로움 때문에 고지서를 받아 빨리 납부하고 싶다고 말씀하십니다. 이런 경우, 고지서가 발송될 때까지 기다리지 말고 관할 세무서에 전화하면 담당자가 그 날짜에 맞는 납부서를 인쇄해드리거나 가상계좌번호를 알려드릴 겁니다. 조금이라도 금액을 줄이고 싶다면 세무서에 전화해 금액을 알려달라고 하는 것이 좋겠죠?

# 고지서, 어디로 어떻게 받을까?

세금을 내기 시작하니 고지서를 자주 받게 되더라고요. 그런데 고지서는 꼭 우편으로 받아야 하나요? 요즘은 우편보다 인터넷이 대세 아닌가요?

고지서는 다양한 방법으로 받아볼 수 있어요. 여기서 중요한 것은 세금을 피하기 위해 고지서를 의도적으로 받지 않는 것은 불가능하다는 거예요.

## 고지서, 우편 말고 다른 방법으로 받을 수 없을까?

서류를 송달하는 방법으로는 우편송달, 교부송달, 전자송달이 있습니다. 이 중 가장 일반적인 것이 등기우편송달입니다. 다만, 소득세 중간예납세액의 납세고지서 및 부가가치세 예정고지에 따른 납세고지서로서 50만 원 미만에 해당하는 납세고지서는 일반우편으로 송달할 수 있습니다.

**국세기본법 제10조**

② 납세의 고지·독촉·체납 처분 또는 세법에 따른 정부의 명령에 관계되는 서류의 송달을 우편으로 할 때에는 등기우편으로 하여야 한다. 다만, 「소득세법」 제65조제1항에 따른 중간예납세액의 납세고지서 및 「부가가치세법」 제48조제3항에 따라 징수하기 위한 납세고지서로서 대통령령으로 정하는 금액 미만에 해당하는 납세고지서는 일반우편으로 송달할 수 있다.

교부송달은 세무공무원이 송달해야 할 장소 또는 다른 장소(송달을 받아야 할 자가 송달받기를 거부하지 않는 경우에 한함)에서 송달을 받아야 할 자에게 직접 서류를 내어주는 것을 말합니다.
전자송달은 납세자가 신청한 경우에 한해 납세자 메일로 납세고지서, 납부통지서, 신고 안내문 등을 보내는 것을 말합니다.

### 고지서를 받지 않았다면 세금을 내지 않아도 될까?

제가 세무서에서 근무할 때 납세자가 사업장에서 정상적으로 사업을 하고 있음에도 불구하고 고지서를 일부러 받지 않고, 공무원들이 찾아가도 문을 열어주지 않는 경우가 있었습니다. 고지서가 도달해야 효력이 발생할 것이라 생각하고 일부러 고지서도, 공무원도 피한 것이죠.

이런 경우에는 유치송달을 할 수 있습니다. 서류를 송달받아야 할 자 또는 그 사용인이나 그 밖의 종업원 또는 동거인으로서 사리를 판별할 수 있는 사람이 정당한 사유 없이 서류 수령을 거부할 때에는 송달할 장소에 서류를 둘 수 있는데, 이를 유치송달이라고 합니다. 유치송달이 된 경우에도 적법한 서류 송달 효력이 발생합니다.

## 서류 송달 효력?

서류 송달이란, 과세관청이 과세 처분의 내용이 담긴 서류를 납세자에게 보내 도달하게 하는 것을 말합니다. 우편 또는 교부에 따라 송달하는 서류는 송달받아야 할 자에게 도달한 때부터 효력이 발생합니다. 이를 도달주의라고 하죠. 다만, 전자송달의 경우 송달받을 자가 지정한 전자우편 주소에 서류가 입력되었을 때 송달을 받아야 하는 자에게 도달한 것으로 봅니다.

과세 처분의 내용이 담긴 서류가 납세자에게 전달되지 않았다면 세무공무원이 힘들게 판단하고 조사해 경정한 고지서의 효력이 없어집니다. 따라서 저를 포함해 국세청 직원들은 과세예고통지서는 물론 고지서, 독촉장 등의 송달에 특별히 신경을 씁니다.

## 고지서를 받지 못했는데 가산세를 내야 할까?

소득세와 종합부동산세 고지서는 주소지로, 부가가치세 고지서는 사업장으로 발송됩니다. 종종 고지서가 폐문부재 등의 사유로 세무서로 반송되는 경우가 있습니다. 이때 납세자와 연락이 닿으면 고지서를 송달 가능한 곳으로 다시 발송하지만, 연락이 닿지 않으면 공시송달을 할 수밖에 없습니다.

공시송달은 주소가 불명확하거나 폐문부재 등의 사유로 고지서를 전달할 수 없을 때 세무서 게시판에 그에 대한 내용을 알리는 것을 말합니다. 이렇게 공시송달을 하면 납세자가 그 내용을 알기 어렵습니다. 특히나 많이 반송되는 것은 종합부동산세 고지서입니다. 납세자가 외국에 체류 중인 경우가 많더라고요.

체납을 한 납세자들은 고지서를 받지 못했다는 말을 가장 많이 합니다. 하지만 등기번호를 조회해보면 아파트 관리사무소 경비원이 고지서를 대신 수령한 경우가 가장 많고, 직원이 수령한 경우도 많습니다. 이런 경우 납세자들은 본인이 직접 고지서를 받지 못했으니 가산세라도 깎아줄 수 없느냐고 물어봅니다. 그럴 때마다 제가 드릴 수 있는 말은 "그럴 수 없습니다"가 전부입니다. 가산세를 내고 싶지 않다면 고지서를 잘 받을 수 있는 곳으로 송달 장소를 변경해놓아야 합니다.

## 송달 장소 변경 신청은 홈택스에서

송달 장소 변경 신청 방법은 두 가지로, 세무서에서 서면으로 신청하는 방법과 홈택스에서 신청하는 방법이 있습니다. 홈택스에서 신청하는 방법은 매우 간단합니다. 홈택스에 접속해 [고지서 송달 장소 관리]를 클릭하면 간단히 신청할 수 있습니다.

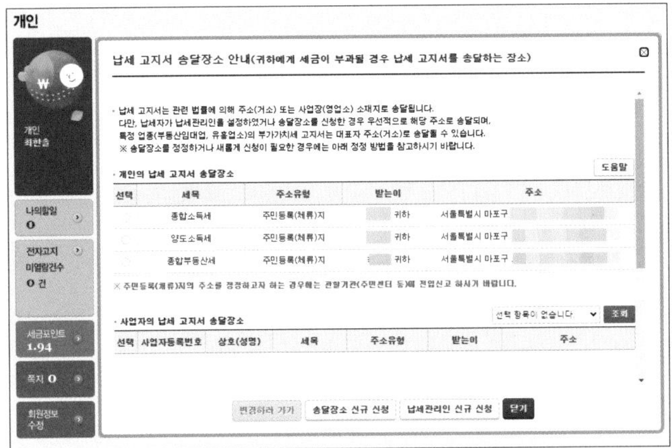

개인
개인
최한솔
나의할일
0
전자고지
미열람건수
0 건
세금포인트
1.94
쪽지 0
회원정보
수정
납세 고지서 송달장소 안내(귀하에게 세금이 부과될 경우 납세 고지서를 송달하는 장소)
· 납세 고지서는 관련 법률에 의해 주소(거소) 또는 사업장(영업소) 소재지로 송달됩니다.
다만, 납세자가 납세관리인을 설정하였거나 송달장소를 신청한 경우 우선적으로 해당 주소로 송달되며,
특정 업종(부동산임대업, 유흥업소)의 부가가치세 고지서는 대표자 주소(거소)로 송달될 수 있습니다.
※ 송달장소를 정정하거나 새롭게 신청이 필요한 경우에는 아래 정정 방법을 참고하시기 바랍니다.
도움말
· 개인의 납세 고지서 송달장소
선택
세목
주소유형
받는이
주소
종합소득세
주민등록(체류)지
귀하
서울특별시 마포구
양도소득세
주민등록(체류)지
귀하
서울특별시 마포구
종합부동산세
주민등록(체류)지
귀하
서울특별시 마포구
※ 주민등록(체류)지의 주소를 정정하고자 하는 경우에는 관할기관(주민센터 등)에 전입신고 하시기 바랍니다.
· 사업자의 납세 고지서 송달장소
선택 항목이 없습니다
조회
선택
사업자등록번호
상호(성명)
세목
주소유형
받는이
주소
변경하러 가기
송달장소 신규 신청
납세관리인 신규 신청
닫기

# 고지서 보내기 전 최후 확인! 과세예고

부업러

과세예고통지서라는 걸 받았어요. 대체 이게 뭔가요?

세무서 언니

과세예고통지서는 세금을 내지 않았을 때 고지서를 보내기 전에 확인 차원에서 발송하는 통지서예요. 만약 내야 할 세금이라면 빠르게 납부해야 가산세를 줄일 수 있어요.

## 과세예고통지란?

납세자가 소득세를 신고해야 하는데 하지 않았거나 과소 신고한 것으로 확인되면 세무서에서 고지서를 바로 보내는 것이 아니라 '이 금액으로 고지할 예정이다'라는 의미가 담긴 과세예고통지서를 발송합니다. 단, 고지할 금액이 100만 원 이하라면 과세예고통지를 하지 않고 곧바로 고지서를 보낼 수도 있습니다.

## 과세예고통지서를 받았다면 어떻게 해야 할까?

'이건 내가 생각해도 내야 할 세금이다'라고 판단되면 어떻게든 세금을 줄이고 싶은 마음이 들 것입니다. 이럴 때는 조기결정신청서를 제출하면 됩니다. 조기결정을 하면 내가 낼 세금에서 한 달간의 납부지연가산세를 줄일 수 있습니다.

납부지연가산세는 1일 0.025% 이자로, 한 달로 따지면 0.75%의 이자를 줄일 수 있습니다. 연간으로 따지면 9%죠. 시중은행보다 높은 이자율입니다. 어차피 내야 할 세금이라면 조기결정을 신청하는 것이 좋겠죠?

반대로 '이건 좀 아니다' 싶을 때는 과세전적부심사청구서를 작성해 과세예고통지를 한 세무서에 제출하면 됩니다.

과세전적부심사청구서는 과세예고통지를 받고 30일 이내에 제출해야 합니다. 30일이 지나면 세무서에서 고지서가 발송되기 때문이죠.

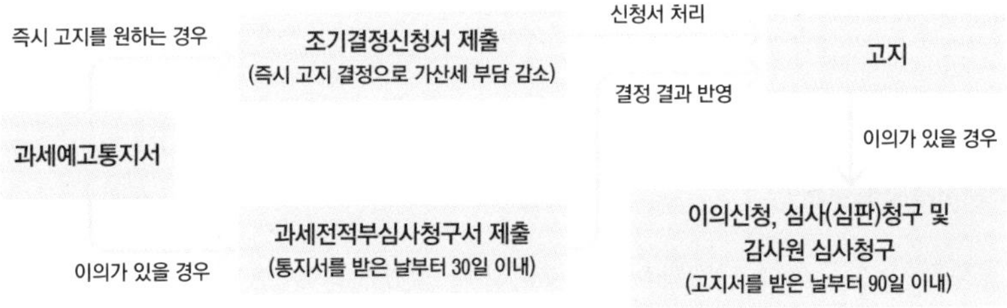

즉시 고지를 원하는 경우
조기결정신청서 제출
(즉시 고지 결정으로 가산세 부담 감소)
신청서 처리
고지
결정 결과 반영
과세예고통지서
이의가 있을 경우
이의신청, 심사(심판)청구 및
감사원 심사청구
(고지서를 받은 날부터 90일 이내)
과세전적부심사청구서 제출
(통지서를 받은 날부터 30일 이내)
이의가 있을 경우

## 고지서를 받았다면? 불복 절차 진행

그렇다면 고지서를 받으면 끝일까요? 그렇지 않습니다. 고지서를 받고 나서는 불복의 절차를 진행하시면 됩니다.

과세전적부심사청구서를 제출한다고 해서 세무서에서 무조건 의견을 들어주는 것은 아닙니다. 세무서가 고지를 해서는 안 되는 합리적이고 논리적인 근거가 있어야 하죠.

과세예고통지를 받고 30일 이내에 과세전적부심사청구서를 제출하면 세금 고지서를 보낼 세무서나 지방청에서 검토한 후 30일 이내에 그에 대한 답을 내놓을 것입니다. 납세자의 논리가 맞다면 정정된 금액으로, 세무서의 논리가 맞다면 원래 금액으로 고지서가 발송됩니다.

혹시라도 세금이 잘못 부과된 것 같다는 생각이 든다면 다음과 같은 권리 보호 절차를 활용하시기 바랍니다.

- **과세예고통지서를 받았다면→ 과세전적부심사청구**
- **고지서를 받았다면→ 이의신청, 심사청구, 심판청구, 행정소송**

【과세전적부심사사무처리규정 별지 제2호 서식】(2017. 7. 1. 개정)

국세청 National Tax Service

**기 관 명**

수신자

제 목 **과세예고 통지**

귀하(귀사)의 (        )에 대하여 과세할 내용을 아래와 같이 알려드립니다.

| 납 세 자 | 상 호 (성 명) | | 사업자등록번호 (생 년 월 일) | |
|---|---|---|---|---|
| | 사업장 (주 소) | | | |

**1. 과세예고 종류 :**

| 과세예고 내용 | |
|---|---|

**2. 결정할 내용(예상 총 고지세액 :          원)**
※지방소득세(소득세·법인세의 경우 예상고지세액의 10%) 및 소득금액 변동 관련세액 별도
(단위 : 원)

| 구 분 | 신고 과세표준 | 결정 과세표준 | 산출세액 | 예상 고지세액 |
|---|---|---|---|---|
| 법 인·소 득 세 | | | | |
| 부 가 가 치 세 | | | | |
| 상 속·증 여 세 | | | | |
| 양 도 소 득 세 | | | | |
| 기타세(원천·개별소비·주세 등) | | | | |

**3. 소득금액 변동 명세**(법인세법에 따른 소득처분) (단위 : 원)

| 소득종류 | 귀속자 | 귀속연도 | 소득금액 | 원천징수 예상세액 | 수정신고납부기한 |
|---|---|---|---|---|---|
| | | | | | 소득금액변동통지를 받은 날의 다음 달 10일 |

| 붙임 서류 | · 과세예고 통지에 대한 권리구제 절차<br>· 수입금액, 과세표준 및 세액의 산출내역<br>· 소득금액변동 및 원천징수예상세액 |
|---|---|

**기 관 장** 직인

이 통지에 대한 문의 사항이 있을 때에는 OOO과 담당자 OOO(전화 :          )에게 연락하시면 친절하게 상담해 드리겠습니다.

기안자(직위/직급) 서명 검토자(직위/직급) 서명 결재자(직위/직급) 서명
협조자(직위/직급) 서명
시행 처리과명 - 일련번호(시행일자) 접수 처리과명 - 일련번호(접수일자)
우 주소 /홈페이지 주소
전화( ) , 전송( ) /공무원의 공식 전자우편주소 /공개구분

【과세전적부심사사무처리규정 별지 제20호 서식】 (2007.6. 1. 신설)

# 조 기 결 정 신 청 서

| 신청인 | ① 상호(법인명) | | ② 주민(법인)등록번호 (사업자등록번호) | |
|---|---|---|---|---|
| | ③ 성명(대표자) | | ④ 전 화 번 호 | |
| | ⑤ 주소(사업장) | | | |
| ⑥ 통 지 번 호 | | | ⑦ 통지년월일 | 20 . . |
| ⑧세무조사결과(감사결과 과세예고과세예고) 통지관서 | | | ⑨ 통지받은날 | 20 . . |

통지받은 내용 (단위 : 원)

| 구 분 | ⑩신고과세표준 | ⑪결정과세표준 | ⑫산출세액 | ⑬예상고지액 | 비 고 |
|---|---|---|---|---|---|
| 법인·소득세 | | | | | |
| 부가가치세 | | | | | |
| 상속증여세 | | | | | |
| 양도소득세 | | | | | |
| 기 타 세 (원천특소주세 등) | | | | | |

위 통지내용에 대하여 국세기본법 제81조의12의 규정에 의한 과세전적부심사를 청구하지 않을 것이므로 즉시 결정·고지하여 줄 것을 신청합니다.

20 년 월 일

제출자 성명 : 서명 또는 날인

세 무 서 장 귀하
지 방 국 세 청 장 귀하

## 과세전적부심사청구서

[별지 제56호의2서식] 〈개정 2010.3.31〉

| 과세전적부심사청구서 | | | | | | | 처리기간<br>30일 |
|---|---|---|---|---|---|---|---|
| 청구인 | 상호(법인명) | | | 주민(법인)등록번호<br>(사업자등록번호) | | | |
| | 성명(대표자) | | | 전화번호<br>(휴대전화) | ( ) | | |
| | 주소 또는 사업장<br>(전자우편) | (우 - )<br>전자우편: @ | | | | | |
| 세무조사결과(과세예고)<br>통지관서 | | | | 통지연월일<br>(통지 받은 날) | 20 . .<br>(20 . . ) | | |
| 청구세액 관련 | | 세목 | | 과세대상<br>기 간 | | 통지세액 | 원 |
| | | | | | | 청구세액 | 원 |
| 청구 내용 및 이유 | | | | | | | |
| 첨부서류 | | | | | | | |

「국세기본법」 제81조의15 및 같은 법 시행령 제63조의14에 따라 위와 같이 과세전적부심사를 청구합니다.

20 년 월 일

청구인: (서명 또는 날인)

**지방국세청장 · 세무서장** 귀하

| 위임장 | 「국세기본법」 제59조제1항에 따라 아래 사람에게 위 청구에 관한 사항을 위임합니다.<br>(다만, 과세전적부심사청구의 취하는 따로 위임을 하는 경우로 한정합니다) | | | | |
|---|---|---|---|---|---|
| | 위임자<br>(청구인) | 대리인 | | | |
| | | 구분 | 성명 | 사업장 | 전화번호<br>(휴대전화) |
| | (서명 또는 날인) | □ 세무사<br>□ 공인회계사<br>□ 변호사 | (서명 또는 날인) | 사업자등록번호:<br>소재지: (우 )<br>전자우편: @ | ( ) |

귀하의 과세전적부심사청구 진행상황은 국세청홈페이지(www.nts.go.kr)에서 조회할 수 있습니다.

210㎜×297㎜(일반용지 60g/㎡(재활용품))

출처: 국세청

# 너무 많은 세금이 나왔다면? 불복 절차 진행

부업러

세금 고지서를 받았는데, 내야 할 세금이 너무 많아요. 전 꼼꼼히 신고했는데 왜 이렇게 세금이 많이 나온 거죠?

세무서 언니

과세예고통지서를 받은 뒤 과세전적부심사청구서를 제출했는데도 고지서 내용이 변동이 없다면 납세자의 권리구제제도를 통해 억울함을 해소할 수 있어요.

## 고지서를 받았는데 납득이 되지 않는다면?

고지서를 받은 뒤 너무 억울하다며 세무서에 전화를 걸어오시는 분들이 계십니다. 세무서에서는 납세자의 해명이 잘 되지 않거나 연락이 되지 않을 때 바로 고지서를 발송하는 경우가 있습니다. 앞서 이야기했듯 고지할 금액이 100만 원 이하라면 바로 고지서를 보낼 수 있거든요.

세법이 정한 권리구제제도로는 ①과세전적부심사청구, ②이의신청, ③심사청구, ④심판청구, ⑤행정소송이 있습니다. 고지서를 받은 후에는 ②이의신청, ③심사청구, ④심판청구를 할 수 있습니다. 심사청구나 심판청구에서 구제받지 못한다면 추후에 ⑤행정소송을 제기할 수 있습니다.

이때, 알아두셔야 할 것은 고지서를 받고 90일 이내에 액션을 취해야 한다는 것입니다. 차일피일 미루다가 90일이 지나면 불복을 제기할 수 없습니다. 90일이 지난 뒤 이의신청, 심판청구, 심사청구를 한다면 바로 각하 결정이 나죠. 각하란, '적법한 요건이 갖추어지지 않았기 때문에 내용도 보지 않고 너의 의견을 들어주지 않겠다'라는 뜻입니다. 그러니 고지서를 받고 억울하다면 90일 이내에 반드시 불복 절차를 진행해야 합니다.

## 불복 절차에도 순서가 있을까?

네, 그렇습니다. 순서를 간단히 요약하면 이렇습니다.

1. 이의신청→ 심사청구→ 행정소송
2. 이의신청→ 심판청구→ 행정소송
3. 심사청구→ 행정소송
4. 심판청구→ 행정소송

심사청구에서 의견이 받아들여지지 않았을 때는 이의신청을 할 수 없고, 더 상급 기관인 법원에 행정소송을 제기해야 합니다. 지방법원→ 고등법원→ 대법원으로 소송 절차가 진행되는 것과 똑같은 논리죠.

이의신청, 심사청구, 심판청구, 행정소송은 그 판결을 누가 내리는가의 차이입니다. 이의신청은 세무서에서, 심사청구는 국세청에서, 심판청구는 조세심판원에서, 행정소송은 법원에서 고지서의 타당성을 판단합니다.

## 불복 절차 진행 시 세무대리인 비용이 부담스럽다면?

불복을 진행하고 싶은데 세무대리인 비용이 부담스럽다면 어떻게 해야 할까요? 이의신청서와 심사청구서 뒷면에 기재되어 있듯 국선세무대리인을 선임할 수 있습니다. 국선세무대리인은 재능기부에 참여한 세무사, 공인회계사, 변호사로, 영세납세자를 위해 무료로 법령 검토, 자문, 증거 서류 보안 등 불복 청구 대리 업무를 수행합니다.

**국선세무대리인 지원 대상**

1. 개인(법인사업자는 해당되지 않음)
2. 세무대리인을 선임하지 않는 경우
3. 이의신청, 심사청구(심판청구 ×)의 청구세액 3.000만 원 이하
4. 종합소득금액 5,000만 원 이하
5. 소유재산가액 5억 원 이하
6. 지원 불가 세목: 상속세, 증여세, 종합부동산세

## 불복 절차 진행 중인데 세금을 내야 할까?

불복 절차가 진행 중이라 해도 세금을 먼저 내는 것이 좋습니다. 납부 기한까지 세금을 내지 않으면 매달 세금+이자(첫 달 3%, 그 후 1일에 0.025%)가 붙기 때문이죠. 연 이자만 9%이니 불복 절차에서 질 경우를 대비해 미리 세금을 내는 것이 좋겠죠? 만약 불복 절차에서 이긴다면 미리 낸 세금을 돌려받을 수 있습니다.

## 영세사업자에게 큰 도움이 되는 영세납세자지원단

영세사업자가 경제적 부담 등으로 세무대리인을 고용하기 힘들 때 세무사와 회계사가 사업주기별로 세금 문제를 도와주는 제도가 있습니다. 바로 영

세납세자지원단이라는 제도이죠. 영세납세자지원단은 전국 모든 세무서에 배치되어 있으며, 영세납세자 권익 보호에 힘쓸 세무서 납세자보호담당관(지원단장), 세무사 · 회계사 및 업무 관리 담당자로 구성되어 있습니다.

**① 신청 대상자**

세무대리인이 선임되어 있지 않은 개인사업자, 영세중소법인, 사회적 경제기업, 장애인 사업장이 지원 대상입니다. 영세중소법인은 수입금액 3억 원, 자산총액 5억 원, 자본금 5,000만 원 이하인 비상장 · 비계열 영리내국법인이 해당되며, 소비성 서비스업, 부동산임대업 등 일부 업종은 지원 대상에서 제외됩니다.

**② 지원 범위**

세무사 · 회계사가 종합소득세, 부가가치세, 법인세, 원천세와 관련된 세무 자문 서비스를 제공합니다. 단, 자산의 이전 · 보유에 따른 재산제세(양도소득세, 상속세, 증여세, 종합부동산세) 관련 사항 등은 지원 범위에 포함되지 않습니다.

**③ 지원 내용**

창업 단계, 사업 성장 단계, 폐업 단계에 따라 무료 세무 자문 서비스, 창업자 · 폐업자 멘토링 서비스, 찾아가는 서비스를 지원받을 수 있습니다.

무료 세무 자문 서비스는 사업자등록, 장부의 비치 · 기장, 증빙 서류 주고받는 방법, 홈택스 가입 · 이용 절차, 신고 안내, 법령 자문 등 신고 도움을 받을 수 있습니다. 과세 자료 해명 안내, 세무 조사, 불복 청구, 고충 민원, 체납 처분 과정에서의 소명 자료 제출 요령, 불복 절차 안내, 법령 자문, 기타 권리 구제와 관련된 서비스도 받을 수 있죠. 단, 신고 대리는 지원하지 않습니다. 세법과 세무 행정의 전반적인 컨설팅 정도라고 생각하시면 됩니다.

창업자 멘토링 서비스는 신규·예비 개인 창업자 등에게 나눔 세무·회계사 지정일부터 지정일이 속하는 귀속연도 종합소득세 또는 법인세 신고 기한까지 일대일 맞춤형 세무 자문 서비스를 제공하여 성공적인 창업을 지원합니다.

폐업자 멘토링 서비스는 폐업한 개인사업자 등의 조기 회생과 세금 문제 해결을 위해 폐업일 이후 나눔 세무·회계사 지정일부터 지정일이 속하는 귀속(사업)연도 종합소득세 또는 법인세 신고 기한까지 일대일 맞춤형 세무 자문 서비스를 제공합니다.

찾아가는 서비스는 바쁜 생업 활동으로 세무서 방문이 어려운 영세납세자 등을 위해 상담 수요가 밀집한 전통시장, 창업보육센터, 다문화센터, 장애인 사업장 등으로 출장을 가 세무 자문 서비스를 제공합니다.

이러한 지원 제도들은 홈택스에서 별도의 회원가입이나 로그인 절차 없이 실명 인증 후 간편하게 신청할 수 있습니다. 전국 세무서 납세자보호담당관실로 문의(☏126→③번)하여 방문 또는 우편으로도 신청할 수 있습니다.

## 심사청구서와 심판청구서

■ 국세기본법 시행규칙 [별지 제29호서식] <개정 2016.3.7.>

### 심사청구서

| 접수번호 | 접수일 | 처리기간 90일 |
|---|---|---|

| | | | | |
|---|---|---|---|---|
| 청구인 | 성 명 | | 주민등록번호<br>(사업자등록번호) | |
| | 상 호 | | 전화번호<br>(휴대전화번호) | |
| | 주소 또는<br>사업장 소재지 | (㊅ )<br>전자우편(e-mail) : | | |

| | | | |
|---|---|---|---|
| 처 분 청 | | 조 사 기 관 | |

처분통지를 받은 날(또는 처분이 있은 것을 처음으로 안 날) : 년 월 일

※ 결정 또는 경정의 청구에 대해 아무런 통지를 받지 못한 경우에는 결정 또는 경정 기간이 경과한 날

통지된 사항 또는 처분의 내용(과세처분인 경우에는 연도, 기분, 세목 및 세액 등을 기재합니다)

※________년도________기분__________세__________원 부과처분

| | | | |
|---|---|---|---|
| 이의신청을 한 날 | 년 월 일 | 이의신청 결정통지를 받은 날<br>(또는 결정기간이 경과한 날) | 년 월 일 |

불복의 이유(내용이 많은 경우에는 별지에 기재하여 주십시오)

「국세기본법」 제62조 및 같은 법 시행령 제50조에 따라 위와 같이 심사청구를 합니다.

년 월 일

청구인 (서명 또는 인)

**국세청장** 귀하

| | | | | | | |
|---|---|---|---|---|---|---|
| 위임장 | 「국세기본법」 제59조제1항에 따라 아래 사람에게 위 심사청구에 관한 사항을 위임합니다(다만, 심사청구의 취하는 별도의 위임을 받은 경우에 한정하여 할 수 있습니다). | | | | | |
| | 위 임 자<br>(청 구 인) | 대 리 인 | | | | |
| | | 구 분 | 성 명 | 사업장<br>소재지 | 사업자등록번호<br>(전자우편) | 전화번호<br>(휴대전화번호) |
| | (서명 또는 인) | 세 무 사<br>공인회계사<br>변 호 사 | (서명 또는 인) | (㊅ ) | | |

| | | |
|---|---|---|
| 첨부서류 | 1. 불복이유서(불복의 이유를 별지로 작성한 경우에 한정하여 첨부합니다)<br>2. 불복이유에 대한 증거서류(첨부서류가 많은 경우 목록을 별도로 첨부하여 주십시오) | 수수료<br>없 음 |

210mm × 297mm(백상지 80g/m²(재활용품))

■ 국세기본법 시행규칙 [별지 제35호서식] <개정 2015.3.6.>

# 심판청구서

| 접수번호 | 접수일 | 처리기간 90일 |
|---|---|---|

| 청구인 | 성 명 | | 주민등록번호<br>(사업자등록번호) | |
|---|---|---|---|---|
| | 상 호 | | 전화번호<br>(휴대전화번호) | |
| | 주소 또는<br>사업장 소재지 | (㊪ - )<br>전자우편(e-mail) : | | |

| 처 분 청 | | 조 사 기 관 | |
|---|---|---|---|

처분통지를 받은 날(또는 처분이 있은 것을 처음으로 안 날) : 년 월 일

※ 결정 또는 경정의 청구에 대해 아무런 통지를 받지 못한 경우에는 결정 또는 경정 기간이 경과한 날

통지된 사항 또는 처분의 내용(과세처분인 경우에는 연도, 기분, 세목 및 세액 등을 기재합니다)

※_______년도_______기분_________세_________원 부과처분

| 이의신청을 한 날 | 년 월 일 | 이의신청의 결정통지를 받은 날<br>(결정통지를 받지 못한 경우에는 결정 기간이 경과한 날) | 년 월 일 |
|---|---|---|---|

불복의 이유(내용이 많은 경우에는 별지에 기재하여 주십시오)

「국세기본법」 제69조 및 같은 법 시행령 제55조에 따라 위와 같이 심판청구를 합니다.

년 월 일

청구인 (서명 또는 인)

**조세심판원장** 귀하

| 위임장 | 「국세기본법」 제59조제1항(관세에 관한 사항인 경우에는 「관세법」 제126조제1항)에 따라 아래 사람에게 위 심판청구에 관한 사항을 위임합니다(다만, 심판청구의 취하는 별도의 위임을 받은 경우에 한정하여 할 수 있습니다). | | | | | |
|---|---|---|---|---|---|---|
| | 위 임 자<br>(청 구 인) | 대 리 인 | | | | |
| | | 구 분 | 성 명 | 사업장<br>소재지 | 사업자등록번호<br>(전자우편) | 전화번호<br>(휴대전화번호) |
| | (서명 또는 인) | 세 무 사<br>공인회계사<br>변 호 사<br>관 세 사 | (서명 또는 인) | (㊪ - ) | | |

| 첨부서류 | 1. 불복이유서(불복의 이유를 별지로 작성한 경우에 한정하여 첨부합니다)<br>2. 불복이유에 대한 증거서류(첨부서류가 많은 경우 목록을 별도로 첨부하여 주십시오) | 수수료<br>없 음 |
|---|---|---|

210㎜×297㎜(백상지 80g/㎡(재활용품))

출처: 국세청

# 세금, 나눠서 낼 수 있을까?

부업러

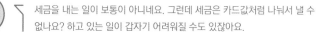

세금을 내는 일이 보통이 아니네요. 그런데 세금은 카드값처럼 나눠서 낼 수 없나요? 하고 있는 일이 갑자기 어려워질 수도 있잖아요.

세무서 언니

갑작스럽게 많은 세금을 내야 한다면 한숨이 절로 나올 거예요. 그럴 때 이자 없이 세금을 나눠서 낼 수 있어요. 정말 좋은 소식이죠?

## 납부기한연장과 징수유예의 차이

법인세, 소득세, 부가가치세 정기 신고 기간이 되면 세무서에 전화를 걸어 이렇게 말씀하시는 분이 많습니다.

"신고까지는 어떻게든 했는데, 사업이 어려워 납부가 힘들어요. 구제 방법이 없을까요?"

이럴 때면 납세자 분들에게 납부기한연장 신청을 안내해드립니다. 납부기한연장 신청 당시 체납액이 없고, 납부기한연장 사유에 해당된다면 대부분 승인을 해드리고 있습니다.

종종 납부기한연장과 징수유예를 헷갈려하시는 분들이 있습니다. 납세자의 신고로 납세 의무가 확정되는 세금(법인세, 소득세, 부가가치세 등)에 대해 분납을 신청하는 것을 납부기한연장이라 하고, 납세자가 잘못 신고한 것이나 무신고·무납부하여 관할 관청에서 고지서가 나간 것에 대해 분납을 신청하는 것을 징수유예라고 합니다.

## 분납 신청, 누구나 할 수 있을까?

다음 사유에 해당된다면 납부기한연장과 징수유예가 가능합니다. 납부 기한 3일 전까지 관할 세무서나 홈택스로 신청서를 제출하면 됩니다.

*납부기한연장의 법적 근거

**국세기본법 제6조(천재 등으로 인한 기한의 연장)**

① 천재지변이나 그 밖에 대통령령으로 정하는 사유로 이 법 또는 세법에서 규정하는 신고, 신청, 청구, 그 밖에 서류의 제출, 통지, 납부를 정해진 기한까지 할 수 없다고 인정하는 경우나 납세자가 기한 연장을 신청한 경우에는 관할 세무서장은 대통령령으로 정하는 바에 따라 그 기한을 연장할 수 있다.

1. 납세자가 화재, 전화(戰禍), 그 밖의 재해를 입거나 도난을 당한 경우
2. 납세자 또는 그 동거 가족이 질병이나 중상해로 6개월 이상의 치료가 필요하거나 사망하여 상중(喪中)인 경우
3. 납세자가 그 사업에서 심각한 손해를 입거나, 그 사업이 중대한 위기에 처한 경우(납부의 경우만 해당한다)
4. 정전, 프로그램의 오류, 그 밖의 부득이한 사유로 한국은행(그 대리점을 포함한다) 및 체신관서의 정보통신망의 정상적인 가동이 불가능한 경우
5. 금융회사 등(한국은행 국고대리점 및 국고수납대리점인 금융회사 등만 해당한다) 또는 체신관서의 휴무, 그 밖의 부득이한 사유로 정상적인 세금 납부가 곤란하다고 국세청장이 인정하는 경우
6. 권한 있는 기관에 장부나 서류가 압수 또는 영치된 경우
7. 납세자의 형편, 경제적 사정 등을 고려하여 기한의 연장이 필요하다고 인정되는 경우로서 국세청장이 정하는 기준에 해당하는 경우(납부의 경우만 해당한다)
8. 「세무사법」 제2조제3호에 따라 납세자의 장부 작성을 대행하는 세무사(같은 법 제16조의4에 따라 등록한 세무법인을 포함한다) 또는 같은 법 제20조의2에 따른 공인회계사(「공인회계사법」 제24조에 따라 등록한 회계법인을 포함한다)가 화재, 전화, 그 밖의 재해를 입거나 도난을 당한 경우
9. 제1호, 제2호 또는 제6호에 준하는 사유가 있는 경우

*징수유예의 법적 근거

**국세징수법 제15조(납기 시작 전의 징수유예)**

① 세무서장은 납기가 시작되기 전에 납세자가 다음 각 호의 어느 하나에 해당하는 사유로 국세를 납부할 수 없다고 인정할 때에는 대통령령으로 정하는 바에 따라 납세 고지를 유예하거나 결정한 세액을 분할하여 고지할 수 있다.

1. 재해 또는 도난으로 재산에 심한 손실을 입은 경우
2. 사업이 현저한 손실을 입은 경우
3. 사업이 중대한 위기에 처한 경우
4. 납세자 또는 그 동거 가족의 질병이나 중상해로 장기 치료가 필요한 경우
5. 「국제조세조정에 관한 법률」에 따른 상호합의절차(이하 '상호합의절차'라 한다)가 진행 중인 경우. 다만, 이 경우에는 같은 법 제24조제2항 · 제4항 및 제6항에서 정하는 징수유예의 특례에 따른다.
6. 제1호부터 제4호까지의 사유에 준하는 사유가 있는 경우

## 몇 개월까지 분납이 가능할까?

분납할 수 있는 기간은 최대 9개월입니다. 하지만 국세징수사무처리규정 제68조(징수유예 및 납기연장의 기간)에 6개월이 지나서는 나머지 3개월 이내에 균등액을 분납할 수 있도록 정하라고 규정되어 있습니다.

예시

**7월 유예인 경우: 7개월째에 일시납**

**8월 유예인 경우: 7개월 및 8개월째에 2분의 1씩 납부**

**9월 유예인 경우: 7개월째부터 9개월째까지 3분의 1씩 납부**

## 세금 포인트로 납세 담보 제공이 가능하다고?

세금을 납부하면 세금 포인트가 생깁니다. 납부기한연장금액과 징수유예세액이 7,000만 원 이상이라면 세금 포인트로 납세 담보물을 대체할 수 있습니다. '적립된 세금 포인트×100,000원'으로 계산한 금액과 연간 5억 원 중 적은 금액을 한도로 납세담보면제금액이 결정됩니다.

자영업자가 아닌 근로소득자도 조금씩 세금 포인트가 쌓이고 있습니다. 홈택스에 접속해 [My홈택스]를 클릭하면 세금 포인트를 조회할 수 있습니다.

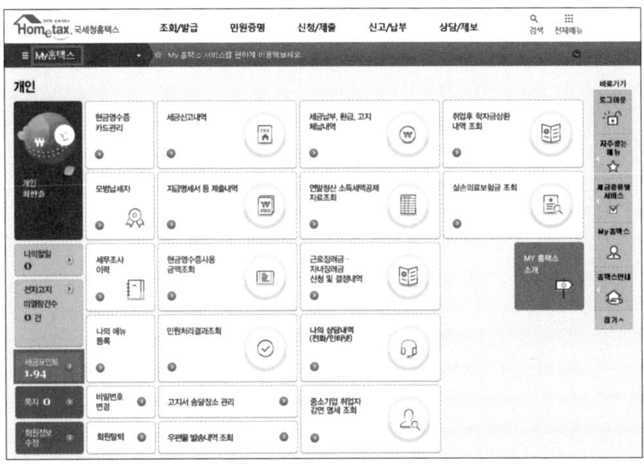


다만, 세금 포인트로 납세 담보물을 대체하려면 세금 포인트가 매우 많아야겠죠?

### 세금 분납, 담보가 있어야 가능할까?

실무적으로 유예할 세금이 7,000만 원이 되지 않는다면 담보물 없이 세금을 분납할 수 있습니다. 납세자가 세무 조사를 받고 일시에 많은 세금을 납부해야 할 상황에 처했을 때 이 방법을 안내해드립니다. 만약 고지세액이 9,000만 원이라면 2,000만 원은 우선 일시 납부하고, 나머지 7,000만 원은 징수유예를 신청할 수 있습니다. 5,000만 원 이하 세금에 대해 징수유예를 신청할 때는 납세 담보를 제공하지 않아도 됩니다.

**국세징수사무처리규정 제77조(납세 담보의 요구)**

세무서장은 징수유예, 납기연장 및 체납처분유예를 신청한 납세자의 최근 2년간 체납 사실 여부 등을 고려하여 조세일실의 우려가 없다고 인정되는 경우 유예세액 5천만 원까지 제한적으로 납세 담보의 제공을 요구하지 아니할 수 있다.

# 납부기한연장승인신청서

[별지 제1호의2서식] <개정 2007.4.4>

| 납부기한연장승인신청서 | | | | 처리기간 | 수수료 |
|---|---|---|---|---|---|
| | | | | 3일 | 없 음 |
| 신청인 | ①성 명 | | | ②주 민 등 록 번 호 | ③사업자등록번호 |
| | ④주소 또는 사업장 | (㊗ – ) | | ⑤전화번호 | |
| | ⑥상 호 | | | ⑦업 종 | |

| 신 청 내 용 | | | |
|---|---|---|---|
| 납 부 할 국 세 의 내 용 | | | ⑪납기연장을 받고자 하 는 금 액 |
| ⑧세 목 | ⑨납 부 기 한 | ⑩금 액 | |
| | . . . | | |
| | . . . | | |
| | . . . | | |
| ⑫연 장 받 고 자 하 는 사 유 | | | |
| ⑬연 장 받 고 자 하 는 기 간 | 년 월 일부터<br>년 월 일까지 | ( 일간) | |

| 분납금액 및 납부기한 | | | |
|---|---|---|---|
| ⑭횟 수 | ⑮세 목 | ⑯납 부 기 한 | ⑰금 액 |
| 1 회 | | . . . | |
| 2 회 | | . . . | |
| 3 회 | | . . . | |

국세기본법 제6조 및 동법시행령 제3조의 규정에 의하여 위와 같이 납부기한연장의 승인을 신청합니다.

년 월 일

신청인 (서명 또는 인)

세무서장 귀하

구비서류 : 사유를 증빙하는 자료

이 신청서는 무료로 배부합니다.

22226-79111민 210mm×297mm

99.2.23 승인 (신문용지(특급) 34g/㎡)

## 징수유예신청서

■ 국세징수법 시행규칙[별지 제14호서식] <개정 2015.2.23.>

**□ 징 수 유 예**
**□ 체납처분유예** **신청서**

(앞쪽)

| 접수번호 | 접수일 | 처리기간 3일 |
|---|---|---|

| 납 세 자 | 성명(상호) | 주민등록번호(사업자등록번호) |
|---|---|---|
| | 주소(사업장) | |
| | 전화번호 | 전자우편주소 |

신 청 내 용

| 납부할 국세 · 체납액의 내용 | | | | | | 징수(체납처분)유예를 받으려는 국세 | | |
|---|---|---|---|---|---|---|---|---|
| 연도 | 세목 | 발행번호 | 납부기한 (독촉기한) | 국세 | 가산금 | 계 | 국세 | 가산금 |
| | | | | | | | | |
| | | | | | | | | |
| | | | | | | | | |
| | | | | | | | | |
| | | | | | | | | |
| | | | | | | | | |

| 징수(체납처분)유예를 받으려는 이유 | |
|---|---|
| 징수(체납처분)유예를 받으려는 기간 | 년 월 일 부터<br>년 월 일 까지 |

납부기한 및 분납금액

| 횟수 | 연도 | 세목 | 납부기한 | 분납금액 | 국세 | 가산금 |
|---|---|---|---|---|---|---|
| 1회 | | | | | | |
| 2회 | | | | | | |
| 3회 | | | | | | |

「국세징수법 시행령」 제23조 및 제82조의2제3항에 따라 징수유예(체납처분유예)를 받기 위하여 위와 같이 신청합니다.

년 월 일

신청인 (서명 또는 인)

**세무서장** 귀하

| 첨부서류 | 1. 징수유예(체납처분유예)를 받으려는 이유를 증명하는 자료<br>2. 담보제공서(「국세기본법 시행규칙」 별지 제10호 서식) | 수수료<br>없 음 |
|---|---|---|

210㎜× 297㎜[백상지 80g/㎡(재활용품)]

# 간편장부 대상자도 세무 조사의 표적이 될 수 있다!

부업러

종종 뉴스에 세무 조사를 받고 엄청난 세금을 냈다는 사람들의 이야기가 나오는데, 수입이 적은 저와는 전혀 관련 없는 이야기겠죠?

세무서 언니

수입이 적은 개인사업자는 세무 조사를 받을 확률이 적어요. 하지만 과소 신고가 명백한 경우에는 개인사업자도 세무 조사를 받을 수 있어요.

### 세무 조사 대상자는 어떻게 선정될까?

국세기본법에서는 세무 조사를 '국세의 과세표준과 세액을 결정 · 경정하기 위하여 질문을 하거나 해당 장부 · 서류 또는 그 밖의 물건을 검사 · 조사하거나 그 제출을 명하는 것'으로 규정하고 있습니다.

사장님이 세무서에서 소득세 · 부가가치세 사후 검증이나 부가가치세 환급 검토, 자료 해명 안내 시 서류를 요청받고 질문을 받으실 수도 있는데, 이는 세무 조사가 아니라 담당자가 내용을 확인하는 과정이라고 생각하시면 됩니다. 이 과정에서 소명이 잘 되지 않을 경우, 세무 조사 대상자로 선정될 수 있습니다.

국세기본법 제81조의6에 세무 조사 대상자를 어떻게 선정하는지 명시되어 있습니다. 정기·비정기 세무 조사 대상자 기준은 다음과 같습니다.

▼ 정기·비정기 세무 조사 대상자 기준

| | |
|---|---|
| **정기 세무 조사 대상자** | 1. 국세청장이 납세자의 신고 내용에 대하여 과세 자료, 세무 정보 및 「주식회사의 외부감사에 관한 법률」에 따른 감사 의견, 외부 감사 실시 내용 등 회계성실도 자료 등을 고려하여 **정기적으로 성실도를 분석한 결과 불성실 혐의가 있다**고 인정하는 경우<br>2. 최근 **4과세 기간 이상** 같은 세목의 **세무 조사를 받지 아니한 납세자**에 대하여 업종, 규모, 경제력 집중 등을 고려하여 대통령령으로 정하는 바에 따라 **신고 내용이 적정한지를 검증**할 필요가 있는 경우<br>3. **무작위추출방식으로 표본조사**를 하려는 경우 |
| **비정기 세무 조사 대상자** | 1. 납세자가 세법에서 정하는 신고, 성실신고확인서의 제출, 세금계산서 또는 계산서의 작성·교부·제출, 지급명세서의 작성·제출 등의 **납세 협력 의무를 이행하지 아니한 경우**<br>2. 무자료 거래, 위장·가공 거래 등 **거래 내용이 사실과 다른 혐의**가 있는 경우<br>3. 납세자에 대한 구체적인 **탈세 제보**가 있는 경우<br>4. **신고 내용에 탈루나 오류의 혐의를 인정할 만한 명백한 자료**가 있는 경우<br>5. 납세자가 세무공무원에게 직무와 관련하여 금품을 제공하거나 금품 제공을 알선한 경우 |

성실도를 분석한 결과 불성실 혐의가 있다고 인정되는 경우는 동종업계 유사한 자영업자들보다 부가율이나 소득률이 낮을 때라고 생각하시면 됩니다. 그래서 세무대리인들이 제일 염두에 두고 신고하는 것이 부가율과 소득률입니다.

## 개인사업자도 조사 대상자가 될 수 있을까?

국세기본법 제81조의6 규정으로 인해 간편장부 대상자에 해당되는 개인사업자와 1년으로 환산한 수입금액이 1억 원 이하인 법인사업자는 조사 대상자로 선정될 가능성이 적습니다. 다만, 객관적인 증거 자료에 의해 과소 신고한 것이 명백한 경우에는 소규모 사업자라 하더라도 조사 대상자로 선정될 수 있습니다.

**국세기본법 제81조의6(세무 조사 관할 및 대상자 선정)**

⑤ 세무공무원은 다음 각 호의 요건을 모두 충족하는 자에 대해서는 제2항에 따른 세무 조사를 하지 아니할 수 있다. 다만, 객관적인 증거 자료에 의하여 과소 신고한 것이 명백한 경우에는 그러하지 아니한다.

1. 업종별 수입금액이 대통령령으로 정하는 금액 이하인 사업자
2. 장부 기록 등이 대통령령으로 정하는 요건을 충족하는 사업자

**대통령령으로 정하는 금액**

1. 개인: 「소득세법」 제160조제3항에 따른 간편장부 대상자
2. 법인: 「법인세법」 제60조에 따라 법인세 과세표준 및 세액신고서에 적어야 할 해당 법인의 수입금액(과세 기간이 1년 미만인 경우에는 1년으로 환산한 수입금액을 말한다)이 1억 원 이하인 자

**대통령령으로 정하는 요건**

1. 모든 거래 사실이 객관적으로 파악될 수 있도록 복식부기 방식으로 장부를 기록 · 관리할 것
2. 과세 기간 개시 이전에 「여신전문금융업법」에 따른 신용카드 가맹점으로 가입하고 해당 과세 기간에 법 제84조의2제1항제3호 각 목의 행위를 하지 아니할 것(「소득세법」 제162조의3제1항 및 「법인세법」 제117조의2제1항에 따라 현금영수증 가맹점으로 가입하여야 하는 사업자만 해당한다)
3. 과세 기간 개시 이전에 「조세특례제한법」 제126조의3에 따른 현금영수증 가맹점으로 가입하고 해당 과세 기간에 법 제84조의2제1항제4호 각 목의 행위를 하지 아니할 것(「소득세법」 제162조의3제1항 및 「법인세법」 제117조의2제1항에 따라 현금영수증 가맹점으로 가입하여야 하는 사업자만 해당한다)
4. 「소득세법」 제160조의5에 따른 사업용 계좌를 개설하여 사용할 것(개인인 경우만 해당한다)
5. 업종별 평균 수입금액 증가율 등을 고려하여 국세청장이 정하여 고시하는 수입금액 등의 신고 기준에 해당할 것
6. 해당 과세 기간의 법정 신고 납부 기한 종료일 현재 최근 3년간 조세범으로 처벌받은 사실이 없을 것
7. 해당 과세 기간의 법정 신고 납부 기한 종료일 현재 국세의 체납 사실이 없을 것

## 세무 조사를 연기할 수 있다고?

세무 조사 시 보통은 세무 조사 개시 15일 전에 세무조사사전통지서를 보냅니다. 이때 특별한 사정이 있는 경우에는 세무 조사 연기 신청을 할 수 있습니다. 국세기본법 시행령 제63조의7(세무 조사의 연기 신청)의 사유에 해당하면 세무 조사 연기 신청이 가능합니다.

**국세기본법 시행령 제63조의7(세무 조사의 연기 신청)의 사유**

1. 화재, 그 밖의 재해로 사업상 심각한 어려움이 있을 때
2. 납세자 또는 납세 관리인의 질병, 장기 출장 등으로 세무 조사가 곤란하다고 판단될 때
3. 권한 있는 기관에 장부, 증거 서류가 압수되거나 영치되었을 때
4. 제1호부터 제3호까지의 규정에 준하는 사유가 있을 때

## 세무 조사 잘 받는 노하우

가장 좋은 것은 세무 조사 대상자로 선정되지 않는 것입니다. 만약 세무 조사 대상자로 선정됐다 하더라고 너무 걱정할 필요 없습니다. 특히 세무 조사 사전 통지 없이 바로 조사가 시작될 것임을 알려드리면 대부분의 사장님이 긴장을 하십니다. 세무 조사 시 담당자의 요구에 최대한 성실하게 응하고, 적극적으로 거래 자료나 근거 자료를 제시하며 그에 합당한 세법 논리로 소명하면 세무 조사를 원만하게 끝낼 수 있습니다.

담당자들은 세무 조사를 시작하기 전에 업체에 대한 기본 분석을 합니다. 주로 확인하는 항목은 다음과 같습니다.

- **매출 누락 여부**
- **비용 과다 계상 여부**
- **업무와 관련 없는 비용 유무**
- **세액공제나 감면 내역의 합당성**
- **직원에 대한 경비 과다 계상 여부**
- **세법상 의무 규정 준수 여부**

이뿐만 아니라 다양한 각도로 신고 여부의 적정성을 판단하니 절세인지 탈세인지 구분이 애매한 것들은 국세청이나 세무대리인을 통해 정확하게 확인한 뒤 신고할 필요가 있습니다.

# 현금영수증은 무조건 발행하자!

부업러

쇼핑몰을 둘러보다 보면 '현금으로 하시면 싸게 드려요'라는 문구가 눈에 많이 들어오는데, 아무 문제가 없는 건가요? 저도 이런 문구를 사용해도 괜찮을까요?

세무서 언니

많은 사람이 이런 문구를 아무렇지 않게 사용하니 불법이 아니라고 생각하시는 분들이 많은데, 자칫 잘못하면 밀린 세금과 가산세를 함께 내야 할 수도 있어요. 본인의 업종이 현금영수증 의무 발행 업종이라면 소비자가 요청하지 않아도 현금영수증을 발행해야 해요.

## 현금 매출 누락의 유혹

요즘은 많이 나아졌지만 저렴하게 해준다며 현금영수증을 발행하지 않는 조건으로 현금 구매를 유도하는 사장님들이 있습니다. 우선 사장님의 업종이 현금영수증 의무 발행 업종인지 확인해보셔야 합니다.

만약 현금영수증 의무 발행 업종이라면 소비자가 요청하지 않더라도 현금영수증을 자진해서 발행할 것을 권합니다. 몇 십만 원 매출을 속이려다 매출 누락에 대한 부가가치세, 소득세(가산세 포함)는 물론이고, 현금영수증 미발행가산세까지 부담해야 할 수도 있습니다.

현금영수증 의무 발행 업종 사업자가 현금영수증을 미발행한 것에 대해

2019년 이전에는 조세범처벌법에 규정되어 있어 과태료로 거래대금의 50%를 부과했습니다. 현재는 소득세법 및 법인세법으로 이관되면서 현금영수증미발행가산세를 부과하는 것으로 개정되었습니다.

**현금영수증미발행가산세=거래대금×20%**

## 현금영수증 의무 발행 업종은 어디?

그렇다면 자신의 업종이 현금영수증 의무 발행 업종인지 어떻게 알 수 있을까요? 다음 표를 참고하시기 바랍니다. 일반적으로 끝에 '사' 자가 붙는 전문직 업종은 현금영수증 의무 발행 업종입니다. 의무 발행 업종은 해마다 바뀌니 항상 예의주시하는 것이 좋습니다.

▼ 현금영수증 의무 발행 업종

| 구분 | 업종 |
|---|---|
| 사업<br>서비스업 | 변호사업, 공인회계사업, 세무사업, 변리사업, 건축사업, 법무사업, 심판변론인업, 경영지도사업, 기술지도사업, 감정평가사업, 손해사정인업, 통관업, 기술사업, 측량사업, 공인노무사업 |
| 보건업 | 종합병원, 일반병원, 치과병원, 한방병원, 일반의원(일반과, 내과, 소아과, 일반외과, 정형외과, 신경과, 정신과, 피부과, 비뇨기과, 안과, 이비인후과, 산부인과, 방사선과 및 성형외과), 기타 의원(마취과, 결핵과, 가정의학과, 재활의학과 등 달리 분류되지 아니한 병과), 치과의원, 한의원, 수의업 |
| 숙박 및<br>음식점업 | 일반유흥주점업(「식품위생법 시행령」 제21조제8호 다목에 따른 단란주점 영업을 포함한다), 무도유흥주점업, 관광숙박시설운영업, 출장음식서비스업 |
| 교육<br>서비스업 | 일반교습학원, 예술학원, 운전학원, 스포츠 교육기관, 기타 교육 지원 |

| 기타 업종 | 골프장업, 장례식장업, 예식장업, 부동산중개업, 산후조리원, 시계 및 귀금속 소매업, 피부미용업, 기타 미용 관련 서비스업, 실내 건축 및 건축 마무리 공사업(도배업만 영위하는 경우는 제외한다), 결혼사진 및 비디오촬영업, 맞선주선 및 결혼상담업, 의류임대업, 「화물자동차 운수사업법 시행령」 제9조에 따른 이사화물운송주선사업(포장이사운송업에 한한다), 자동차 부품 및 내장품 판매업, 자동차 종합수리업, 자동차 전문수리업, 전세버스 운송업, 가구소매업, 전기용품 및 조명장치 소매업, 의료용 기구 소매업, 페인트·유리 및 그 밖의 건설자재 소매업, 안경 소매업, 운동 및 경기용품 소매업, 예술품 및 골동품 소매업, 중고자동차 소매·중개업 |
|---|---|

현금영수증 의무 발행 업종에 해당된다면 세무서에서 안내문을 발송합니다. 물론, 직접 확인해볼 수 있는 방법도 있습니다.

국세법령정보시스템(http://txsi.hometax.go.kr)에 접속해 [법령]→ [소득세법]→ [소득세법 시행령]→ [별표/서식]→ [소득세법 시행령 별표3의3]을 클릭하면 확인 가능합니다.

## 현금영수증, 요청하지 않아도 발행하자!

소비자가 현금으로 결제할 때 현금영수증 발행 여부를 물어보고 소비자가 필요 없다고 하면 발행하지 않는 경우가 많을 겁니다. 앞서 현금영수증 의무 발행 업종이라면 소비자 요청이 없다 해도 자진해서 현금영수증을 발행해야 하고, 미발행 시 현금영수증미발행가산세를 내야 한다는 사실을 이야기했습니다.

식당, 커피숍 등 현금영수증 의무 발행 업종이 아니라면 현금영수증을 자진해서 발행하지 않아도 페널티가 없지만 부가가치세 신고 시 기타 매출로 신고해야 합니다.

현금영수증은 네 가지 방법으로 발행 가능합니다.

### ① 신용카드 단말기

신용카드 가맹점으로 가입하는 동시에 현금영수증 가맹점으로 가입하고 설치한 단말기를 통해 발행할 수 있습니다.

### ② 현금영수증사업자 누리집

다음 현금영수증사업자 누리집에서 현금영수증 가맹점으로 가입하고 발행할 수 있습니다.

| 상 호 | 누리집 주소 | 연락처 |
|---|---|---|
| (주)케이티 | www.hellocash.co.kr | 02)2074-0340 |
| (주)엘지유플러스 | taxadmin.uplus.co.kr | 1544-7772 |
| 한국정보통신(주) | www.kicc.co.kr | 1600-1234 |
| 퍼스트데이터코리아(유) | www.moneyon.com | 1544-7300 |
| (사)금융결제원 | www.kftcvan.or.kr | 1577-5500 |

### ③ 국세상담센터 126

ARS를 이용해 현금영수증 가맹점으로 가입하고 발행할 수 있습니다.

**☎126→ ①번(홈택스 상담)→ ①번(현금영수증)→ ②번(상담센터 연결)→ ①번(한국어)→ ④번(가맹점 현금영수증 발행 서비스)→ 사업자번호(10자리) 입력→ 비밀번호(4자리) 입력→ ①번(현금영수증 발행)→ 인증 수단 번호, 금액, 용도 선택**

**④ 홈택스**

홈택스 현금영수증 발행 시스템은 사업 규모나 업종, 사업 유형에 관계없이 사업자등록이 되어 있고, 홈택스에 회원 가입이 되어 있으면 누구나 이용할 수 있습니다.

## 홈택스에서 현금영수증 발행하기

자, 그럼 지금부터 홈택스에서 현금영수증을 발행해보도록 하겠습니다. 우선 홈택스에 접속해 로그인한 뒤 [조회/발급]→ [현금영수증]→ [현금영수증 발급]→ [홈택스 발급 신청]을 클릭합니다.

사업자는 홈택스를 통해 현금영수증을 발행하기 위한 신청 절차를 거쳐야 합니다. 실제 발행 업무를 담당하는 담당자 정보를 입력한 뒤 신청합니다.

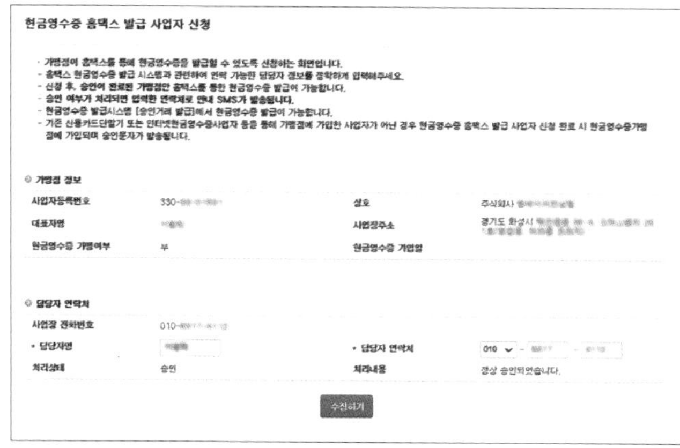


[현금영수증 승인거래 발급]을 클릭합니다. 현금영수증 출력을 위한 정보를 입력한 뒤 [발급요청]을 클릭합니다. 발행 완료 후 영수증 형태로 출력할 수도 있습니다.

홈택스에서 현금영수증을 발행했다면 취소도 가능합니다. 취소하고자 하는 거래를 조회한 뒤 선택만 하면 됩니다.

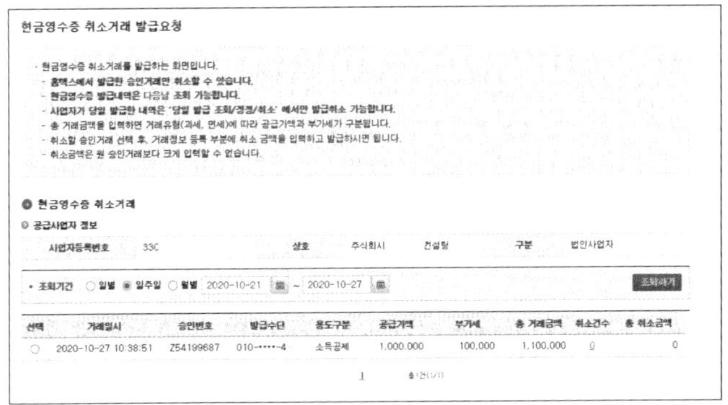


홈택스에서 발행한 현금영수증은 다음 날에 정상 발행 여부를 확인할 수 있습니다.

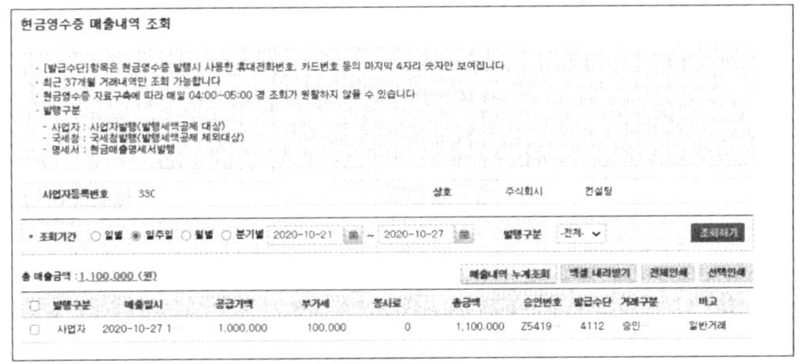


## 현금영수증을 발행하지 않으면 무슨 일이 생길까?

현금영수증 일반 가맹점인지, 의무 발행 가맹점인지에 따라 발행 의무와 위반 시 불이익이 다릅니다.

▼ 가맹점에 따른 발행 의무와 위반 시 불이익

| 구 분 | 일반 가맹점 | 의무 발행 가맹점 |
|---|---|---|
| 발행 의무 | 상대방의 발행 요청이 있는 경우 발행 거부 금지 | - (10만 원 이상) 상대방의 요청이 없어도 발행 의무<br>- (10만 원 미만) 상대방의 요청이 있는 경우 발행 의무 |
| 위반 시 불이익 | - 가산세: 거부 금액의 5%(건별 금액이 5,000원 미만인 경우 5,000원)<br>- 과태료: 발행 거부 또는 허위 발행 금액의 20%**(2회 이상 위반 시)** | - (10만 원 미만) 일반 가맹점과 동일<br>- (10만 원 이상) 미발행금액의 20% 가산세 부과 |

현금영수증 의무 발행 가맹점일 경우 2018년 이전에는 과태료가 미발행금액의 50%였는데, 2019년부터 미발행금액의 20% 가산세 부과로 개정되었습니다. 이처럼 법이 완화되기는 했지만 국세청에서는 현금 매출 누락을 하는 사업자에게 큰 페널티를 주고 있습니다.

부동산중개업(현금영수증 의무 발행 업종)을 하고 있는 복식부기 의무자인 개인사업자가 세무 조사를 통해 1년 동안 1,000만 원의 현금 매출을 누락한 사실이 확인되었다고 가정해봅시다.

세무 조사는 보통 과세 기간이 지나고 2년 정도 뒤에 진행하는 경우가 많습니다(소득세 세율 구간 35%로 이미 신고되어 있다고 가정, 납부지연가산세 기간 경과 2년으로 가정, 계산 편의상 부가가치세 납부지연가산세는 과세 기간별로 안분하지 않음). 학원과 같은 면세사업자는 부가가치세를 빼고 고려하시면 됩니다.

▼ 현금영수증 누락 시 발생하는 세금

| 구 분 | 소득세 | | | 부가가치세 | | | 합계 |
|---|---|---|---|---|---|---|---|
| 매출 누락 | 1,000 만 원 | 35% | 350만 원 | 1,000 만 원 | 10% | 100만 원 | |
| 과소신고 가산세 | 350 만 원 | 40% | 140만 원 | 100 만 원 | 40% | 40만 원 | |
| 납부지연 가산세 | 350 만 원 | 0.025% ×365 ×2 | 638,750원 | 100 만 원 | 0.025% ×365 ×2 | 182,500원 | |
| 현금영수증 미발행 가산세 | 1,000 만 원 | 20% | 200만 원 | | | | |
| 합 계 | 7,538,750원 | | | 1,582,500원 | | | 9,121,250원 |

보통 납부해야 할 세금이 매출 누락액 만큼 나온다고 생각하시면 됩니다. 따라서 현금영수증 의무 발행 업종이라면 현금영수증 발행을 당연하게 생각해야 합니다.

요즘은 전문 세파라치들이 있어 현금영수증을 발행하지 않으면 바로 신고가 들어오는 경우가 많습니다. 현금영수증 미발행 신고가 들어올 때면 사장님의 입장과 소비자의 입장이 다르다는 것을 많이 느낍니다. 많은 사장님이 이렇게 말씀하십니다.

“현금 할인 명목으로 할인을 해준 겁니다. 부가세를 받지 않고 깎아준 게 잘못입니까? 자기가 부가세를 내기 싫어서 그렇게 하기로 해놓고 왜 이제 와서 뒤통수는 치는 겁니까? 그럼 그 사람에게 다시 부가세를 받아야겠네요.”

그러면 저는 이렇게 말합니다.

“만약 사장님께서 100만 원 매출을 내고 이에 대한 현금영수증을 발급하지 않으셨다면 100만 원/1.1=90.9만 원이 공급가액으로 책정됩니다. 그리고 국세청은 100만 원에서 90.9만 원을 뺀 9.1만 원으로 부가가치세로 봅니다. 즉, 사장님이 받은 돈의 91%가 공급가액이 되고, 나머지는 부가가치세로 보게되는 것이죠."

이런 신고가 들어오면 아무래도 사장님의 손해가 큽니다. 현금영수증 미발행에 대한 가산세와 매출 누락에 따른 부가가치세, 소득세 추가 납부 문제(과소신고가산세+납부지연가산세)가 발생하니까요. 사업자들은 이런 신고가 누적 관리된다는 사실을 간과해서는 안 됩니다.

# 절세와 탈세의 차이, 정확히 알자!

부업러

요즘 인터넷에 절세 팁을 많이 검색해보고 있어요. 그런데 보면 볼수록 절세인지, 탈세인지 헷갈릴 때가 많아요. 절세와 탈세, 명확히 구분할 수 있는 방법이 없을까요?

세무서 언니

세법이 복잡한 만큼 절세와 탈세의 경계가 명확하지 않아 헷갈려하는 납세자가 많아요. 절세와 탈세의 가장 중요한 기준은 바로 증빙 서류예요. 증빙 서류가 없다면 탈세, 있다면 절세인 것이죠.

## 절세 vs. 탈세

절세는 법의 테두리 안에서 세금을 줄이는 것을 말합니다. 적격증빙 서류를 잘 챙겨 사업과 관련된 경비를 전부 인정받는 것이 대표적인 절세 방법이라 할 수 있습니다. 탈세는 합법적이지 않은 방법으로 있는 것을 없는 것처럼 꾸미거나 없는 것을 있는 것처럼 꾸미는 것이라고 생각하시면 됩니다.

## 탈세 유형, 어떤 것들이 있을까?

그럼 어떻게 신고하면 탈세가 되는지 알아보도록 하겠습니다.

- 수입금액 누락
- 실제로 근무하지 않는 가족·친인척들이 근무한 것처럼 하여 인건비를 경비로 처리
- 가공경비 계상(실물거래가 없는데 비용을 지출한 것처럼 꾸미는 것)
- 경비 과다 계상(실제 지출금액보다 크게 비용 처리를 하는 것)
- 명의 위장(실제로 사업하는 사람과 사업자등록증상의 명의가 일치하지 않는 것)
- 차명계좌 사용(타인 명의의 금융계좌를 활용한 현금 수입 탈루 행위)

사례를 통해 절세와 탈세의 경계를 살펴보겠습니다.

**사례 1**

서울 강남 역삼동에 소재한 (주)△△은 20○○년부터 20○×까지 거래처 ○○실업으로부터 실제 10억 원을 매입하였으나 20억 원을 매입한 세금계산서를 수취하여 대금을 지급한 후 차액 10억 원을 대표자 명의 계좌(○○은행, 000-0000-0000)로 받아 비자금을 조성함.

**사례 2**

서울 종로 수송동에 위치한 유명 음식점 △△은 이중장부를 작성하여 비밀장부에 기재된 현금매출액을 탈루한 뒤 아들 ○○○의 계좌(○○은행, 000-0000-0000)에 입금하여 관리하고 있음. 비밀장부는 업무 시간에는 음식점 카운터 아래 서랍에 보관했다가 퇴근 시 사장 ○○○가 자택으로 가지고 감.

하지만 다음과 같은 경우와 신고는 국세청 업무 영역을 벗어나거나 탈세와 관련이 전혀 없는 사례입니다.

- 임금 체불, 국민연금 또는 의료보험 관련 업체의 부당행위, 개인의 원한 관계나 채권채무와 관련된 고발 등 국세와 관련 없는 사항
- 무고나 허위 제보, 막연한 심증에 의한 추측성 제보, 정황 증거만 첨부된 제보(언론사 보도 내용) 등 구체적인 탈세 사실 및 증빙이 첨부되지 않은 자료

**신고 사례 1**

**서울 ○○구에 살고 있는 ○○○는 특별한 직업도 없이 고급 승용차를 타고 다니며 평소 주위 사람들에게 자신이 수억 원대 자산가라고 이야기합니다. 이 사람의 자금 출처를 조사해보면 탈세 사실이 드러날 것입니다.**

**신고 사례 2**

**저는 올해 2월까지 서울의 ○○구에 ○○휴대폰마트에서 일용근로자로 근무하였으나 4대 보험 적용은 물론, 퇴직금조차 받지 못하고 부당하게 해고되었습니다. 악덕업자에 대해 철저한 세무 조사를 바랍니다.**

## 누가, 왜 탈세 제보를 하는 걸까?

차명계좌 사용과 달리 탈세 제보는 대표자가 탈세와 절세를 구별하지 못해 제보가 들어오는 경우가 거의 없습니다. 탈세는 상당히 적극적으로, 그리고 비밀리에 진행되죠. 과세관청은 직원이 탈세 행위를 눈치챌 만큼 사장님이 몰라서 그 행위를 했다고는 인정하지 않습니다.

그럼 탈세 제보는 누가 많이 할까요? 제가 가장 많이 본 제보자는 바로 직원입니다. 아무래도 내부 정보를 알고 있어야 탈세 제보가 가능하니 그럴 수밖에 없죠. 제보자인 직원이 제시하는 자료는 상당히 구체적이고 결정적인 단서를 제공합니다. 회사 내부 회계 자료와 관련 계약서는 물론이고, 녹취록까지 공증받아 제출하는 경우도 보았습니다.

그다음으로 많이 본 제보자는 업무상 관련된 거래처와 일반인입니다. 다만 일반인은 정황이나 작은 거래금액으로 신고하는 경우가 많은데, 그 내용만으로는 세무 조사로 연결되기가 쉽지 않습니다. 탈세 제보가 세무 조사로 연결되어야 추징세액이 나오고, 그 업체가 세금을 납부해야 포상금을 받을 수 있습니다.

한 예로 대부업을 했던 개인사업자 최○○는 직원이 제보한 대부 계약서가 아니었다면 끝까지 탈세 행위를 인정하지 않았을 것입니다. 명의 위장을 해 사업을 하고 있던 김○○는 직원의 녹취록이 없었다면 명의 위장을 밝혀내기 힘들었을 것입니다. 자료상 행위를 한 ○○법인에 대한 자료를 거래처에서 제시하지 않았다면 자료상 행위를 입증하기가 꽤 어려웠을 것입니다.

이처럼 결정적인 자료를 제공하는 제보자는 직원이 대부분입니다. 그다음이 거래처이고요. 제보자는 그 후 회사를 퇴사하는 경우가 많습니다. 아마도 사장님과의 관계가 틀어져 탈세 제보를 했을 가능성이 크겠죠. 종종 '만약 사장님이 직원이나 거래처를 배려하고 원만하게 지냈다면 과연 탈세 제보를 했을까?' 하는 생각이 들기도 하지만, 무엇보다 중요한 것은 탈세 행위 자체가 있어서는 안 된다는 사실이겠죠?

## 탈세 제보 처리 절차

지방국세청은 탈세 제보가 접수되면 해당 건에 대해 검토한 뒤 조사를 진행할 것인지, 누적 관리할 것인지 판단합니다. 검토 결과 탈루 혐의가 있어 과세에 활용할 수 있는 경우에는 조사나 서면 확인을 진행하고, 탈세 금액이 미미하거나 구체성이 없는 경우에는 추후 세무 조사나 심리 분석 시 그 자료를 활용합니다.

다음 장에 탈세제보서가 있습니다. 신고 서식인 자가 진단 체크리스트에 기재되어 있듯 구체적이고 명확한 자료로, 과세 활용이 되는 자료에 한해서만 조사가 진행된다는 사실을 꼭 알아두셨으면 좋겠습니다.

## 탈세제보서

【탈세제보자료 관리규정 제1호 서식】

# 탈 세 제 보 서

| | | | | |
|---|---|---|---|---|
| 제 보 자 | 성 명 | | 주민등록번호 | |
| | 전화번호 | | 이 메 일<br>(전자우편) | |
| | 주 소 지 | | | |
| | 우 편 물<br>수령장소 | | | |
| 피 제 보 자 | 상호(법인명) | | 사업자등록번호 | |
| | 성명(대표자) | | 주민등록번호 | |
| | 주 소 지 | | | |
| | 사업장소재지 | | | |
| 제 보 내 용 | ※ 6하 원칙에 의거 상세하게 작성하고 관련 증명서류를 첨부하되 제보내용이 많은 경우 별지 작성 가능 | | | |
| 취득경위 등 | ※ 제보내용을 취득하게 된 경위와 피제보자와의 관계<br>(제보내용의 신빙성 판단에 참고하며, 제보자의 신원은 관련 법령에 따라 보호됩니다) | | | |
| 첨 부 서 류 | | | | |
| 회 신 여 부 | □여 □부 | | 회신방법 | □서면 □인터넷(전자우편) |
| 공동제보여부 | □여 □부 | | 지 분 율 | A : B: C: D: |
| ※ 공동제보의 경우 지분율을 미기재 시 지분이 각각 동일한 것으로 간주 | | | | |
| 개인정보 수집·이용 동의<br>(개인정보보호법 제24조) | (수집이용목적) 탈세제보의 처리와 포상금 지급<br>(보유·이용기간) 5년<br>(수집대상 고유식별번호) 주민등록번호, 외국인등록번호<br>**상기 내용에 대해 □ 동의함 □ 동의하지 않음**<br>※ 동의를 거부할 권리가 있으며, 거부할 경우 포상금 지급이 불가할 수 있습니다. | | | |

상기와 같이 제보하니 처리하여 주시기 바랍니다.

20 . . .

제보자 (서명, 또는 인)

귀하

* 피제보자에 대한 세무조사 범위, 추징세액 등은 피제보자의 과세정보에 해당하여 공개되지 아니합니다.(관련규정 「국세기본법」 제81조의13, 「공공기관의 정보공개에 관한 법률」 제9조)
* 피제보자의 탈세제보 처리결과에 대해 제보자는 불복청구를 할 수 없음을 알려 드립니다.

210㎜×297㎜(신문용지 54g/㎡)

## 탈세제보서

# 탈세제보 안내말씀 및 자가 진단 체크리스트

## 1. 탈세제보 안내 말씀

국세행정에 관심을 갖고 탈세제보를 하여 주신데 대하여 깊은 감사를 드립니다.

귀하가 제출하신 탈세제보는 구체적인 탈세혐의 내용이나 확실한 증빙이 제출되어 효율적인 조사가 가능한 경우 관련 규정에 따라 즉시 과세활용 처리하고, 즉시 과세활용하기에는 업무 효율성이 낮은 경우 누적관리로 분류하여 추후 세무조사 및 심리분석 등에 활용하고 있습니다.

제보내용에 따라 검토 후 처리 종료시까지 다소 시간이 소요될 수 있으며, 처리결과 통지 시 과세활용 여부만 통지하고 피제보자의 추징세액 등 개별 과세내역은 「국세기본법」 제81조의 13【비밀유지】 및 「공공기관의 정보공개에 관한 법률」 제9조【비공개 대상 정보】 등 관련 법령에 따라 알려드리지 않습니다.

또한, 제보자의 신원은 제보처리 전반에 걸쳐 보호되고 있으며, 제출하신 탈세제보가 탈루세액을 산정하는데 중요한 자료로서 포상금 지급요건에 해당하는 경우에는 별도로 지급신청 안내를 해 드립니다.

## 2. 자가 진단 체크리스트

| | 자가 진단 항목 | 예 | 아니오 |
|---|---|---|---|
| ① | 탈세제보 접수통지와 결과 통지의 송달받을 장소 및 회신 방법을 정확히 기재하셨나요? (회신을 원하지 않을 경우 '아니오' 선택) | ☐ | ☐ |
| ② | 피제보자의 인적사항은 정확하게 기재하셨나요? | ☐ | ☐ |
| ③ | 피제보자 탈세혐의 사실을 구체적으로 충분히 기재하셨나요?<br>(구체적 예 : 거래처, 거래일, 거래기간, 거래품목, 거래수량, 금액 등) | ☐ | ☐ |
| ④ | 탈세혐의 내용을 뒷받침할 만한 증빙자료를 첨부하셨나요? | ☐ | ☐ |
| ⑤ | 제보의 내용이 일반에 공개되거나, 언론에 보도된 내용인가요? | ☐ | ☐ |
| ⑥ | 동일 피제보자에 대해 과거 동일 내용으로 탈세제보를 한 적이 있으신가요? | ☐ | ☐ |
| ⑦ | 피제보자에 대한 탈세혐의 내용이 사실에 근거한 것인가요? | ☐ | ☐ |
| 자가 진단 결과 | ②~④,⑦항목 중 '아니오'라고 체크된 항목이 있거나, ⑤~⑥항목 중 '예'라고 체크된 항목이 있는 경우 누적관리 될 수 있습니다.<br>이외에도 탈세제보 내용으로 보아 즉시 과세활용하기에 업무 효율성이 낮은 경우, 이미 신고(경정결정)된 경우에는 관련 규정에 따라 누적관리 될 수 있습니다. | | |

210㎜×297㎜(신문용지 54g/㎡)

출처: 국세청

38

# 차명계좌,
# 절대 사용 금지!

부업러

제 지인이 아내 명의 계좌로 사업을 하고 있는데, 세금을 줄였다고 엄청 자랑을 하시더라고요. 이거 불법 아닌가요?

세무서 언니

통장은 무조건 본인의 명의로 된 것만 사용해야 해요. 고의가 아니라 실수로 다른 사람 명의의 통장을 사용했다 해도 가산세가 부과될 수 있으니 억울한 일이 생기지 않도록 조심해야겠죠?

## 차명계좌란?

차명계좌는 사업자 본인이 아닌 다른 사람의 명의로 만든 은행계좌를 말합니다. 차명계좌는 주로 기업의 비자금 등 떳떳하지 못한 돈이 들어오고 나갈 때 사용되죠. 특히 현금 거래가 많은 사업자들이 음성적으로 현금 수입금액을 탈루할 목적으로 이용하는 경우가 많아 이를 차단하기 위해 차명계좌신고제도를 운영하고 있습니다.

## 통장 사용은 무조건 본인 명의 통장만!

조사과에서 근무할 때 사장님들이 본인이 차명계좌를 사용하고 있다는 사실을 인식하고 있지 못한 경우를 많이 보았습니다. 그 점이 가장 안타까웠죠.

자동차 정비소를 운영하는 A사장님은 직원으로 근무하고 있던 아들의 명의로 만든 계좌를 사용했는데, 그것이 차명계좌인지 알지 못했다고 말씀하셨습니다. 속옷 가게를 운영하던 B사장님은 몸이 좋지 않아 친동생처럼 가깝게 지낸 C에게 잠시 가게 운영을 맡겼습니다. C는 B사장님의 통장을 사용하는 것이 불편해 본인 명의의 통장을 이용해 가게 운영을 해나갔죠. B사장님과 C는 잘못된 방법으로 통장 사용을 했다는 사실을 인식하지 못했습니다.

두 사장님은 어떻게 되었을까요? 차명계좌인 줄 몰랐으니 세금을 내지 않아도 될까요? 그럴 수 없습니다. 두 분 모두 차명계좌를 사용해 매출액을 신고하지 않았다는 사실을 인정했고, 이후에 수정신고를 한 뒤 세금을 납부했습니다.

국세청에서는 차명계좌를 사용하는 사업자를 탈세 의도를 가지고 있다고 봅니다. 매출을 빼놓고 신고하려는 의도가 있다고 보는 것이죠.

### 차명계좌 입금 내역은 적극적으로 소명하기

세무서에서 차명계좌를 사용한 것으로 확인되어 소명하라는 안내문을 받게 되면 그 계좌에 입금된 모든 내역에 대해 소명해야 하는 번거로움이 생깁니다. 만약 개인적으로 입금된 돈이라 해도 그것에 대한 합리적인 증거자료가 없다면 매출을 누락한 것으로 봅니다. 말이 안 된다고 생각하시죠? 판례에서도 차명계좌에 입금된 돈은 모두 매출 누락으로 봅니다.

### 차명계좌 신고가 들어오면 어떻게 될까?

국세청은 지하경제 양성화와 조세정의 실현을 위해 차명계좌 신고가 접수될 경우, 다음과 같이 처리합니다.

- **차명계좌의 금융 내역을 확인하고, 세무 조사 대상자로 선정할 수 있다.**
- **차명계좌를 사용한 사업자가 영세사업자라 해도 반복적으로 차명계좌 신고가 접수되고 관련 혐의가 확인되는 경우 과세할 수 있다.**
- **차명계좌 사용이 고의가 아니더라도 세무 조사 대상자가 될 수 있다.**
- **차명계좌를 통해 탈루한 세액이 확인되는 경우, 고율의 가산세 부과 및 검찰 고발 등 세무상·신분상 불이익을 받을 수 있다.**

만약 차명계좌 입금 내역을 소명하지 못하거나, 매출 누락으로 인정하지 않으면 어떻게 될까요? 경우에 따라 다르지만 세무 조사로 전환될 수 있습니다. 세무 조사를 시작하면 금융 조회를 통해 그동안 매출이 누락된 것을 모두 찾아냅니다. 차명계좌를 사용해 세무 조사 대상자로 선정된다면 100% 금융 조회를 합니다.

만일 그러한 행위가 오래되었다면 최대 10년 동안 입금된 금액에 대해 세금을 부과할 수 있습니다. 세금을 부과할 수 있는 제척기간은 원칙적으로 5년이지만 사기나 그 밖의 부정한 행위로 확인되면 제척기간이 10년으로 늘어나기 때문이죠.

차명계좌 신고가 들어오면 대부분 통장에 입금된 금액 그대로 세금으로 납부해야 한다고 생각하시면 됩니다. 만약 사장님의 업종이 현금영수증 의무발행 업종이라면 현금영수증미발행가산세까지 추가로 부담해야 합니다.

# 잘못 낸 세금 돌려받는 경정청구

부업러

세금이 워낙 복잡하니 실수로 더 내는 일이 발생할 수도 있을 것 같아요. 그런 경우 더 낸 세금을 돌려받을 수 있나요?

세무서 언니

세법이 워낙 복잡하고 어려워 세금 납부를 할 때 실수를 할 수도 있어요. 세금을 더 냈다 해도 걱정할 필요 없어요. 경정청구를 통해 더 낸 세금을 돌려받을 수 있거든요.

## 내가 낸 세금을 돌려받을 수 있다고?

부가가치세나 소득세를 신고하면서 직전년도 귀속분을 잘못 신고한 것을 발견하고 바로잡을 수 있는지 문의하시는 분들이 많습니다. 네, 있습니다! 경정청구제도를 이용하면 내가 더 낸 세금을 돌려받을 수 있습니다.

정기 신고 기한 내에 소득세, 법인세, 부가가치세 등을 신고하였다면 경정청구를 신청할 수 있습니다. 2015년 1월 1일 이후 법정 신고 기한 경과 후 3년에서 5년으로 경정청구 기한이 늘어났습니다.

연말정산 시 소득공제 항목이나 세액공제 항목을 누락했거나 부가가치세를 신고하면서 매입세금계산서 등을 누락해 세금을 과대 신고했다면 경정청구 사유가 됩니다. 경정청구 신청은 체납이 있더라도 할 수 있습니다. 대신 환급받을 돈이 있다면 체납액을 먼저 제한 뒤 남은 금액만 환급됩니다.

### 경정청구 신청 방법

경정청구를 신청하는 방법은 두 가지로, 서면 신청과 홈택스를 통한 신청이 있습니다. 세무서에 직접 방문하는 것이 어렵다면 홈택스에 접속한 뒤 [신고/납부]→ [세금신고]→ [종합소득세 or 부가가치세]→ [경정청구]를 클릭하면 간편하게 신청할 수 있습니다.

### 환급은 언제 받을 수 있을까?

경정청구서가 접수되면 담당자가 내용을 확인합니다. 적법한 내용이라면 2개월 이내에 환급이 이루어지죠. 경정청구서를 접수할 때 환급받을 계좌번호를 입력하면 그곳으로 입금 처리가 되니, 계좌번호를 정확하게 확인한 뒤 입력하는 것이 좋겠죠? 이때 환급받을 금액이 2,000만 원 이상인 경우 무조건 계좌개설신고서를 별도로 제출해야 합니다.

# 길벗의 베스트셀러

**예 · 적금, 펀드, ETF, 주식, 보험, 연금, 부동산까지**
**꼼꼼하게 모으고 안전하게 불리는 비법**

대한민국 직장인에게 축복과도 같은 책!
두고두고 봐야 하는 재테크 필수 교과서!
기본적인 저축, 주식, 부동산은 물론 ETF와 보험, 연말정산까지!
바쁜 직장인을 위한 현실밀착형 재테크 지식 요점정리

우용표 지음 | 512쪽 | 17,500원

**기초 이론부터 필수 금융상식, 글로벌 최신 이슈까지**
**한 권으로 끝낸다!**

- 교양, 취업, 재테크에 강해지는 살아있는 경제 키워드 178
- 2022 최신 경제 이슈 완벽 반영!
- 누구보다 빠르고 똑똑하게 경제를 습득하자!

김민구 지음 | 548쪽 | 17,000원

부동산 상식사전

**전 · 월세, 내집, 상가, 토지, 경매까지**
**처음 만나는 부동산의 모든 것**

- 계약 전 펼쳐보면 손해 안 보는 책, 30만 독자의 강력 추천!
- 급변하는 부동산 정책, 세법, 시장을 반영한 5차 개정판!
- 매매는 물론 청약, 재개발까지 아우르는 내집장만 A to Z
- 부동산 왕초보를 고수로 만들어주는 실전 지식 대방출!

백영록 지음 | 586쪽 | 18,500원

**100만 왕초보가 감동했다! 완벽한 투자입문서!**

주식 시장을 즐거운 전투장으로 만들어준 최고의 주식투자서
HTS 활용은 기본! 봉차트, 추세선, 이동평균선까지 완벽 학습
독자 스스로 해답을 구할 수 있는 실용코너가 한가득!

윤재수 지음 | 420쪽 | 18,000원

**2030 싱글도, 무자녀 신혼부부도, 유주택자도 당첨되는 청약 5단계 전략**

청약 기초부터 실전 전략, 시장의 흐름을 보는 눈까지!
1,700명 당첨자를 배출한 청약 대표 강사 열정로즈의 실전 노하우 대공개!
당첨까지 5단계로 끝낸다!

열정로즈 지음 | 440쪽 | 18,000원

**사두면 오르는 아파트, 서울을 거치는 신설 역세권에 있다!**

- 2020 부동산 블루오션 완벽 분석
- 도시철도 연장선과 GTX 노선의 투자가치 전격분석
- 현장조사 노하우부터 2020 세법을 완벽 반영한 실전 매매전략까지!

박희용 지음 | 260쪽 | 17,000원

**서른 아홉 살, 경매를 만나고 3년 만에 집주인이 되었다!**

- 돈 되는 집 고르기부터 맘고생 없는 명도까지 OK!
- 생동감 넘치는 경매 에피소드와 저자의 투자상세내역 대공개!
- 경매 상황별 궁금증을 속시원하게 풀어주는 Q&A와 깨알팁

**공실률 제로! 초간단 셀프 인테리어**

이현정 지음 | 360쪽 | 16,000원